中小企業の
事業承継

中村廉平 編著

有斐閣

　　　　　　　　は　し　が　き

　中小企業の事業承継の必要性が声高に叫ばれるようになって久しく，この10年くらいの間に，立法や行政，民間ベースで様々な事業承継対策が講じられている。日本経済は300万社もの中小企業群による技術や商流の蓄積が下支えをしており，これらの中小企業の多くが事業を承継できずに次々に廃業する事態となれば，日本経済は確実に活力や競争力を失う。しかし，実際には多くの中小企業経営者が，歳を重ねても粉骨砕身で働きつつ，解の見えない後継者難や事業承継の可否に頭を悩ませ，近い将来，事業や雇用を廃止せざるを得ないという死活問題に直面しているのである。

　加えて，現在，「地方創生」が国家戦略として様々な文脈で語られているが，まずは今ある産業・雇用基盤が（創業の活性化等による新陳代謝とあいまって）適切に維持されなければ地方は衰退の一途であり，地域に根差した中小企業の後継者確保や円滑な事業承継の促進は，「地方創生」のための一丁目一番地とも言うべきテーマであろう。

　本書は，中小企業の事業承継手法や，法律・税務の知識，解決方法に特化した解説書である。法律書ではあるが，アドバイスをする弁護士や税理士，社内の法務・総務担当者等のみだけでなく，中小企業経営者や親族等の事業承継の当事者となる方が理解しやすいよう，法令の解説や法的手法に関しても具体的かつ平易な解説を心掛けている。また，ビジネス書によくある，事業承継の相手方による三分類（親族，後継者，M＆A）ではなく，民法，会社法，信託，税務といった法分野ごとに解説を行うとともに，事業承継の発生前後という時期の相違による手法・対策の相違を解説している。これにより，中小企業の経営者や事業承継の当事者が，自身の置かれている状況等に応じた対策を講じる上で参考にしやすいとともに，実務家・専門家が体系的に事業承継を学ぶ上でも十分役に立つ書籍となっていると自負している。

　本書が，一社でも多くの中小企業の，また，一人でも多くの経営者の事業承継問題を解決する礎となれば，筆者らとしてこれに勝る喜びはない。そして，今後十数年間，中小企業の事業承継が円滑に進み，中小企業発の日本経済の活

はしがき

性化や地方創生が実現されてゆくことを期待している。

　本書は，商工中金法務室長在任時以来，中小企業再生手法の伝道師としても広く活躍されてきた編者が，中小企業の事業承継に関するバイブル書を発刊するという強い意欲を持ち，先頭に立って企画された。何より，その熱意と，日本を支える中小企業に対する深い造詣と愛情なくしては，本書籍は実現されなかった。最後に，有斐閣の藤木雄氏には，企画から出版に至るまでの長期間にわたり，筆の遅い執筆陣に辛抱強くお付き合い頂き，本書の刊行にこぎつけることができた。執筆者一同，ここに深く謝意を申し上げる。

2017年2月

執筆者一同

目 次

第1章 総　論　1

Ⅰ　中小企業の事業承継問題――日本経済喫緊の課題　1
　1　中小企業の事業承継の必要性と政府の施策　1
　2　事業承継の一般的な分類と「同族会社」「家業」との関係　2
　3　「家業」ゆえの事業承継の難しさ　5
　4　「家業」からの脱皮と中小企業金融の進化　6
　5　中小企業のM＆Aと事業承継・事業再生　8
Ⅱ　本書第2章以下の構成について　10
　1　はじめに　10
　2　民法（第2章）――すべての事業承継の入口・出口　10
　3　会社法（第3章）――積極的事業承継対策とM＆A　11
　4　信託法（第4章）――応用的事業承継対策法　12
　5　事業承継と税務（第5章）――すべての事業承継において重要なテーマ　13

第2章　民法・中小企業経営承継円滑化法　15

Ⅰ　はじめに　15
Ⅱ　民法の基礎知識　15
　1　売　買　15
　2　贈　与　16
　3　死因贈与　17
　4　遺　言　18
　　(1) 遺言の方式（18）　(2) 遺言事項（19）　(3) 遺言の撤回・取消し（19）
　5　相　続　20
　　(1) 相続の開始と相続人の範囲（20）　(2) 相続の効力（22）　(3) 相続分（25）
　　(4) 遺産分割（31）　(5) 相続放棄（33）　(6) 遺留分（35）

目　次

　　6　中小経営承継法における遺留分に関する民法の特例　43
　　　（1）遺留分に関する民法の規定のうち，何に対する特例か（43）　（2）定義（44）
　　　（3）除外合意（45）　（4）固定合意（45）　（5）附随合意（47）　（6）後継者以外の推定相続人がとることができる措置に関する定め（48）　（7）推定相続人間の衡平を図るための措置に関する定め（48）　（8）手続――経済産業大臣の確認と家庭裁判所の許可（49）　（9）合意の効力消滅事由（49）

Ⅲ　事前対策なく経営者の相続が開始した場合の問題点　50
　　1　遺産分割が成立するまでの法律関係　51
　　　（1）積極財産（資産）に関する法律関係（51）　（2）消極財産（負債）に関する法律関係（53）
　　2　遺産分割の問題点　53
　　　（1）遺産分割が成立するまでに要する期間（53）　（2）原則として法定相続分により分割されること（54）

Ⅳ　円滑な事業承継を実現するための方策　54
　　1　はじめに　54
　　2　生前実現型　55
　　　（1）売買（55）　（2）贈与（57）　（3）売買と贈与の組合せ（59）　（4）中小経営承継法に基づく民法特例に係る合意（59）
　　3　生前準備型　64
　　　（1）遺言（64）　（2）死因贈与（65）
　　4　保証債務の処理　66
　　　（1）経営者保証ガイドライン（66）　（2）後継者との保証契約の要否（67）
　　　（3）前経営者との保証契約の解除の可否（68）

第3章　会　社　法　69

Ⅰ　はじめに　69
Ⅱ　株式会社に関する基礎知識　70
　　1　機関設計・機関に関する基礎知識　71
　　　（1）機関設計のルールについて（71）　（2）取締役会を設置することによる規律の差異（72）　（3）監査役を設置することによる規律の差異（75）　（4）会計参与を

設置することによる規律の差異（75）

　2　株式・株主に関する基礎知識　76

　　　(1)　株式について（77）　(2)　株主の権限（87）　(3)　株式の共有（88）

　3　株式会社の登記事項に関する基礎知識　90

　　　(1)　登記事項（90）　(2)　平成27年2月27日施行の商業登記規則の一部改正（92）

　　　(3)　平成28年10月1日施行の商業登記規則の一部改正（95）

Ⅲ　安定・多数株主確保のための手法（事業承継の事前対策）　95

　1　総　　論　95

　2　株主間契約等の利用　96

　　　(1)　同意条項（96）　(2)　先買権条項（97）　(3)　売渡強制条項（97）　(4)　議決権拘束条項（98）　(5)　拒否権条項（重要な事項の決定に関する条項）（98）　(6)　株主間契約のメリット・デメリット（99）

　3　中小企業の事業承継と種類株式の活用　99

　　　(1)　種類株式制度の概要（100）　(2)　種類株式を用いた円滑な事業承継（102）

　　　(3)　種類株式を利用するための手続（104）　(4)　種類株式ごとの定款・登記記載例と事業承継への活用方法（115）　(5)　種類株主総会（131）

　4　従業員持株会制度の利用　137

　　　(1)　従業員持株会のメリット・デメリット（138）　(2)　従業員持株会の組織形態等（138）　(3)　会員の脱退と株式強制売却（139）　(4)　株式の管理および信託（140）

Ⅳ　事業承継実行時の各手法について　141

　1　はじめに　141

　2　各手法の基礎知識と具体的な活用方法　141

　　　(1)　概要（141）　(2)　株式譲渡（142）　(3)　株式譲渡以外の手法（145）

　3　各手法の具体的なプロセス　157

　　　(1)　概要（157）　(2)　組織再編に関する契約締結・計画作成後のプロセス（166）

Ⅴ　キャッシュ・アウト　187

　1　キャッシュ・アウトとは　187

　2　キャッシュ・アウトの手法（概要）　188

　3　現金対価の組織再編を用いたキャッシュ・アウト　189

　4　全部取得条項付種類株式を用いたキャッシュ・アウト　190

　　　(1)　手続の概要（190）　(2)　株主総会の特別決議（190）　(3)　端数処理（194）

目　次

　　(4)　事前・事後開示（195）　(5)　株主に対する通知・公告（196）　(6)　反対株主の取り得る手段（197）　(7)　登記（200）

　5　株式併合を用いたキャッシュ・アウト　200
　　(1)　手続の概要（201）　(2)　株主総会決議（201）　(3)　株式併合についての通知または公告等（201）　(4)　端数処理（203）　(5)　事前・事後開示（203）　(6)　反対株主の取り得る手段（204）　(7)　登記（205）

　6　株式等売渡請求　205
　　(1)　株式等売渡請求とは（205）　(2)　株式等売渡請求の関連当事者（205）　(3)　手続の概要（206）

Ⅵ　MBO　212

　1　MBOとは　212
　2　資金調達の方法（LBOとファンドの利用）　213
　　(1)　MBOのスキーム（213）　(2)　LBOを利用する場合の留意点（213）　(3)　ファンドの利用の留意点（214）
　3　保証債務の承継　215
　　(1)　従来の実務（215）　(2)　経営者保証ガイドラインの策定（216）

第4章　信　託　229

Ⅰ　信託とは　229

　1　信 託 行 為　229
　2　受　益　者　230
　　(1)　受益者の指定（230）　(2)　受益者の変更（231）　(3)　受益者指定権等の行使方法（231）　(4)　受益者指定権等の相続承継（232）
　3　受　益　権　232
　4　受益者の異動　232

Ⅱ　遺言の代わりとなる信託　233

　1　遺言代用信託　233
　　(1)　遺言代用信託の特例（信託90条）（233）　(2)　遺言代用信託における受益者の変更（234）
　2　後継ぎ遺贈型信託の特例（信託91条）　235

(1) 後継ぎ遺贈型信託（235）　(2) 相続法（強行法規）との関係（235）
Ⅲ　信託の基本的な仕組み　236
　1　信託の効力の発生　236
　2　受　託　者　236
　　(1) 信託目的を達成する義務（236）　(2) 信託事務処理の権限（236）　(3) 信託事務処理を遂行する上での義務（237）　(4) 受託者の責任（241）　(5) 信託財産の責任（241）　(6) 信託の終了（243）
Ⅳ　事業承継信託の実務――中小企業のための事業承継の仕組み　244
Ⅴ　中小企業における事業承継ニーズ　245
　1　支配株式の承継――支配株式の分散化と集中　245
　2　支配株式の分散化と株式管理の必要性　246
Ⅵ　株式管理信託の活用　246
　1　株式管理信託とは　246
　2　株式管理信託の機能　247
　3　株式管理信託における議決権の行使　248
　4　株式管理信託の活用　250
　5　自己信託による設定　250
Ⅶ　事業承継信託　251
　1　事業承継信託とは　251
　2　事業承継信託の類型　251
　3　事業承継信託の機能　253
　　(1) 他益信託の活用（253）　(2) 民法の相続規定との関係（253）
　4　承継内容に応じた事業承継信託の選択　254
　　(1) 親から子・祖父母から孫への事業承継（254）　(2) 親族間の事業承継（254）　(3) 親族以外の第三者への事業承継（255）
Ⅷ　生前贈与型の事業承継信託　255
Ⅸ　遺言代用型の事業承継信託　256
Ⅹ　受益者連続型の事業承継信託　265

目　次

第5章　税　　務　269

Ⅰ　は じ め に　269
Ⅱ　株式の移転・承継方法と課税関係　272
　1　相　　続　272
　　(1)　相続税の概要（272）　(2)　相続による事業承継の注意点（273）
　2　贈　　与　273
　　(1)　贈与の課税制度（274）　(2)　暦年課税制度（274）　(3)　相続時精算課税制度（277）
　3　売　　買　281
　　(1)　基本的な課税の概要（282）　(2)　個人間の売買のケース（284）　(3)　個人・法人間の売買のケース（286）　(4)　発行会社への譲渡（金庫株取引）（289）　(5)　後継者が株主となっている法人を活用した事業承継（292）
Ⅲ　相続・贈与時における取引相場のない株式の評価（財産評価基本通達）　294
　1　同族株主等の判定と評価方式　294
　2　原則的評価方式　297
　　(1)　会社規模の判定（297）　(2)　会社規模別の算式（299）　(3)　類似業種比準価額（300）　(4)　純資産価額（相続税評価額によって計算した金額）（304）　(5)　特定の評価会社（306）　(6)　特例的評価方式（配当還元価額）（308）　(7)　種類株式の評価（308）
Ⅳ　非上場株式等についての相続税・贈与税の納税猶予および免除制度　311
　1　制度の概要　311
　2　非上場株式に係る相続税の納税猶予および免除制度（租特70条の7の2）　311
　3　非上場株式に係る贈与税の納税猶予および免除制度（租特70条の7）　312
　4　適用要件　313
　　(1)　非上場会社（認定承継会社，認定贈与承継会社）に係る要件（313）　(2)　先代経営者（被相続人，贈与者）に係る要件（314）　(3)　後継者（経営承継相続人等，経営承継受贈者）に係る要件（315）

5　相続税の納税猶予および免除制度における納税猶予期限の確定事由　316

　　(1) 経営承継期間内の納税猶予期限の確定事由（316）　(2) 経営承継期間経過後の納税猶予期限の確定事由（318）

　6　贈与税の納税猶予および免除制度における納税猶予期限の確定事由　318

　7　納税猶予税額の免除　319

　　(1) 相続税の猶予税額が免除される場合（319）　(2) 贈与税の猶予税額が免除される場合（320）

　8　相続税・贈与税の納税猶予および免除制度の適用を受けるための手続　321

　　(1) 経済産業大臣の認定手続等（地方経済産業局）（321）　(2) 申告手続（税務署）（321）　(3) 継続届出書の提出（税務署）（322）

　9　納税猶予および免除制度を活用するかの検討　323

V　組織再編　323

　1　事業承継における組織再編の活用　323

　2　組織再編の株価への影響　324

　3　組織再編税制の概要　326

VI　信託に係る税務　329

　1　信託設定時の課税関係　329

　2　信託期間中の課税関係　330

　3　信託終了時の課税関係　330

　4　受益権の評価　331

判例索引　333
事項索引　335

※（　）内の法令名については，原則として，『六法全書』（有斐閣）の法令名略語によった。

執筆者紹介

中村廉平*（なかむら・れんぺい）　第1章担当
　武蔵野大学法学部教授

柏原智行（かしはら・ともゆき）　第2章担当
　弁護士（石井法律事務所）

山崎良太（やまさき・りょうた）　第3章担当
　弁護士（森・濱田松本法律事務所）

石井裕介（いしい・ゆうすけ）　第3章担当
　弁護士（森・濱田松本法律事務所）

白坂　守（しらさか・まもる）　第3章担当
　弁護士（森・濱田松本法律事務所）

村井智顕（むらい・ともあき）　第3章担当
　弁護士（弁護士法人　森・濱田松本法律事務所）

石田　渉（いしだ・わたる）　第3章担当
　弁護士（森・濱田松本法律事務所）

堂園昇平（どうぞの・しょうへい）　第4章担当
　同志社大学法学部教授

早坂文高（はやさか・ふみたか）　第4章担当
　三井住友信託銀行法務部

小野寺太一（おのでら・たいち）　第5章担当
　公認会計士・税理士（税理士法人タクトコンサルティング）

（*は編者。執筆順）

第 1 章
総　論

Ⅰ　中小企業の事業承継問題——日本経済喫緊の課題

1　中小企業の事業承継の必要性と政府の施策

　現在，日本の中小企業経営者の高齢化は進んでおり，多くの企業は後継者問題に頭を悩ましている。日本の中小企業・小規模事業者の数は385万社，従業者数は3216万人であり，わが国の経済・地域経済の活力維持や雇用確保のために不可欠な存在であるが，経営者は60歳以上が5割超となっており，今後10年間で事業承継のタイミングを迎える企業が5割超になるとされている。他方，経営者が60歳代の企業のうち，後継者が決まっていない企業が約3割，後継者がいる企業においても「後継者に話をしていない経営者が約2割」いるとのアンケート結果もあり（独立行政法人中小企業基盤整備機構による2015〔平成27〕年度版事業承継支援マニュアル），今後，事業承継問題を契機に廃業する企業が急増することが予想される。事実，この15年間で中小企業者数は約100万社減少しており，この減少に歯止めをかけないと，日本の地域経済の衰退防止・雇用の受け皿維持はどんどん困難となっていってしまう。

　政府も手をこまねいているわけではない。事業承継を円滑化するための中小企業経営承継円滑化法，事業承継税制等の法整備，事業承継等ガイドラインの制定や事業承継に関する経営指導員の育成・強化，「事業引継ぎ支援センター」や「後継者人材バンク」等の開設・展開といった施策を打ち出し，一定の効果をあげている。また，最近では，事業承継・廃業後の第2創業支援といった，経営者の更なる起業を促すための施策も目立つようになってきた。第2創業は，地方創生・地域経済活性化の観点からは今後特に重視されるべきであり，より活発な政府の施策が期待される。

　また，事業承継に際してネックとなることが多い経営者保証の問題に関して

も，2014〔平成26〕年2月から「経営者保証に関するガイドライン」が適用開始されたことにより，後継者が連帯保証の承継を回避できる可能性が増加しつつある。しかし，以下でも述べるとおり，まだまだ中小企業の事業承継に関しては施策も十分ではなく，実際，今後10年以上にわたり，事業承継問題が日本経済の屋台骨を揺るがしかねない状況は続くであろう。

本書は，現在の中小企業の事業承継に当たってとり得る手法の法律面を中心に理解することを最大の目的としており，第2章以下では各法律の詳細な解説および税務面の解説を行う（**Ⅱ**で概説する）。本章においては，第2章以下の知識・理解の前提として，日本の中小企業の事業承継問題の構造や本質を俯瞰するとともに，より円滑な事業承継の実現に資する法律・制度の改正が実現されるよう，若干の提言も述べることにする。

2　事業承継の一般的な分類と「同族会社」「家業」との関係

事業承継は，一般に，①親族内承継，②従業員や外部関係者への承継，③M＆Aの3つに分類されることが多い。なぜ，このように3分類されるのか。また，なぜ，必ずこの順番となるのか。わが国における事業承継問題に関して，初めて公的な機関が問題提起と解決に向けて2006〔平成18〕年6月に提言・公表した「事業承継ガイドライン——中小企業の円滑な事業承継のための手引き」においてこのような3分類がなされ，以降も同様であることが指摘できるが，わが国の中小企業の事業承継は構造的に，このような3分類がなされ，この順番となる理由があるといえる。

まず，わが国の中小企業は，そのほとんどが同族会社である。同族会社とは，経営者自身やその家族・親族（またはその関係会社）が会社の株式の大部分を保有しており，いわゆる所有と経営の分離がされず，所有と経営が一致している企業のことをいう（法人税法上の「同族会社」の概念があるが[1]，本書では同法上の概念

---

1) 法人税法2条10号は，同法上の同族会社の定義として，「会社（投資法人を含む。以下この号において同じ。）の株主等（その会社が自己の株式（投資信託及び投資法人に関する法律第2条第14項に規定する投資口を含む。以下同じ。）又は出資を有する場合のその会社を除く。）の3人以下並びにこれらと政令で定める特殊の関係のある個人及び法人がその会社の発行済株式又は出資（その会社が有する自己の株式又は出資を除く。）の総数又は総額の100分の50を超える数又は金額の株式又は出資を有する場合その他政令で定める場合におけるその会社をいう」としており，法人税法施行令4条が同族会社の該当性判断に際して必要な「特殊の関係のある個人及び法人」についての定義規定をおいている。また，法人税法基本通達1-3が，同族

についてではなく，企業の社会実態面での同族会社のことを指している）。所有と経営の一致を特に小規模な企業に関して言い換えれば，企業より家業というのが実態に近いということがいえる。

　家業であれば，考えるまでもなく，経営者（社長）の子供（や家族・親族）が後を継ぐ，というのが，古くからの日本的経営の考え方である。100年以上続いているような老舗企業ならそれも理にかなう面があるが，自ら起業した経営者も同様の考えを持っていることが多い。

　また，家業であるということは，経営者自らの資産や家族の資産が，そのまま会社経営のための資産になっていることを意味する。経営者の自宅等の不動産が会社経営に必須となっている場合もあれば，経営者の個人資産といえば会社株式が全て，という場合もある。日本の中小企業金融においてはこれまで金融機関がほぼ必ず経営者保証を取得しており，経営者の資産と会社資産の一体性は好むと好まざるに関係なく，否応なく生じる関係にある。経営者の資産と会社資産が一体化している（せざるを得ない）ことが，経営者の相続に伴い会社株式や経営権をそのまま相続人たる子供に承継しなければならないニーズを生み，選択の余地なく企業＝家業の状況が続いていくのである。

　このように，中小企業は，本来的に所有と経営の分離が図られず，企業＝家業であることは必然的であるといってよい。そのため，事業承継というと，第1に家族や親族内での後継者への（相続的な）承継がイメージされる。第2に，家族・親族内で企業経営を承継する後継者がいない場合には，長年経営者に仕えてきた（番頭的な）従業員等への承継を図るということになる。

　これに対し，第3の類型がM＆Aであるが，家族・親族関係や（疑似的家族関係があるともいうべき）従業員等と異なり，第三者が承継する場合には，その企業・事業を承継することにより第三者が得られるメリット（金銭的リターン，事業シナジー等）がなければ，M＆Aは実現しない。これがM＆Aによる事業承継のハードルであり，それと比較すれば，第1類型（家族・親族への承継）や第2類型（従業員等への承継）は，個人資産の維持や生活の維持（雇用の確保）が最大の目的であるともいえ，仮に消去法的な選択であったとしても，当事者にとっては極めて合理性が高い選択肢であることが多いといえる。

　　会社に関する詳しい解釈説明を行っている。

第1章 総　論

　にもかかわらず，事業承継問題がこれほどまでに声高に叫ばれるようになり，多くの企業が後継者問題に直面しているのはなぜか。まず，少子化により経営者も子供がいない，子供がいても別の仕事をしており後継する意思がないため家族内での承継ができない，ということは非常に多い。日本経済の発展を人数で支えてきた団塊の世代が中小企業経営者の中心であり，それより下の世代の世代別人口は圧倒的に少ないのであるから，人口的ミスマッチは事業承継問題の根本的原因であり，少子高齢化問題が目に見えて表れている論点の1つであるといえる。

　次に，現在の中小企業経営の苦しさがあげられる。日本経済は1990年代初期（平成初期）のバブル経済崩壊後，成長から停滞の時代に移り，早や20年以上が経過している。その間，プチバブルの様相を呈した時期があったとしても，そういった景気の波は中小企業にはさほど波及せず，長らく，厳しい停滞の時代を過ごしてきている。多くの中小企業は真面目にコストカットやリストラに取り組み，また，個人資産を会社に拠出したり報酬を減らしたりして経営を続けているが，かなり疲弊している企業が多いといってよい。2010〔平成22〕年から2013〔平成25〕年まで時限立法として存在した中小企業等金融円滑化法の適用対象は全国で40万社程度といわれたが，本来，金融機関への元本返済をリスケジュールしたほうがよい（資金繰り，経営状況が厳しい）会社はもっと多いはずである。経営不振・苦境の中小企業を承継するのは後継者にとっては大きなリスクとなる可能性もあり，報酬削減・経費削減がされ尽くされ経営者としての「うまみ」も減り，地域社会の名士としての地位・存在感も以前よりは低下しつつある中で，事業承継を選択することの合理性が見出しがたい企業も多いといえよう。

　このように，本来，家族・親族が家業として，そうでなくとも従業員等が中小企業経営を引き継いでいくのが合理的であり必然的であったところ，社会経済情勢の変化や日本経済の低迷等の影響もあり，事業承継することの合理性が失われつつあることが，事業承継問題の根本原因である。だからこそ，事業承継支援としての施策や税制が導入されているが，それでもまだまだ対策は十分ではない。

3 「家業」ゆえの事業承継の難しさ

　家業であるということは，（先祖代々であればなおのこと，そうでないとしても）一子相伝的に家族・親族で事業承継していくことが義務付けられている，または，経営者の個人資産と一体化しているがゆえに，家族・親族にて事業承継していくことが必然的である。

　しかし，ここに大きな矛盾が生じる。経営者の後継者（後継社長）は原則として1人であるのに対し，個人資産について相続権を有する家族（多くは配偶者と子供）は複数いることが多い。会社は1つしかないので，個人資産が会社株式しかなければ，相続に当たって会社株式を分割するほかなくなる。例えばA社の創業社長の子供に3人兄弟がいるとして，長男がA社の後継社長として事業承継しても，兄弟3人が3分の1ずつ株式を相続すると，兄弟間に紛争が生じた場合に，残る2人が結託して社長である長男を解任することが可能となってしまう。このような争いは中小企業から著名大企業まで数多に生じているが，このような問題が生じるそもそもの原因が，経営者が相続発生時を見越した事業承継対策を十分行っていないことにある。

　相続発生時を見越した事業承継対策としての一番オーソドックスな手法は，遺贈（遺言）や生前贈与を使った後継者への株式集中である。前記の例でいえば，後継社長である長男がA社の全株式（または1人で株主総会の特別決議を可決可能な絶対的安定多数である3分の2以上の議決権）を保有できるようにして，安定した事業承継・経営を実現できるようにする。ただし，この場合，他の相続人の遺留分を侵害してはならないため（相続時に配偶者が亡くなっているとすれば，2人の兄弟は6分の1ずつの遺留分がある），仮に創業社長の相続財産がA社の株式のみであるとすれば，長男は遺留分見合いの金銭を兄弟に支払う必要がある。近時，そのための手法として，A社株式を担保として長男（または長男が別途設立するA社の持ち株会社）に対し金融機関が融資をするといった事業承継対策も活用されており，これらの対策を創業社長の生前から検討し，遅くとも相続時には遺言で長男に株式を集中させるところまで実行するのが適切である。

　このような事業承継対策はさほど複雑ではなく，創業社長の意思さえあれば（また，長男が事業承継することが決定していれば）比較的実行は容易である。さらに，たとえば種類株式を発行して，長男のみ議決権のある普通株式を相続させ，他の兄弟には議決権のない配当優先株式を相続させることにより，後継社長であ

る長男のみ議決権を有して（他の兄弟は経済的利益のみ取得できるようにして）遺留分侵害への対策を行うことができる。

このように，家業として事業承継していくことが前提となっている場合，最大のテーマは後継者の安定的な会社経営ということになるが，多くの経営者は後継者世代での争い（兄弟争い等）は想定していないか，そもそも後継者を決めきれずに遺留分対策はおろか適切な相続を見据えた生前贈与や遺贈（遺言作成）等すら行っていないことも多い。そうすると，会社経営・会社株式を対象とした，相続人間の争いが生じる可能性が高くなる。

会社が相続人間の紛争の対象となると，その会社の事業価値にとってプラスの方向で作用するはずはなく，必ず会社自身に悪影響が生じる。このことは家業ゆえ仕方ないということではなく，日本の中小企業が過度に家業となりすぎていることに起因しているのである。社長の資産がそのまま企業ということにならずに，一定程度の所有と経営の分離を図っていくことは，相続人間の紛争を減少させ，ひいては円滑な事業承継を多くの企業が成し遂げるうえで重要である。

4　「家業」からの脱皮と中小企業金融の進化

中小企業の経営者は金融機関からの借入金を連帯保証しているのが通常であり，これが事業承継のネックとなることが多い。民法・債権法改正の議論においては，経営者保証そのものの禁止もテーマとされたが，本来であれば最も利益を受けるはずの中小企業経営者関係の団体（日本商工会議所連合会等）が反対した。経営者保証が禁止されると，中小企業が金融機関から融資を受けられなくなる，というのがその理由である。この反対理由は，その是非はさておくとして，現在の中小企業金融の実態を如実に表している。

というのも，従来の日本の金融機関の中小企業金融は，企業＝家業であることを前提として，経営者が連帯保証をして全資産を企業経営の引当てとする（時には経営者の個別資産に対して個別の担保設定もする）のが当然の常識であった。中小企業の所有と経営が一致している以上，金融機関にとっても経営者にとっても当然のことである（仕方がない）というのも事実であり，他方，金融機関が，企業のキャッシュ・フローや事業性に着目した融資を実行できていないという批判もあった。

現在の金融政策は，金融機関と経営者の両者に，従来型の企業＝家業を前提とした融資を改めるよう促す方向性を打ち出している。金融機関に対しては，企業の事業性評価を実施し，経営者保証や不動産担保に過度に依存せず，事業全体の収益性やキャッシュ・フローを引当てとしたABL等による融資を実行することを求めている。また，中小企業会計要領が制定され，中小企業に対してはこれを可能な限り適用し，企業の経営実態が外部から見えるようにすることを求めている。

　さらに，経営者保証ガイドラインは，従来の施策を一歩進めて，中小企業が中小企業会計要領の導入や外部専門家の適切なチェックを受けること等を前提として所有と経営の分離を図ることができた場合，経営者保証を不要とすることを金融機関に求めている。これらの政策に従って中小企業が改革され，また特に地域金融機関の融資慣行が変化していけば，中小企業が取引金融機関からの適切な融資を受け続けることを前提としつつ，中小企業の過度の家業化が改善し，ひいては後継者への事業承継時の問題も減少する（経営者の資産を企業から分離していき，後継者以外の相続人に相続財産を残すことで遺留分問題も解決する）方向に進んでいくといえよう。

　ただし，所有と経営の分離の実現による，経営者保証に依存しない融資の一般化はまだまだこれからである。前記のとおり，たとえば経営者の所有資産が企業経営にとって必要不可欠な資産であることが多いし，そういった不動産の賃貸借関係，経営者と企業の金銭消費貸借関係等が複雑に絡み合い，現実的に解消困難な場合が多い。これらを解決するには不動産の移転や借入金の返済等の資金移動が必要となるが，無理をしてそれを行ったとしても確実に保証解除という成果を得られるわけではなく（むしろそれだけで保証解除を受けることは現実的ではなく，保証解除に向けた必要条件的な位置付けとされるにすぎない），中小企業が経営者との資産負債関係を切り離すことが一般化するのはまだまだ先のことになろう。

　それでも，これらの中小企業の所有と経営の分離化施策，特に経営者保証に依存しない融資慣行実現のための施策が打ち出されていることは，後継者による事業承継はもちろんのこと，それよりもさらに，従業員等による事業承継やM＆Aの活発化に大きく寄与する。従業員等は経営者とは異なりもともと自らの家業ではないため，個人保証により資産を会社経営に差し出すことにより

躊躇するが，保証が必要なければ事業承継を希望するケースは相当数にのぼるであろうからである。また，中小企業のM＆A実行に際しての最大の障害は，まさに家業であり個人資産との分離が図られていないこと，企業の経営実態が不透明であることであり，これらが改善されれば中小企業のM＆Aは相当数増加していくことは確実であるといえる。日本企業が過度の「家業」から脱皮し，中小企業金融が進化・洗練されていくことは，事業承継の活性化に欠かせないピースなのである。

特に地域金融機関には，地元企業の存続・事業継続ひいては雇用維持・地域経済活性化の観点からも事業承継対策を不断に講じる必要があり，コンサルティング能力や経営指導力を発揮して，中小企業の実態を家業から企業へ転換させる後押しをしていくとともに，事業性評価の目利き力やABL実施のためのノウハウを高めて蓄積していき，経営者保証に依存しない融資を増加させていくことが期待される。

5　中小企業のM＆Aと事業承継・事業再生

一昔前と比べると，経営者にとって「買収」のネガティブイメージは格段に改善し，後継者が存在しない場合，事業承継の最終着地がM＆Aであることは経営者においても共通認識となりつつある。

ところが，M＆Aの場合の最大の問題は，経営者側と買収者側の評価の乖離である。経営者が希望する会社の価額は，経営者が人生を賭けて育て上げてきた自らの企業に対する思いや時間，実際に投下した資産・資金等が込められている一方，買収者側はその時点での企業価値を冷静かつ客観的に評価する。中小企業のM＆Aにおいては，売り手優位というほど買収候補者が多いケースは少なく，多くの場合にはフィナンシャル・アドバイザー等が苦労して候補者を探索し，相対での協議が行われることが多いため，買収者側としては競争環境におかれて買収価格を引き上げる必要性が生じることも少ない。そのため，経営者側と買収者側のミスマッチが埋められることなく，ディールが成立しないということも多い。こういったディールを実現に導くためには，たとえば一定金額を企業から退職金として経営者に支給することにより，同金額について株式譲渡金額よりも税務上のメリットを経営者が受けられるようにするといったケースがある。また，M＆A後も一定期間経営者を顧問等の形式で雇用し，

株式譲渡金額の希望とのミスマッチを埋めるということもある。いずれもフィナンシャル・アドバイザーや弁護士等の専門家による実務的な工夫ということになるが、本来は、例えば不動産の長期保有後譲渡のように、M&Aの場合にも長期間経営していた企業に関して譲渡益課税の優遇制度を設けるといった税制上の手当を導入し、事業承継型M&Aを促進する必要があろう。

　また、M&Aによる事業承継を目指したものの、金融機関からの借入金がネックとなることがある。中小企業は過小資本を金融機関からの短期借入金のロールで補っており（いわゆる根雪）、過剰な有利子負債を抱えていることが多く、その反面、さほどのキャッシュ・フローを生んでいるわけではないから、買収候補者が企業価値評価（キャッシュ・フローに基づくDCF法が一般的である）をした場合にマイナスの評価となることも多い。このような企業は本来再生予備軍であるが、無理をして借入金の約定返済をしているとその実態が看過され、金融機関としても抜本的な過剰債務解消への意識喚起や引当金の計上も不足していることが多い。

　こういった企業がM&Aによる事業承継も実現できず、高齢の経営者が自ら経営を続けざるを得ない場合、いずれ廃業（事業停止）や破産に至るという結果を招く。このように、本来、継続可能性があり、過剰債務問題を解消すればM&Aによる事業承継ができる企業を廃業に追い込んでしまうと、地域経済活性化・雇用確保の観点、金融機関の取引先・貸出維持という観点からも損失は甚大である。

　経営者は一般に経営意欲が旺盛であり、経営者自身が事業承継を検討し実際に着手するタイミングは適切な時期を過ぎていることが多い。そこに引当不足といった金融機関側の事情によってさらに時間を要することになると、M&Aによる事業承継の可能性を狭めてしまうことになる。このように、事業承継といいつつも事業再生型のM&Aにおいては、事業承継の必要性（経営者の年齢、状況）、企業価値評価の客観性・妥当性、スポンサーの属性（中長期的にみて地域経済活性化に資するスポンサーといえるか）、雇用維持の条件等が存在する場合、取引金融機関が率先して、債権放棄等を含む事業再生スキームによりM&Aを実施する方針をとる必要がる。

　現在の地域金融機関向けの政府の施策からは、円滑化法後の事業再生が必要な企業等の処理に関する意識喚起が若干後退しており、それに伴い地域金融機

第1章　総　論

関の取組みも小休止状態にあるといえるが，事業承継促進の観点からも，地域金融機関が事業再生型のＭ＆Ａを積極化し，場合によっては買収者側にもバックファイナンスを融資する等の積極的関与をしていくことが望ましい。

Ⅱ　本書第2章以下の構成について

1　はじめに

　本書は，中小企業の事業承継において必要な法律知識を中心に解説を行うことを目的としている。その意味においては，民法および会社法の知識は必須であり，第2章および第3章における両法律を中心とした解説に本書の大部分を割いている。

　また，若干専門的な知識にはなるが，信託法も相続を中心とした事業承継の局面において一定程度利用されており，特に近時は比較的財産の多い企業経営者層等を中心に信託の利用が進んでいる。信託法および信託を用いた事業承継に関する解説は第4章で行う。

　事業承継の対象となる企業に一定の価値が存在すれば，必ず，承継に際しての対価や課税の問題が生じ得る。事業承継における税制上の問題に関しては，第5章でまとめて解説する。

　以下，各章の概要について述べるが，本書は，これらの事業承継に関する法律および基礎的な税務知識をおおむね網羅しつつ，法律ごとに解説を行っている点に特徴がある。前記のとおり，事業承継は大きく家族・親族間承継，従業員等への承継およびＭ＆Ａの3つに分類されることが多いが，あえてこの3分類に従った解説は行っておらず，各法律の解説および事例紹介等の中で，承継対象相手（家族・親族であるか，従業員等であるか，第三者であるか）を可能な限り意識しつつ説明することにより，共通する説明の重複を避けるとともに，事業承継に必要な法的知識を理論的・体系的に理解できるようにしている。

2　民法（第2章）――すべての事業承継の入口・出口

　中小企業においては，経営者が自社の株式の全部または大部分を保有していることが多く，事業承継の場面において，後継者に相続や贈与により保有株式

を承継させることが多い。加えて，家族・親族内や従業員等への承継でも，第三者へのM＆Aでも，株式譲渡を行う場合の法形式は民法上の売買である。

　また，後継者に相続させる場合，非後継者である相続人の遺留分侵害が問題となることが多いが，民法における遺留分制度の特例として，経営承継円滑化法が定められている。同法における遺留分に関する民法の特例は，経営者の後継者とその他の相続人が合意したうえで，本来であれば遺留分算定に際して算入される生前贈与財産の価額を遺留分算定から除外することや（「除外合意」），生前贈与財産の価額の評価基準時を，本来であれば相続開始時とされるのを後継者とその他の相続人の合意時に固定することができる（「固定合意」）という制度である。有効活用できれば極めて有益な制度となり得るが，後継者とその他の相続人全員の合意が必要となる点がハードルが高く，また，経済産業大臣の確認や家庭裁判所の許可等の手続上の負担もあり，より活用しやすい制度への更なる法改正が期待される。

　第2章は，民法上の財産承継方法である売買，贈与および相続に関する基礎知識，特に相続に関しては，法定相続分，遺産分割，相続放棄，遺留分等を解説した上で，遺留分制度の特例である経営承継円滑化法について解説する。また，具体的に何ら対策なく経営者が亡くなった場合と，民法および経営承継円滑化法上の様々な対策を行った上で亡くなった場合との比較等を，事例を挙げながら説明する。事業承継に際して重要な課題となる連帯保証債務の処理についても，「経営者保証に関するガイドライン」を踏まえて解説する。

3　会社法（第3章）──積極的事業承継対策とM＆A

　中小企業のほとんどは，それが家業であるといっても合名会社や合資会社ではなく，株式会社形態をとっている。そうである以上，事前であれ事後であれ事業承継対策や実際の承継作業を進めるに当たっては，株式会社に関する法的な理解・基礎知識を欠くことはできない。

　株式会社の必須の構成要素は，株主および機関（株主総会や取締役会）である。株式会社の機関設計は事業承継と直接リンクするわけではないが，会社の機関設計の形態や役員数等によって，会社運営における意思決定プロセスや株主の権利内容が異なる。そのため，事業承継前後の会社運営を的確に行うために，また，場合によっては事業承継と関連して機関設計等を見直すためにも，機関

に関する基礎的な理解と知識が必要である。

　株式会社の所有者は株主であるため，事業承継対策においては会社法上もっとも重要となるのは株式や株主に関する規律である。典型的には，後継者が議決権を有する普通株式を取得し，非後継者が議決権のない配当優先株式を取得するといった場合，種類株式を発行することになるが，種類株式の発行は株主総会の特別決議による定款変更や増資の決議が必要であり，登記により対外的に公示される事項である。外部に見えない形での特定株主への権利集中の仕組みとしては属人的定めという制度もあるが，これは一代限りのみの制度で相続することはできない。このように，株主としての権利設定を後継者か非後継者かによって変えるという種類株式制度等を用いた事業承継対策は，有効に機能することが多い反面，手続上のハードルも相応にあり，経営者が制度をよく理解した上で早期導入することが必要である。

　また，事業承継の第3類型であるM＆Aは，株式譲渡のほか，会社法上の事業譲渡や会社分割等の手法が用いられることが多い。経営者から第三者への株式譲渡（民法上の売買）も含め，第三者へのM＆Aは，家族・親族内と異なり，シビアな第三者としての評価と，それに伴う株式譲渡契約等の契約書上の各種取り決めが必要となる。会社資産・負債のすべてを承継するわけではない場合，承継対象企業の簿外債務や偶発債務の問題がある場合等においては，事業譲渡や会社分割が用いられる。加えて，現在の会社法上は，株式交換や株式移転，合併等の手法を用いる場合でも，いわゆる現金対価方式を用いれば，事業承継する経営者に直接対価（現金）を交付することができ，経営者のニーズに合致させることができるため，これらの手法も有効活用し得る。

　第3章においては，会社法上の株主や機関設計等についての基礎知識，種類株式や組織再編等についての基礎知識を説明した上で，事業承継対策の一環としても利用されることのある従業員持株制度，株主間契約，MBOといった，会社法に直接規律のない（会社法を利用した）仕組みについても解説する。また，事業承継対策としての種類株式の利用方法，事業承継としてのM＆Aを実行する際の具体的な活用方法や留意点等についても説明を行う。

4　信託法（第4章）——応用的事業承継対策法

　信託は，相続において活用されることが増加しつつある手法であるが，これ

までの民法や会社法による手法と比較するとやや応用的な手法である。信託契約は，委託者が受託者に対し，自らの財産を譲渡（所有権を移転）した上で，受託者が委託者の定める一定の目的に従い財産の管理や処分を行うことを定めるものであり，この際委託者の定める目的として信託財産から利益を享受する権利を受益権という。委託者は受益権を有する者を信託契約に定め，または指定権の行使として定めることで受益権として承継させることができる。

　事業承継との関係では，まず，信託は遺言に代えて，後継者に会社の株式を承継させる手法として用いることができる（遺言代用信託）。さらに，後継ぎ遺贈型信託という特殊な手法が認められており，これを用いると，経営者が第1順位の後継者を指定し，仮にその後継者が亡くなった場合に第2順位の後継者が株主権を実質的に取得する，といった事業承継方法も可能となる。

　第4章では，信託に関する仕組みや基礎的概念等について解説した上で，実際に利用されている信託を用いた事業承継対策の実例についても説明を行う。

5　事業承継と税務（第5章）
——すべての事業承継において重要なテーマ

　事業承継とは，家族・親族間の相続・贈与や，従業員等や第三者との取引（株式譲渡，M&A）であり，対象会社の株式の移転や対価としての金銭の交付を伴う。株式や金銭が移転する以上，当然に，相続や譲渡等に伴う課税の問題が生じる。言うまでもなく，経営者は引退後の生活費や相続人へ遺す資産としての金銭を確保するためにも税金の支払が少ないほうがよい。会社を取得する側も同様に，税金の支払が生じないか，少ないほうがよい。事業承継において，税務対策は必須かつ最重要というべきテーマであるといえる。

　税務上は，事業承継の対象会社の株式が，家族・親族に移転するのか，第三者に移転するのか，移転の方法が相続，贈与，売買のいずれであるか等によって，課税関係が異なる。第三者間でのM&Aの場合，交渉によって成立した取引価格で譲渡されるため，その価格が時価であると認定され，税務上の問題が生じないことが多い。他方，家族・親族間であると，交渉で決定するということではなく，可能な限り低い価額で承継されることが実態であろうし，時価と取引価額との乖離が生じることが多く，その場合には贈与税が課されることになる。

第1章 総　論

　第5章では，税務上課税の問題が生じやすい家族・親族間における事業承継時の各種法ごとの税務上の取扱いや株式評価方法等についての解説を行った上で，M＆A・組織再編時の税務，信託税制等についても概説する。また，相続税・贈与税の納税猶予や免除制度等，今後の事業承継において特に利用促進が望まれる税制に関しても説明を行う。

第2章
民法・中小企業経営承継円滑化法

I はじめに

　中小企業においては，経営者が自社の株式の全部または大部分を保有し，自社の経営権を確保しておくことが，事業の円滑な遂行のための重要な要素となっている。このため，事業承継の場面では，後継者に自社の株式の全部または大部分を承継させられるか否かが，円滑な事業承継を実現できるか否かを分ける分水嶺となる。

　本章では，まず，民法上の財産承継方法である売買，贈与および相続に関する基礎知識を解説したうえで，何ら対策を講じないまま経営者の相続が開始した場合の問題点を整理する。そのうえで，民法（売買，贈与および相続）および中小企業における経営の承継の円滑化に関する法律（以下「中小経営承継法」という）における遺留分に関する民法の特例を活用して，経営者から後継者に自社の株式を集中的に承継させる方策について解説する。

　また，中小企業においては，会社が金融機関から借入をする際，経営者が連帯保証している場合が多く，事業承継に際しては，その連帯保証債務の処理が重要な課題となるため，「経営者保証に関するガイドライン」を踏まえて，その処理方法について解説する。

II 民法の基礎知識

1 売　　買

　売買とは，当事者の一方（売主）がある財産権を相手方（買主）に移転することを約し，相手方（買主）がこれに対してその代金を支払うことを約すること

によって成立する契約である（民555条）。

売主は買主に対して財産権を移転する義務[1]を，買主は売主に対して代金を支払う義務を，それぞれ負い，両義務は，原則として同時履行の関係に立つ（民533条・573条）。同時履行の関係は，あくまでも原則であって，売買の当事者間において，財産権の移転義務を先履行とし，代金は分割払いとする旨の特約をすることが許されることは当然である。

代金額については，民法は，何ら制限を設けておらず，当事者間の協議により自由に決定することができる（契約自由の原則）。ただし，相手方の窮迫に乗じて，不当に高額，あるいは不当に低額の代金額で売買契約を締結した場合，公序良俗違反（暴利行為。民90条違反）として無効となる（代金額が過大であるとして無効とした裁判例として名古屋地判昭和57・9・1判時1067号85頁，代金額が過小であるとして無効とした裁判例として青森地五所川原支判昭和38・12・23判タ156号204頁）。また，代金額が売買契約締結時における時価に比べて不相当に低額な場合は，時価と代金額との差額につき贈与税が課税されるなどの税務上の問題が発生するほか，売主の相続に際し，当該売買が贈与とみなされる場合があるので（民1039条），注意が必要である。

2　贈　　与

贈与とは，当事者の一方（贈与者）が自己の財産を無償で相手方（受贈者）に与える意思を表示し，相手方（受贈者）がこれを受諾することによって成立する契約である（民549条）。

贈与は，贈与者が受贈者に対して，一方的に財産権を移転する義務[2]を負う片務契約である[3]。贈与は，贈与者と受贈者の口頭のみでの合意でも成立し，贈与契約書という書面の作成は必須の要件ではないが，口頭による贈与（書面によらない贈与）は，履行の終わった部分を除き，撤回することができる（民550条）。贈与者の意思の明確を期し，その軽率を予防するという趣旨である（柚木

---

[1]　「財産権を移転する義務」には，売買の目的物それ自体（不動産や株券など）を引き渡す義務のほか，対抗要件を具備する手続を行う義務も含まれる。不動産の売買においては所有権移転登記手続を行う義務，株式の売買においては株主名簿の名義書換手続を行う義務である。
[2]　「財産権を移転する義務」に，贈与の目的物それ自体を引き渡す義務のほか，対抗要件を具備する手続を行う義務も含まれることは，売買における売主の義務と同様である。
[3]　これに対し，売買は，売主と買主がそれぞれ相手方に対して相互に義務を負う双務契約である。

馨＝高木多喜男編『新版注釈民法 (14)』(有斐閣, 1993) 47 頁〔柚木馨＝松川正毅〕)。

「履行の終わった」とは, 贈与者の債務の主要な部分が実行されたことを意味する。いかなる場合に債務の主要な部分が実行されたと言えるかについては, 贈与契約の締結とともに目的物の所有権が移転したというだけでは,「履行の終わった」とは言えず (最判昭和 31・1・27 民集 10 巻 1 号 1 頁), 原則として, 目的物の引渡しがなされることを要し, かつ, これで足りると解される (前掲『新版注釈民法 (14)』47 頁〔柚木＝松川〕)。

ただし, 建物の贈与に関し, 所有権移転登記がなされた場合には, その引渡しの有無を問わず,「履行の終わった」に当たるというのが判例である (最判昭和 40・3・26 民集 19 巻 2 号 526 頁)。引渡しがなくても, 所有権移転登記がなされれば, 上記趣旨が満たされるからである。

こうした民法 550 条の趣旨および上記判例に照らすと, 株式の贈与に関しては, 株券発行会社の株式の贈与の場合, 株券の交付が効力要件であり, その後の株主名簿への記載が対抗要件となるが, 株券の交付があれば,「履行の終わった」に当たると解してよいと思われる。また, 株券不発行会社の株式の贈与の場合, 贈与者と受贈者の合意のみで株式譲渡の効力が生じるが, それだけでは「履行の終わった」には当たらず, その後, 株主名簿に記載された時点で「履行の終わった」に当たることになると解される。

3 死因贈与

死因贈与は, 贈与者の死亡によって効力を生ずる贈与である。贈与者と受贈者との契約である点で生前贈与の性質を有するが, 効力発生時が贈与者の死亡時であるという点で遺贈に類似する。このため, 民法は, 贈与の一種として死因贈与を規定しつつ, その性質に反しない限り, 遺贈に関する規定を準用することとしている (民 554 条)。

準用される範囲に関しては, まず, 遺言の方式に関する規定は準用されない。問題となるのは, 遺言の撤回に関する民法 1022 条以下の規定が準用されるかという点であるが, 判例は, 方式に関する部分を除いて準用されると解している (最判昭和 47・5・25 民集 26 巻 4 号 805 頁)。したがって, 遺言の撤回は遺言の方式による必要があるが (民 1022 条), 死因贈与は, 遺言の方式によらないで, 受贈者に対する意思表示によって撤回することができる。

4　遺　言[4]

(1) 遺言の方式

遺言には，3種類の普通方式と2種類の特別方式[5]がある。普通方式は，自筆証書遺言，公正証書遺言，秘密証書遺言である。

(a) 自筆証書遺言

自筆証書遺言は，遺言者が，全文，日付および氏名を自書・押印して作成する遺言である（民968条1項）。遺言者が単独で容易に作成できるので，3種類の普通方式の遺言の中で最も簡便に作成できるものである。

しかし，遺言の方式に不備があったり，文言の意味が不明確であったりして，遺言の効力について争いが生じる危険性がある。また，遺言作成当時の遺言者の意思能力に関して争いが生じることもある。さらに，紛失，隠匿，改変等のおそれもあることに留意が必要である。

(b) 公正証書遺言

公正証書遺言は，証人2人の立会いのもと，公証人に遺言の趣旨を口授し，公証人が遺言者の口授を筆記して作成する遺言である（民969条1項）。その作成に公証人が関与するので，方式不備や内容不明確といった問題が生じる危険性は少ない。また，遺言者と公証人とのやり取りを経て作成されるので，遺言者の意思能力に関して争いが生じる可能性も比較的低いと言える。さらに，遺言書の原本は公証役場で保管されるので，紛失，隠匿，改変等のおそれはない。

(c) 秘密証書遺言

秘密証書遺言の作成方式は次のとおりである（民970条1項）。

① 遺言者が，遺言書を作成[6]し，署名・押印する。
② 遺言者が，遺言書を封じ，遺言書に用いた印章をもって封印する。
③ 遺言者が，公証人1人および証人2人以上の前に遺言書を提出して，自己の遺言書である旨ならびにその筆者の氏名および住所を申述する。
④ 公証人が，その遺言書を提出した日付および遺言者の申述を封紙に記

---

[4] 遺言による財産承継も相続による財産承継の1つであるが，便宜上，相続とは別の項で解説する。

[5] 特別方式の遺言が事業承継対策として活用される例はほとんどないと思われるため，本書では，その解説を省略する。

[6] 自筆証書遺言は全文を手書きする必要があるが，秘密証書遺言は手書きである必要はなく，ワープロで作成しても構わない。

載した後，遺言者および証人とともにこれに署名・押印する。

　遺言書の作成それ自体には公証人が関与しないため，自筆証書遺言と同様，方式不備や内容不明確により遺言の効力について争いが生じる危険性がある。遺言者の意思能力についても，公正証書遺言では遺言の趣旨を口授する必要があるのに対し，秘密証書遺言では単に自己の遺言書である旨と氏名・住所を申述するだけなので，公正証書遺言に比べて，意思能力の存否について争いが生じる可能性が高いと言えよう。封印されているため改変のおそれはないが，公正証書遺言と異なり，公証役場は遺言書の原本を保管しないため，紛失，隠匿のおそれがあることは，自筆証書遺言と同様である。

(2) 遺言事項

　遺言によってできる行為は，①財産処分（遺贈。民964条），②認知（民781条2項），③推定相続人の廃除（民892条・893条）である。

　遺言によってのみできる行為は，①相続分の指定または指定の委託（民902条），②遺産分割方法の指定[7]または指定の委託（民908条），③遺産分割の禁止，④遺留分減殺方法の指定（民1034条但書）などである。

(3) 遺言の撤回・取消し

　遺言者は，いつでも，遺言の方式に従って，その遺言の全部または一部を撤回することができる（民1022条）。遺言撤回の自由が認められている主な理由は，①遺言制度は遺言者の最終意思を尊重する趣旨であること，②場合によっては，遺言書を作成してから相続が開始するまで，相当長期間を経過する場合もあり，いったん遺言書を作成すると容易にこれを撤回できないとすることは，遺言者に酷であること，③遺言は，遺言者の死亡時に効力が発生するものであり，効力発生前の撤回を認めても，法律上不利益を被る者はいないことである。

　明示的に遺言を撤回する旨の記載がなくても，前の遺言と後の遺言が抵触[8]

---

[7] 特定の財産を特定の相続人に「相続させる」旨の遺言は，遺産分割方法の指定に当たり，当該相続人は，被相続人の死亡時に当該財産を相続により承継する（最判平成3・4・19民集45巻4号477頁）。

[8] どのような場合に抵触すると言えるかについては，「前の遺言を失効させなければ後の遺言の内容を実現することができない程度に内容が矛盾すること」を言い，「抵触の有無の程度は，事実問題であるが，形式的に決定すべきではなく，遺言の解釈によりその全趣旨から決定され，

する場合は，抵触する範囲で後の遺言で前の遺言を撤回したものとみなされる（民1023条1項）。また，遺言を作成した後，それと抵触する生前処分をした場合[9]も，抵触する範囲で遺言を撤回したものとみなされる（同条2項）。

なお，遺言撤回の自由は，遺言者の最終意思を尊重する趣旨であるから，遺言者は，あらかじめ遺言を撤回する権利を放棄することができないとされている（民1026条）。

5 相　続
(1) 相続の開始と相続人の範囲

相続は，死亡によって開始する（民882条）。被相続人の配偶者は常に相続人となり（民890条），それ以外の相続人は次の順位による。

(a) 直系卑属

被相続人の子[10]は第1順位の相続人である（民887条1項）。

被相続人の子が，相続開始以前に死亡したとき，または相続欠格事由に該当し，もしくは廃除によって，その相続権を失ったときは，その者の子（被相続人の孫）が代襲して相続人となる（民887条2項）。さらに孫が相続開始以前に死亡したとき，または相続欠格事由に該当し，もしくは廃除によって，その相続権を失ったときは，孫の子（被相続人の曾孫）が相続人となる（再代襲。同条3項）。

(b) 直系尊属

被相続人に直系卑属がない場合[11]，直系尊属が相続人となり，親等の異な

　必ずしも両遺言の内容を実現することが客観的に絶対不可能であることを要しない」（中川善之助＝加藤永一編『新版注釈民法（28）〔補訂版〕』（有斐閣，2002）402頁〔山本正憲〕）。
9) たとえば，相続人の1人に特定の土地を相続させる旨の遺言を作成した後，当該土地を第三者に売却・贈与したような場合である。
10) 胎児は，相続については，すでに生まれたものとみなされる（民886条1項）。したがって，妻が懐胎中に夫について相続が開始した場合，妻の胎内にいる胎児は，すでに出生したものとみなされ，夫（胎児にとっての父）の相続人となる。ただし，流産や死産により，その胎児が死体で生まれたときは，民法886条1項は適用されない（同条2項）。
　養子は，縁組の日から，養親の嫡出子の身分を取得するので（民809条），実子と同じく相続人となる。また，被相続人が認知した子（非嫡出子）も，被相続人の子として相続人となる（非嫡出子の相続分については後述する）。
11) 「直系卑属がない場合」とは，そもそも子およびその代襲相続人がいない場合のほか，これらの者がいても，その全員が相続欠格事由に該当し，または廃除によって，その相続権を失った場合がある。また，直系卑属の全員が相続放棄した場合も，「直系卑属がない場合」に該当する（相続放棄は代襲原因ではないので，子が相続放棄しても，その子（被相続人の孫）は相続人とならない）。

Ⅱ　民法の基礎知識

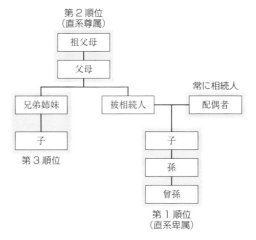

る者の間では，その近い者を先にする（民889条1項1号）。

　たとえば，被相続人に子や孫といった直系卑属がおらず，父母がいる場合，父母が相続人となる。父母ともにおらず，祖父母がいる場合，祖父母が相続人となる。「親等の異なる者の間では，その近い者を先にする」というのは，被相続人の父がすでに死亡し，母が健在で，かつ，祖父母も健在であるという場合は，親等の近い母のみが相続人となるという意味である。

(c) 兄 弟 姉 妹

　被相続人に直系卑属も直系尊属もない場合 12)，兄弟姉妹が相続人となる（民889条1項2号）。

　被相続人の兄弟姉妹が，相続開始以前に死亡したとき，または相続欠格事由に該当し，もしくは廃除によって，その相続権を失ったときは，その兄弟姉妹の子が代襲して相続人となる（民889条2項による民887条2項の準用）13)。

　相続人の範囲および順位は以上のとおりであり，これを図示すると，上図のとおりとなる。

---

12)　「直系卑属も直系尊属もない場合」の意味は，前掲注11)の「直系卑属がない場合」と同様，そもそも直系卑属も直系尊属もいない場合のほか，これらの者がいても，その全員が相続欠格事由に該当し，または廃除によって，その相続権を失った場合がある。また，その全員が相続放棄した場合も，これに該当する。

13)　兄弟姉妹の子が相続開始以前に死亡し，または相続欠格事由に該当し，もしくは廃除によって，その相続権を失っても，その子（兄弟姉妹の孫）は相続人とならない（民889条2項は，民887条3項を準用していない）。

(2) 相続の効力
(a) 相続の一般的効果

相続人は，相続開始の時から被相続人の財産（一身に専属したものを除く）に属した一切の権利義務を承継する（民896条）。相続人が複数いるときは，相続財産は，その共有に属し（民898条），各共同相続人はその相続分に応じて被相続人の権利義務を承継する（民899条）。

「共有」の法的性質に関しては諸説あるが，判例は，民法249条以下に規定する「共有」とその性質を異にするものではないと解している（最判昭和30・5・31民集9巻6号793頁ほか）。

以下では，事業承継の場面で問題となり得る資産および負債に関して，相続人が複数いることを前提として，若干敷衍して解説する。

(b) 資　産

(i) 不動産　　不動産は，共同相続人の共有に属し，各共同相続人が相続分に応じて共有持分を有することになる。

中小企業においては，経営者の個人所有の不動産を自社に賃貸している場合もあり，この場合，相続人は，当該不動産を相続分に応じて共有するほか，賃貸借契約上の賃貸人たる地位も準共有することになる。

共同相続財産である不動産の管理については，財産の現状を維持する保存行為であれば，各共同相続人が単独で行うことができる（民252条但書）。現状の利用形態や機能を変更することなく，単に老朽化した部分を修繕する程度であれば，保存行為に当たり，相続人の1人（たとえば，後継者）が単独で行うことができるので，特に問題は生じない。

しかし，会社の事業活動の拡大に伴い，会社に賃貸している建物を増築するなどの改良を施す必要が生じる場合がある。このような改良行為は，財産の現状を維持する保存行為とは言えず，「共有物の管理に関する事項」に当たり，各共有者（共同相続人）の持分の価格の過半数で決しなければならない（民252条本文）。

また，賃貸借契約の解除についても，「共有物の管理に関する事項」として，持分の過半数により決する[14]。

---

14) 民法544条1項は，「当事者の一方が数人ある場合には，契約の解除は，その全員から又はその全員に対してのみ，することができる」と規定しており，賃貸人が複数である場合，賃貸

さらに，賃貸借契約に基づく賃料債権については，事後的に共同相続人のうちの1人が単独で当該不動産を取得する旨の遺産分割が成立すると，当該相続人が単独で賃貸人たる地位を有することになるが，相続開始から遺産分割成立までの間に発生した賃料債権は，遺産とは別個の財産であり，各共同相続人がその相続分に応じて分割単独債権として確定的に取得し，その帰属は後にされた遺産分割の影響を受けないと解されている（最判平成17・9・8民集59巻7号1931頁）[15]。

(ii) **株式** 株式も，共同相続人の共有に属し，各共同相続人が相続分に応じて共有持分を有することになる。共有株式の権利行使の方法等については，88頁以下を参照されたい。

(iii) **債権** 債権については，それが不可分債権であれば，共同相続人が承継する債権も不可分債権である。貸付債権のような金銭債権は可分債権であり，相続により法律上当然に分割され，各共同相続人がその相続分に応じて承継する（最判昭和29・4・8民集8巻4号819頁等）。

ただし，預貯金債権については，相続により当然に分割されることなく，遺産分割の対象となる（最大決平成28・12・19金法2058号6頁）[16]。

人の全員が共同しなければ賃貸借契約を解除できないとも考えられる。しかし，この点に関し，最判昭和39・2・25民集18巻2号329頁は，共有物を目的とする賃貸借契約を解除することは民法252条本文の共有物の管理に関する事項に該当し，解除について民法544条1項の規定は適用されないと判示した。

15) その反面として，共有物の管理に要する費用についても，相続開始から遺産分割協議成立までの間に発生した費用は，各共同相続人がその相続分に応じて負担すべきであって，その後にされた遺産分割の影響を受けないと解すべきである。

16) これまで最高裁は，預貯金債権も可分債権であり，相続により法律上当然に分割され，各共同相続人がその相続分に応じて承継し，遺産分割の対象とならないと解していたが（前掲最判昭和29・4・8等），普通預金債権，通常貯金債権および定期貯金債権について，従来の判例を変更し，相続により当然に分割されることなく，遺産分割の対象となると判示した。預貯金が遺産分割の対象となったことにより，遺産分割の場面において，相続人間の実質的な公平を図りやすくなったと考えられる。

ただし，その一方で，被相続人が負っていた債務の弁済をする必要がある場合や，被相続人から扶養を受けていた共同相続人の当面の生活費を支出する必要があるなどの事情により被相続人が有していた預貯金を遺産分割成立前に払い戻す必要があるにもかかわらず，共同相続人全員の同意を得ることができない場合に不都合が生ずるのではないかが問題となり得る。この点については，大谷剛彦裁判官ほかの補足意見は，遺産分割の審判事件を本案とする保全処分として，特定の共同相続人の急迫の危険を防止するために，相続財産中の特定の預貯金債権を当該共同相続人に仮に取得させる仮処分（仮分割の仮処分。家事200条2項）を活用することが考えられると指摘している。

(c) 債　　務

　債務も，一身専属のものを除き，相続人に承継される。その債務が不可分債務である場合は，共同相続人が承継する債務も不可分債務である。借入債務のような金銭債務は可分債務であり，相続により法律上当然に分割され，各共同相続人が相続分に応じて債務を承継する（最判昭和34・6・19民集13巻6号757頁）。たとえば，被相続人が1000万円の借入債務を負担し，子2人が相続人である場合，子2人は，それぞれ500万円の借入債務を承継する。

　保証債務の相続性については，保証の有する特殊性を踏まえた検討が必要である。

　まず，個々の借入等の金銭債務に係る保証債務については，その相続性が認められることに異論はない。

　次に，債権者と債務者との間で行われる継続的な取引に基づき債務者が負担する債務に係る包括的な保証債務（根保証）については議論のあるところであるが，保証債務を負う限度額や期間の定めのない保証契約については，一身専属的なものとして，その相続性を否定するのが判例である（金融取引上の債務につき大判昭和6・10・21法学1巻3号127頁。継続的売買取引に基づく代金支払債務につき最判昭和37・11・9民集16巻11号2270頁）。他方，保証債務を負う限度額や期間の定めのある保証契約については，その相続性が認められると解されている。

　もっとも，2005（平成17）年4月1日施行の民法改正により，根保証人が個人であり，被保証債務に金銭債務または手形債務が含まれる根保証契約（貸金等根保証契約）については，極度額を定めるべきこととされ（民465条の2），元本確定期日が定められた（民465条の3）[17]。したがって，同改正法の施行日以降に締結された貸金等根保証契約については，保証債務を負う限度額（極度額）や期間（元本確定期日）の定めのないものはない[18]。また，同改正法の施行前に締

---

[17] 元本確定期日は，貸金等根保証契約の締結の日から5年以内の日でなければならず，5年を経過する日より後の日を元本確定期日と定めたときは，元本確定期日の定めのない貸金等根保証契約となる（民465条の3第1項）。そして，元本確定期日の定めのない貸金等根保証契約の元本確定期日は，その締結日から起算して3年を経過する日となる（同条2項）。

[18] 同改正法のうち極度額と元本確定期日に関する民法465条の2および465条の3（2項を除く）は，その施行前に締結された根保証契約には適用されず（同改正法附則4条1項），同改正法の施行前に締結された極度額や期間の定めのない根保証契約も有効に存続する。ただし，同改正法の施行前に締結された元本確定期日の定めのある根保証契約については，極度額の定めの有無により，次のとおり扱われる（同条2項）。

　① 極度額の定めがない根保証契約であって，元本確定期日が同改正法の施行日から起算し

結された貸金等根保証契約であっても，根保証人の死亡が元本確定事由とされているため（民465条の4第3号），根保証人の相続人は，根保証人の相続開始時に存した主たる債務に係る保証債務のみを，法定相続分に応じて分割して承継し，相続開始後に発生した債務に係る保証債務を負うことはない。

(3) 相　続　分
(a) 法定相続分

法定相続分とは，「民法によって定められている各共同相続人が取得し得べき相続財産の総額に対する分数的割合である」（谷口知平＝久貴忠彦編『新版注釈民法（27）〔補訂版〕』（有斐閣，2013）139頁〔有地享＝二宮周平〕）。法定相続分は，一応の割合にすぎず，被相続人から相続人への生前贈与や遺贈，相続人の寄与分等を考慮して，具体的な相続分が算出される（民903条・904条の2）。ただし，債権や債務については，相続により，法律上当然に法定相続分に従って分割される。その後，法定相続分と異なる割合とすることを内容とする遺産分割が成立しても，それは共同相続人の内部問題であり，当該債権の債務者や当該債務の債権者との関係には影響を及ぼさない。

各共同相続人の法定相続分は，相続人の範囲に応じて法定されており（民900条），具体的には以下のとおりである。

共同相続人の範囲	各共同相続人の法定相続分
配偶者と子	配偶者：2分の1 子　　：2分の1
配偶者と直系尊属	配偶者：3分の2 直系尊属：3分の1
配偶者と兄弟姉妹	配偶者：4分の3 兄弟姉妹：4分の1

子，直系尊属または兄弟姉妹が数人あるときは，各自の相続分は，相等しいものとされる（民900条4号）[19]。たとえば，子が複数いる場合，子は，全員で

　　て3年を経過する日より後の日と定められたものは，施行日から起算して3年を経過する日が元本確定期日となる。
　　② 極度額の定めがある根保証契約であって，元本確定期日が同改正法の施行日から起算して5年を経過する日より後の日と定められたものは，施行日から起算して5年を経過する日が元本確定期日となる。
　　同改正法の施行前に締結された元本確定期日の定めのない根保証契約については，同改正法の施行日から起算して3年を経過する日に元本が確定する（同条3項）。

【相続関係と各共同相続人の法定相続分】

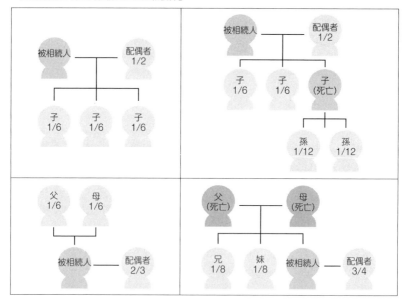

相続分2分の1を均分する。

(b) 特別受益

(i) 特別受益の意義　共同相続人の中に，被相続人から遺贈を受けたり，贈与を受けた者がいる場合，当該遺贈や贈与を無視して，相続開始時における相続財産のみをもって遺産分割を行ったのでは，共同相続人間の衡平を欠くこととなる。そこで，民法903条は，「共同相続人中に，被相続人から，遺贈を受け，又は婚姻若しくは養子縁組のため若しくは生計の資本として贈与を受けた者があるときは，被相続人が相続開始の時において有した財産の価額にその贈与の価額を加えたものを相続財産とみなし，前3条の規定により算定した相

19）非嫡出子の法定相続分については，従前，嫡出子の法定相続分の2分の1とされていた（旧民900条4号但書前段）。当該規定の合憲性については多くの議論がなされ，最大決平成7・7・5民集49巻7号1789頁は，これを合憲と判示した。しかし，その後，最大決平成25・9・4民集67巻6号1320頁は，「本件規定（旧民900条4号但書前段）は，遅くとも平成13年7月当時，憲法14条1項に違反していたものというべきである」と判示した。この決定を受けて，2013年12月11日施行の民法改正により，上記規定が削除され，同年9月5日以後に開始した相続については，非嫡出子の法定相続分は，嫡出子のそれと相等しいものとなった。なお，最判平成26・12・2/2014WLJPCA12026001は，2000年5月に開始した相続について，その時点においては旧民法900条4号但書前段の規定が違憲だったとは言えないと判示している。

前提事実	被相続人の相続開始時の財産：3億円 共同相続人　　　　　　　　　：子A，子B，子C 生計の資本としての贈与　　　　：子Aに対し3000万円
各人の相続分	A＝（3億円＋3000万円）×1/3－3000万円＝8000万円 B＝（3億円＋3000万円）×1/3＝1億1000万円 C＝（3億円＋3000万円）×1/3＝1億1000万円

続分の中からその遺贈又は贈与の価額を控除した残額をもってその者の相続分とする」と規定する。

　たとえば，上記の表の「前提事実」欄に記載の事実のもとでは，各共同相続人の相続分は同表の「各人の相続分」欄に記載のとおりとなる。

　(ⅱ)　特別受益となる贈与の範囲

　　(ア)　遺贈　　共同相続人に対する遺贈はすべて特別受益となる[20]。もっとも，遺贈された財産は，相続開始の時にはまだ遺産の一部を構成し，「被相続人が相続開始の時において有した財産」に含まれているので，相続財産への加算は不要である[21]。

　　(イ)　贈　　与

　　①　婚姻もしくは養子縁組のための贈与　　婚姻や養子縁組に際して被相続人が支出した持参金，支度金，結納金などである。挙式費用がこれに含まれるかについては争いがあるが，通常の挙式費用は含まれないと解する説が有力である（前掲『新版注釈民法（27）〔補訂版〕』202頁〔有地亨＝床谷文雄〕）。

　　②　生計の資本としての贈与　　親が子のために住宅用土地建物を贈与したような場合が典型例であるが，「生計の資本として」は，かなり広い意味に解されており，ある程度まとまった額の金銭等の財産を贈与すれば，特段の事情のない限り，「生計の資本としての贈与」に該当する。

---

20)　民法903条は，「被相続人から，遺贈を受け……た者があるとき」と規定しており，贈与のように「婚姻若しくは養子縁組のため若しくは生計の資本として」といった限定を付していないため，相続人に対する遺贈はすべて特別受益に当たる。

21)　民法903条は，「その贈与の価額を加えたものを相続財産とみな」すと規定しており，加算すべき価額に遺贈の価額を含めていない。
　　「相続させる」遺言については，「遺産の分割の方法を定めた遺言であり」「特段の事情のない限り，何らの行為を要せずして，被相続人の死亡の時（遺言の効力の生じた時）に直ちに当該遺産が当該相続人に相続により承継される」から（最判平成3・4・19民集45巻4号477頁），生前贈与とも遺贈とも性質を異にするので，民法903条が直接適用されることはない。しかし，遺言により遺産の一部が特定の相続人に帰属するという点で遺贈と異ならないため，同条を類推適用して，持戻しの対象となると解すべきである（山口家萩支審平成6・3・28家月47巻4号50頁，広島高岡山支決平成17・4・11家月57巻10号86頁）。

③　学資　　普通教育以上の学資（大学の学費等）は，子にとって将来の生計の基礎や生活能力取得の基礎となるものであるから，生計の資本としての贈与に該当すると解するのが一般的であるが（前掲『新版注釈民法（27）〔補訂版〕』205頁〔有地＝床谷〕），子の全員が大学に進学し，その学費を親が支出している場合には，扶養に準ずるものとして，「生計の資本としての贈与」に当たらないと考えるのが妥当であろう（東京高決昭和42・1・11家月19巻6号55頁）。

　④　生命保険金　　被相続人を保険契約者かつ被保険者とする生命保険契約に基づく生命保険金が相続財産となるかについて，一般的には，被相続人が特定の相続人を生命保険金の受取人に指定していた場合は，生命保険金は，当該相続人の固有財産となり，被相続人の相続財産とはならないと解されている。

　ただし，生命保険金が相続財産を構成しないとしても，特別受益に該当するかどうかは別個の考慮を要するとして議論があり，相続人が保険金受取人とされた養老保険契約に基づく死亡保険金請求権または死亡保険金について，特段の事情がない限り，受取人に指定された相続人の固有財産となり，被保険者の遺産より離脱しており（最判昭和40・2・2民集19巻1号1頁），さらに，民法903条に規定する遺贈または贈与に係わる財産に当たらないが，保険金受取人である相続人と他の共同相続人との間に生ずる不公平が同条の趣旨に照らし到底是認することができないほど著しいと評価すべき特段の事情[22]がある場合には，同条の類推適用により，特別受益に準じて持戻しの対象となる（最決平成16・10・29民集58巻7号1979頁）。

　⑤　死亡退職金　　生命保険金と同様，社内規程や法律等により受給者として指定された者の固有財産となり，被相続人の相続財産とはならないと解されている[23]。死亡退職金の受給者が法定相続人の1人である場合，原則として特別受益に当たらないが，相続人間で著しい不公平が生じるときには，例外的に，特別受益に準じて持戻しの対象となることもまた，生命保険金と同様である。

---

[22]　特段の事情の有無については，保険金の額，この額の遺産総額に対する比率，同居の有無，被相続人の介護等に対する貢献の度合いなどの保険金受取人である相続人および他の共同相続人との関係，各相続人の生活実態等の諸般の事情を総合考慮して判断すべきであるとする。

[23]　日本貿易振興協会職員の死亡退職金につき最判昭和55・11・27民集34巻6号815頁，県職員の死亡退職金につき最判昭和58・10・14判時1124号186頁（条例で受給者が定められている），私立学校教職員の死亡退職金につき最判昭和60・1・31家月37巻8号39頁（法律により受給者が定められている）。

(ⅲ) 持戻免除　　特別受益の持戻しは，共同相続人の衡平を図る趣旨のほか，被相続人の通常の意思の推測に基づくものであるから，被相続人が特にこれと異なる意思表示（持戻免除の意思表示）をした場合には，当該意思表示は，遺留分に関する規定に違反しない範囲で，その効力を有する（民903条3項）。

持戻免除の意思表示が「遺留分に関する規定に違反しない範囲で，その効力を有する」ということの意味については後述する。

(c)　寄　与　分

(ⅰ)　寄与分の意義・要件　　共同相続人中に，被相続人の事業に関する労務の提供または財産上の給付，被相続人の療養看護その他の方法により被相続人の財産の維持または増加について特別の寄与をした者があるときは，被相続人が相続開始の時において有した財産の価額から共同相続人の協議で定めたその者の寄与分を控除したものを相続財産とみなし，民法900条から902条までの規定により算定した相続分に寄与分を加えた額をもってその者の相続分とする（民904条の2第1項）。被相続人の財産の維持または増加に貢献のある者と貢献のない者を同等に扱うことは，実質的に衡平を欠くことになるため，共同相続人間の実質的衡平を図るために認められたのが寄与分である。

寄与分が認められるための要件は，①特別の寄与行為であって，②それが被相続人の事業に関する労務の提供，被相続人の事業に関する財産上の給付，被相続人の療養看護，その他の方法等による行為であり，その結果，③被相続人の財産の維持または増加をもたらしたこと，である。

(ⅱ)　特別の寄与行為　　「特別の」というためには，当該の身分関係に基づいて通常期待されるような程度を超える貢献でなければならない（前掲『新版注釈民法（27）〔補訂版〕』250頁〔有地享＝犬伏由子〕）。夫婦間の協力・扶助義務（民752条）や婚姻費用分担義務（民760条），直系血族や兄弟姉妹間での相互扶養義務（民877条1項），直系血族や同居の親族間での相互の扶け合い義務（民730条）の範囲内の行為は「特別の寄与行為」とは言えない。

また，「寄与行為」というためには，原則として無償またはそれに近いものであることが必要である。相当な対価が給付されているのであれば，寄与分として認めなくても，共同相続人間の実質的衡平を欠くことにはならないからである。

(ⅲ) 寄与行為の類型

(ｱ) 被相続人の事業に関する労務の提供　被相続人が行う事業に従事し，被相続人に対して労働力を提供することをいう。

審判例では，相続人の1人が，長年にわたって，被相続人らが設立した医療法人の経営に当たり，被相続人の家業ともいうべき当該医療法人の維持，発展に尽力し，当該医療法人の経営に貢献したというにとどまらず，被相続人の資産の増加，維持保全に顕著な寄与をしていたとして，当該相続人の寄与分を30％と認定した事案（大阪高決昭和54・8・11家月31巻11号94頁），相続人の1人が，被相続人の相続開始の約15年前から家業である薬局経営を手伝い，その10年後には経営の中心となり，相続開始の約1年前に薬局を会社組織にした後も，店舗を新築するなどして経営規模を拡大してきたという事実を前提として，当該相続人が無報酬またはこれに近い状態で事業に従事したとはいえないものの[24]，それでも薬局経営のみが収入の途であった被相続人の遺産の維持・増加に特別の寄与貢献を相当程度したとして，当該相続人の寄与分を約32％と認定した事案（福岡家久留米支審平成4・9・28家月45巻12号74頁）がある。

(ｲ) 被相続人の事業に関する財産上の給付　金銭や不動産などの財産を贈与することだけでなく，無利息での金銭の貸付や不動産の使用貸借も財産上の給付に当たる。

財産上の給付の相手方が会社である場合，「被相続人の事業に関する」と言えるのかが問題となり得るが，被相続人が創業した会社に対する資金援助に関し，当該会社が被相続人から恒常的に資金援助がなされ，被相続人が当該会社から生活の糧を得ており，会社の資金も被相続人に流用されているなどの状況に照らせば，個人企業に近い面もあり，被相続人と極めて密着した関係にあったということから，会社への資金援助と被相続人の資産の確保との間に明確な関連性がある場合には，被相続人に対する寄与と認める余地があるとして，経営危機にあった会社に資金提供をした相続人に遺産の20％の寄与分を認めた裁判例がある（高松高決平成8・10・4家月49巻8号53頁）。

(ｳ) 被相続人の療養看護　病気療養中の被相続人の介護であるが，配偶

---

24) 前述のとおり，「寄与行為」というためには，原則として無償またはそれに近いものであることが必要と解されているが，本審判の事案では，当該相続人が得ていた報酬の額に比し，経営規模の拡大による被相続人の遺産の維持・増加に対する寄与貢献の度合いが大きいということが勘酌されたのであろう。

者の協力・扶助義務や子の親に対する扶け合い義務の範囲を超えるものでなければならない。また、療養看護によって被相続人の財産が維持・増加されたことが必要であるから、介護費用の支出を免れたといった財産上の効果が必要である。

　(エ)　寄与の結果　　特別の寄与行為の結果、被相続人の財産が維持され、または増加したことが必要であり、寄与行為と財産の維持・増加との間に因果関係がなければならない。したがって、財産上の効果のない精神的な援助、協力は、寄与分と認められない。

　(オ)　遺留分との関係　　民法904条の2第3項は、「寄与分は、被相続人が相続開始の時において有した財産の価額から遺贈の価額を控除した残額を超えることができない」と規定し、遺贈が寄与分に優先することとしている。他方、遺留分との関係については、民法904条の2は何ら規定しておらず、民法1028条以下の遺留分に関する規定においても、寄与分との関係について何ら規定していない。このため、寄与分は遺留分に優先し、遺留分の額に食い込む寄与分を定めることも可能であると解されている[25]。

　また、遺留分減殺請求訴訟の被告が、寄与分を抗弁として主張できるかが問題となるが、「寄与分は、共同相続人間の協議により、協議が調わないとき又は協議をすることができないときは家庭裁判所の審判により定められるものである」から、遺留分減殺請求訴訟において、抗弁として主張することは許されないと解されている（東京高判平成3・7・30判時1400号26頁）。

(4)　遺産分割

(a)　遺産分割の必要性

　前述のとおり、遺産は、共同相続人の共有に属するが（民898条）、この共有状態は、一時的、暫定的、過渡的な状態であり、遺産を構成する個々の財産の帰属は、共同相続人間の遺産分割協議によって確定することになる。

　したがって、共同相続人の全員が、遺産を構成する個々の財産につき、法定相続分に応じて共有する状態に異論がないという場合は別として、個々の財産

---

[25]　もっとも、実務上は、寄与分を定めるに当たって考慮すべき「一切の事情」として、「他の相続人の遺留分を侵害する結果となるかどうかについても考慮しなければならない」とされている（東京高決平成3・12・24判タ794号215頁）。

をそれぞれ特定の相続人に帰属させるためには，共同相続人全員による遺産分割協議が必要となる。

(b) **遺産分割の手続**

遺産分割は，共同相続人間の協議により行われるが（民907条1項），共同相続人間の協議が調わないとき，または協議ができないときは，各共同相続人は，遺産分割を家庭裁判所に請求することができる（同条2項）。

家庭裁判所における遺産分割の手続には，調停手続と審判手続がある。調停は，裁判所の関与のもとで共同相続人が話合いをし，遺産分割を成立させる手続である。審判は，家庭裁判所の判断により遺産分割方法を決定する手続である。

遺産分割事件については，調停前置主義が採用されていないため，各共同相続人は，当初から審判を申し立てることもできるが，調停手続を経ないで審判の申立てがあった場合，家庭裁判所の職権で調停手続に付すのが，実務上の一般的な取扱いである（家事274条1項）。遺産分割は，共同相続人という親族内の問題であり，可能な限り，全員の納得のうえ，遺産分割協議を成立させるのが望ましいからである。調停手続で遺産分割が成立しないときは，審判手続に移行し（家事272条4項），家庭裁判所の判断により遺産分割方法が決定される。

(c) **遺産分割の基準**

遺産分割は，遺産に属する物または権利の種類および性質，各相続人の年齢，職業，心身の状態および生活の状況その他一切の事情を考慮して行われる（民906条）。

もちろん，共同相続人の全員が合意する限り，各共同相続人の法定相続分や特別受益，寄与分を加算等した具体的相続分や民法906条が定める基準にかかわらず，自由に分割することができる。その意味で，共同相続人間の協議による分割や家庭裁判所の調停手続における分割では，民法906条は，「当事者が協議を行う際の手がかりとなることはあっても，実際に行われた分割の効力を考えるうえでは，法的な意味を持たない」（前掲『新版注釈民法（27）〔補訂版〕』320頁〔潮見佳男〕）。

これに対し，家庭裁判所の判断により行われる審判においては，法律に基づく判断がなされるべきであるから，民法906条の基準に従う必要がある[26]。従来，家庭裁判所の審判分割においては，特別受益や寄与分を考慮しつつも，

遺産に属する各財産を法定相続分により分割することとされることが多かったが，近時，注目すべき裁判例が現れた。すなわち，同族会社の経営者を被相続人とする相続で，当該会社の株式が遺産に含まれており，相続人の1人が当該会社の経営に携わっているという事案に関し，裁判所は，「その経営規模からすれば，経営の安定のためには，株主の分散を避けることが望ましい」ことを前提として，相続人の1人（後継者）に同株式を単独取得させるとともに，他の相続人らに対して代償金を支払わせる旨の決定をした（東京高決平成26・3・20判時2244号21頁[27]）。

(5) 相続放棄

(a) 相続放棄の意味

相続放棄は，相続人が被相続人の死亡により当然に発生する包括承継の効果を，自己のために遡及的に消滅させる目的で行う意思表示である（前掲『新版注釈民法(27)〔補訂版〕』614頁〔犬伏由子〕）。相続は，不動産や預金などの資産（積極財産）の承継だけでなく，借入債務等の負債（消極財産）の承継も伴うため，民法は，積極・消極あわせた被相続人の権利義務を承継するか否かについて，相続人に選択権を付与したのである。

---

[26] したがって，民法906条の基準に違反した分割審判は，抗告事由となる。
[27] 事業承継に関連する遺産分割審判の事例として，今後の実務の参考となるので，少々長くなるが，決定文を引用しておく。すなわち，東京高等裁判所は，「(会社)は，初代社長及びその親族がこれまで経営に当たってきたものであり，また，その大半の株式を初代社長の親族が保有しているという典型的な同族会社であり，その経営規模からすれば，経営の安定のためには，株主の分散を避けることが望ましいということができる。このことは，会社法174条が，株式会社はその譲渡制限株式を取得した者に対して自社に当該株式を売り渡すことを請求できる旨を定款で定めることができると規定し，また，中小企業における経営の承継の円滑化に関する法律（平成20年5月16日法律第33号）が，旧代表者の推定相続人は，そのうちの一人が後継者である場合には，その全員の合意をもって，書面により，当該後継者が当該旧代表者からの贈与等により取得した株式等の全部又は一部について，その価額を遺留分を算定するための財産の価額に算入しないことを合意し，家庭裁判所の許可を受けた場合には，上記合意に係る株式等の価額を遺留分を算定するための財産の価額に算入しないものとすると規定している（4条1項1号・8条1項・9条1項）ことなどに表れている。これらの規定は，中小企業の代表者の死亡等に起因する経営の承継がその事業活動の継続に悪影響を及ぼすことを懸念して立法されたものであり，そのような事情は，民法906条所定の「遺産に属する物又は権利の種類及び性質」「その他一切の事情」に当たるというべきであるから，本件においても，これを考慮して遺産を分割するのが相当である」と述べ，遺産に属する株式の全部を後継者である相続人に単独取得させた。

(b) 相続放棄の手続

　相続放棄は，相続開始後，すなわち被相続人の死亡後，相続人が家庭裁判所に申述するという方式で行う（民938条）。相続放棄ができる期間は，自己のために相続の開始があったことを知った時[28]から3か月以内である（この3か月の期間を「熟慮期間」という。民915条本文）。

　相続放棄は，相続開始後に限ってすることができ，相続開始前にあらかじめ相続放棄をすることはできない。したがって，相続開始前に，被相続人となるべき者に対して相続放棄をする旨の意思表示をしたり，被相続人となるべき者や他の推定相続人との間で相続放棄をする旨の合意をしても，当該意思表示や当該合意は無効である[29]。

(c) 相続放棄の効果

　相続放棄をした者は，その相続に関して，初めから相続人とならなかったものとみなされる（民939条）。たとえば，配偶者と子3人（A・B・C）がある者が死亡した場合，相続放棄をする者がいなければ，これらの者が相続人となり，その法定相続分は，配偶者：1/2，子3人：各1/6となるが，子Cが相続放棄をした場合，配偶者と子2人（A・B）が相続人となり，その法定相続分は，配偶者：1/2，子2人：各1/4となる[30]。

---

[28] 「自己のために相続の開始があったことを知った時」とは，相続人が相続開始の原因たる事実の発生を知り，かつそのために自己が相続人となったことを覚知した時であるが（大決大正15・8・3民集5巻679頁），その時から3か月以内に限定承認または相続放棄をしなかったのが，被相続人に相続財産が全く存在しないと信じたためであり，かつ，被相続人の生活歴，被相続人と相続人との間の交際状態その他諸般の状況からみて当該相続人に対し相続財産の有無の調査を期待することが著しく困難な事情があって，相続人においてそのように信じることについて相当の理由があると認められるときは，熟慮期間は，相続人が相続財産の全部または一部の存在を認識した時，または通常これを認識しうべき時から起算される（最判昭和59・4・27民集38巻6号698頁）。また，近時，「熟慮期間の起算点は，（相続人）が被相続人に係る相続債務が存在することを知った時とすべき」という裁判例が出された（福岡高決平成27・2・16判時2259号58頁）。

[29] 横浜地川崎支判昭和44・12・5家月22巻7号53頁は，「遺産の範囲は相続の開始により初めて確定するのであって，その相続放棄や分割協議の意思表示は，そのとき以後の各相続人の意思によりなされるべきものである」と判示する。

[30] 相続放棄は代襲原因とならないので（民887条参照），相続放棄をしたCに子がいても，当該子は代襲相続人とならない。したがって，被相続人の子の全員が相続放棄をした場合，当該子に子（被相続人の孫）がいても，第2順位である直系尊属が相続人となる（直系尊属がいない場合は兄弟姉妹が相続人となる）。

(6) 遺 留 分
(a) 遺留分の意義

遺留分とは，兄弟姉妹を除く法定相続人に民法上保障される最低限の財産承継の権利である。生前贈与，遺贈，「相続させる」遺言などの被相続人の財産処分によって遺留分を侵害された者は，遺留分を保全するのに必要な限度で当該財産処分の効力を否定し，当該財産の返還や金銭による価額弁償を受けることができる。

本来，人は，自らの財産を自由に処分することができる。すべての財産を贈与や遺贈によって第三者に与えることができるし，複数の相続人のうちの特定の者のみに全財産を相続させることもできる。しかし，このような財産処分の自由を無制限に許容すると，相続人の生活が脅かされ，また相続人間の衡平が害されるおそれがある。

そこで，民法は，被相続人の財産処分の自由と相続人の財産承継の権利の調和を図るため，兄弟姉妹（その代襲者を含む）以外の法定相続人に遺留分を認めている。

(b) 遺留分権利者

遺留分を有する相続人，すなわち遺留分権利者は，兄弟姉妹（その代襲者を含む）以外の法定相続人であり，配偶者のほか，直系卑属，直系卑属がないときは直系尊属が法定相続人となり，遺留分権利者となる（民1028条）。直系卑属も直系尊属もなく，配偶者と兄弟姉妹（またはその代襲者）が法定相続人となる場合は，配偶者のみが遺留分権利者となる。

(c) 遺留分の割合

遺留分の割合は，相続人の範囲に応じて，次のとおりである（民1028条）。

直系尊属のみが相続人である場合	「被相続人の財産」の1/3
上記以外の場合	「被相続人の財産」の1/2

上記割合によって算定される遺留分の額は，すべての遺留分権利者にとっての遺留分（総体的遺留分）の額であり，個々の遺留分権利者の遺留分（個別的遺留分）の額は，総体的遺留分の額に法定相続分を乗じた額となる（民1044条・887条2項・3項・900条・901条）。

たとえば，「被相続人の財産」が1億円，法定相続人が配偶者と子2人であ

る場合，総体的遺留分の額と各遺留分権利者の個別的遺留分の額は，それぞれ次のとおりである。

総体的遺留分の額		5000万円（＝1億円×1/2）
個別的遺留分の額	配偶者	2500万円（＝5000万円×1/2）
	子2人（それぞれ）	1250万円（＝5000万円×1/4）

(d) 遺留分算定基礎財産

(i) 計算式　遺留分算定の基礎となる財産は，「被相続人の財産」であり，一般的に「遺留分算定基礎財産」と言われる。遺留分算定基礎財産の価額は，次の計算式により算定される（民1029条1項・1030条）。

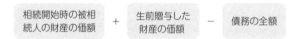

(ii) 相続開始時の被相続人の財産の価額　被相続人が相続開始時に保有していた財産はすべて算入される。遺贈や「相続させる」遺言の対象とされた財産もこれに含まれる。死因贈与については，遺贈に関する規定が準用されるので（民554条），遺贈として取り扱い，相続開始時の被相続人の財産の価額として，遺留分算定基礎財産の価額に算入すべきというのが多数説である（前掲『新版注釈民法（28）〔補訂版〕』456頁〔中川淳〕）。

(iii) 生前贈与した財産の価額[31]

　(ｱ) 相続開始前の1年間になされた贈与　相続開始前の1年間になされた贈与は，無条件で遺留分算定基礎財産に算入される（民1030条前段）。贈与の当事者が遺留分権利者に損害を加えることを知っていたか否かを問わない。相続開始前の1年間になされたというためには，その1年間に贈与契約がなされた場合を意味し，相続開始の1年以上前に締結された贈与契約に基づき，相続開始前の1年間に履行されたとしても，民法1030条後段に該当する場合は別として，遺留分算定基礎財産には算入されない。

　(ｲ) 当事者双方が遺留分権利者に損害を加えることを知ってした贈与
当事者双方が遺留分権利者に損害を加えることを知って贈与をしたときは，相続開始の1年前の日より前にしたものについても，遺留分算定基礎財産に算入

---

31) 後述する中小経営承継法における遺留分に関する民法の特例は，生前贈与した財産の価額を遺留分算定基礎財産に算入するか否か等に関する特例である。

される（民1030条後段）。

「損害を加えることを知って」の意味については，単に損害を加えるという認識であり，法律の知不知を問わず，客観的に遺留分権利者に損害を加えるべき事実関係を知ることである（大判昭和9・9・15民集13巻1792頁）。また，そのような事実関係の認識があったというためには，当事者双方において贈与財産の価額が残存財産の価額を超えることを知っていた事実のみならず，なお将来，相続開始の日までに被相続人の財産に何らの変動もないこと，少なくともその増加のないであろうことの予見のもとに贈与をした事実が認められなければならない（大判昭和11・6・17民集15巻1246号）。

　(ウ)　不相当な対価による有償行為　　売買その他の有償行為については，被相続人は，財産を処分する代わりにその対価を取得するので，当該有償行為の前後において，総財産が減少することはない。したがって，対価が相当である限り，有償行為により処分された財産は，遺留分算定基礎財産に算入されないし，減殺請求の対象にもならない。

しかし，対価が不相当である場合には，相当な額との差額分，被相続人の総財産を減少させることになるため，実質的に当該差額分を贈与したのと同等の効果が生ずる。このため，民法1039条前段は，「不相当な対価[32]をもってした有償行為は，当事者双方が遺留分権利者に損害を加えることを知って[33]したものに限り，これを贈与とみなす」と規定する。対価が不相当であるとして贈与とみなされた場合，当該有償行為の目的物である財産の価額の全部が遺留分算定基礎財産に算入され，当該有償行為の全部が減殺請求の対象となる。ただし，減殺請求をした者は，その相手方に対し，対価を償還しなければならない（民1039条後段）。

　(エ)　相続人に対する特別受益に該当する贈与　　法定相続人に対する特別受益に該当する贈与は，時期的な制限なく，遺留分権利者に損害を加えることを知っていたか否かを問わず，すべて遺留分算定基礎財産に算入される（民1044条・903条1項）[34]。

---

32)　対価が不相当であるか否かは，取引時における取引価格を標準とし，取引通念により決せられる（前掲『新版注釈民法（28）〔補訂版〕』508頁〔髙木多喜男〕）。
33)　ここでいう「遺留分権利者に損害を加えることを知って」の意味は，民法1030条における同文言と同義と解されている。
34)　相続人に対する特別受益としての贈与は，当該贈与が相続開始よりも相当以前にされたも

被相続人が特別受益の持戻免除の意思表示をしていた場合であっても、すべて遺留分算定基礎財産に算入される（最決平成24・1・26家月64巻7号100頁）。

(オ) その他贈与に類似するもの　遺留分算定基礎財産に算入すべき贈与は、民法549条以下が規定する贈与契約に限らず、広く無償行為全般を意味する。

また、被相続人を被保険者とする生命保険契約に基づく生命保険金については、前述のとおり、保険金受取人である相続人と他の共同相続人との間に生ずる不公平が民法903条の趣旨に照らし到底是認することができないほど著しいと評価すべき特段の事情がある場合には、同条の類推適用により、特別受益に準じて持戻しの対象となると解され（前掲最判平成16・10・29）、この場合には、生命保険金は、遺留分算定基礎財産に算入され、減殺請求の対象となる。

(カ) 贈与財産の評価基準時　生前贈与財産を遺留分算定基礎財産に算入する際、いつの時点で評価した価額を算入すべきかが問題となるが、この点については、遺留分権が具体的に発生し、遺留分の範囲が定まるのが相続開始の時であるから、相続開始の時を基準として評価すべきと解されている（最判昭和51・3・18民集30巻2号111頁）。

(iv) 債務の全額　金融機関からの借入債務などの私法上の債務だけでなく、租税債務や罰金などの公法上の債務も含む。

保証債務については、原則として、遺留分算定基礎財産の計算上、控除すべき債務に当たらないが、「主たる債務者が弁済不能の状態にあるため保証人がその債務を履行しなければならず、かつ、その履行による出捐を主たる債務者に求償しても返還を受けられる見込みがないような特段の事情が存在する場合」は控除すべき債務に当たる（東京高判平成8・11・7判時1637号31頁）。

(e) 遺留分侵害額

遺留分の侵害額は、個別的遺留分の額から遺留分権利者が被相続人からの特別受益に該当する贈与により得た財産および相続によって得た財産の額を控除し、当該相続人が負担する相続債務の額を加算して算定される（最判平成8・11・26民集50巻10号2747頁）。これを式に表すと、次のとおりである。

のであっても、その後の時の経過に伴う社会経済事情や相続人など関係者の個人的事情の変化をも考慮するとき、減殺請求を認めることが当該相続人に酷であるなどの特段の事情がない限り、民法1030条の定める要件を満たさないものであっても、遺留分減殺の対象となる（最判平成10・3・24民集52巻2号433頁）。

個別的遺留分の額 − 当該相続人の特別受益の額 − 当該相続人が相続によって得た財産の額 ＋ 相続した債務の額

　なお，相続人のうちの1人に全財産を相続させる旨の遺言がされた場合には，遺言の趣旨等から相続債務は当該相続人にすべて相続させる意思のないことが明らかであるなどの特段の事情のない限り，相続人間においては[35]当該相続人が相続債務もすべて承継したと解され，遺留分の侵害額の算定に当たり，遺留分権利者の法定相続分に応じた相続債務の額を遺留分の額に加算することは許されない（最判平成21・3・24民集63巻3号427頁）。

(f) 遺留分減殺請求

(i) 遺留分減殺請求権の法的性質　　被相続人の財産処分によって遺留分を侵害された相続人は，遺留分を保全するのに必要な限度で遺贈[36]または贈与の減殺を請求することができる（民1031条）。遺留分を侵害する行為は，当然に無効とされるのではなく，減殺請求を受けて初めてその効力を失う。

　遺留分減殺請求権の法的性質については諸説あるが，判例は，遺留分減殺請求権は形成権であって，その権利の行使は受遺者または受贈者に対する意思表示によってなせば足り，必ずしも裁判上の請求による必要はなく，いったん，その意思表示がなされた以上，法律上当然に減殺の効力が生ずると解している（最判昭和41・7・14民集20巻6号1183頁）。したがって，遺留分減殺請求訴訟は，減殺の対象である遺贈または贈与の目的財産の返還請求訴訟となる。

(ii) 減殺の順序

(ア) 贈与と遺贈の減殺の順序　　被相続人の無償処分に贈与と遺贈がある場合，減殺の順序は，まず遺贈を減殺し，それでも遺留分を保全するに足りない場合に贈与を減殺することができる（民1033条）。「相続させる」遺言と死因贈与の減殺順序をいかに考えるかが問題となるが，東京高判平成12・3・8高民集53巻1号93頁は，「相続させる」遺言は遺贈と同順位，死因贈与については，まず最初に遺贈，次いで死因贈与，最後に生前贈与の順で減殺すべきとする。

---

[35] 前述のとおり，相続債務は，債権者との関係においては，相続開始により当然に分割され，各共同相続人が法定相続分に従って承継する。
[36] 「相続させる」遺言は，遺贈と同じ取扱いとなる（最判平成3・4・19民集45巻4号477頁）。

(イ) 遺贈の減殺の割合

① 原則　遺贈は，遺言者の死亡時に効力が発生するため，複数の遺贈に先後関係は存在せず，すべて同時である。複数の遺贈を減殺する場合，その目的の価額の割合に応じて減殺する（民1034条本文）。たとえば，Aに3000万円，Bに1000万円を遺贈する旨の遺言があり，Cが2000万円の遺留分を侵害された場合，Cは，Aに対して1500万円，Bに対して500万円を減殺することになる。

また，同一人に対する1つの遺贈の目的物が複数ある場合も，その目的の価額の割合に応じて減殺する（民1034条本文類推適用）。

② 減殺の順序に関する別段の意思表示　複数の遺贈がある場合，上記のように割合的に減殺すべきが原則であるが，遺言者が遺言に別段の意思を表示したときは，その意思に従う（民1034条但書）[37]。たとえば，上記事例において，遺言者が当該遺言に，遺留分減殺についてはAに対する遺贈を先にする旨を記載すれば，Cは，Aに対して2000万円を減殺することになる。

同一人に対する1つの遺贈の目的物が複数ある場合も，遺言者が遺言に別段の意思を表示したときは，その意思に従う（民1034条但書類推適用）。

(ウ) 贈与の減殺の順序　遺留分を侵害する贈与が複数ある場合は，後の贈与から減殺し，順次，前の贈与に遡って減殺する（民1035条）[38]。贈与の先後関係は，履行の先後ではなく，贈与契約締結の先後による。

同時に複数の贈与契約を締結した場合は，民法1034条本文を類推適用して，贈与の目的の価額の割合に応じて減殺する。同一人に対する1つの贈与の目的物が複数ある場合も同様である。

(エ) 他の遺留分権利者に対する減殺　相続人に対する遺贈や「相続させる」遺言が減殺請求の対象となる場合，その遺贈や「相続させる」遺言の目的の価額のうち当該相続人の遺留分の額を超える部分のみが民法1034条にいう「目的の価額」に当たる（最判平成10・2・26民集52巻1号274頁）。

---

[37] 遺贈と贈与がある場合に，遺言で，贈与を先に減殺する旨の意思を表示することができるかという論点がある。この点については，民法1033条は強行規定であり，遺言において遺贈と贈与の減殺の順序を指定することはできないと解されている。

[38] 本条は強行規定であり，遺言者の意思で前の贈与を先に減殺の対象とすることはできないと解されている（前掲『新版注釈民法（28）〔補訂版〕』499頁〔宮井忠夫＝千藤洋三〕）。

(g) 価額弁償

減殺請求を受けた者は，減殺を受けるべき限度において，贈与または遺贈の目的の価額を遺留分権利者に弁償して返還の義務を免れることができる（民1041条）[39]。

減殺請求を受けた受遺者または受贈者は，現実に価額を弁償し，または少なくとも弁済の提供をすることによって現物返還義務を免れる（最判昭和54・7・10民集33巻5号562頁[40]）。また，弁償額は，目的物の返還に代わるものとして等価でなければならないので，現実に弁償される時点での目的物の価額であり，遺留分減殺請求訴訟においては，現実に弁償される時に最も接近した時点としての事実審の口頭弁論終結時における価額であるとされる（最判昭和51・8・30民集30巻7号768頁[41]）。

(h) 遺留分減殺請求権の消滅時効

遺留分減殺請求権は，遺留分権利者が，相続の開始および減殺すべき贈与または遺贈があったことを知った時から，1年間これを行わないときは，時効によって消滅する（民1042条前段）。相続開始の時から10年を経過したときも，同様である（同条後段）。

民法1042条前段の1年は消滅時効期間を意味し，同条後段の10年は除斥期間を意味する[42]。そして，同条にいう「減殺の請求権」は，形成権である減殺請求権そのものを指し，その権利行使の効果として生じた法律関係に基づく目的物の返還請求権等をもこれに含ましめて同条所定の特別の消滅時効に服せ

---

39) 複数の遺贈ないし贈与が減殺の対象となる場合，受遺者ないし受贈者は，一部の遺贈ないし贈与の目的物についてのみ価額弁償するということもできる（最判平成12・7・11民集54巻6号1886頁）。
40) 同判決は，「単に弁償の意思表示をしたのみで受遺者をして返還の義務を免れさせるものとすることは，同条（民1041条）の規定の体裁に必ずしも合うものではないばかりでなく，遺留分権利者に対し右価額を現実に手中に収める道を保障しないまま減殺の請求の対象とされた目的の受遺者への帰属の効果を確定する結果となり，遺留分権利者と受遺者との間の権利の調整上公平を失し，ひいては遺留分の制度を設けた法意にそわないこととなるものというべきであるからである」と判示する。
41) 同判決は，遺留分権利者が現物返還の請求訴訟を提起したところ，受遺者が価額弁償の抗弁を主張したことから，遺留分権利者が価額弁償の請求に訴えを変更した事件に関するものである。なお，受贈者ないし受遺者が価額弁償を主張しないにもかかわらず，遺留分権利者の方から価額弁償の請求をすることができるかという点については，これを認める見解もあるが，否定する見解が一般的である。
42) 文字通り消滅時効と解すべきか，除斥期間と解すべきかについては争いがあるが，本文で述べた見解が多数説である。

しめることとしたものではない（最判昭和57・3・4民集36巻3号241頁）。

民法1042条前段による1年の消滅時効の起算点[43]は，遺留分権利者が，相続の開始および減殺すべき贈与または遺贈があったことを知った時である。単に減殺の対象とされている贈与または遺贈のあったことを知っただけでは足りず，それが遺留分を侵害し，減殺することができるということを知ることが必要である[44]。

(i) 遺留分の事前放棄

遺留分は，相続開始前[45]に家庭裁判所の許可[46]を受けて放棄することができる（民1043条1項）。遺留分を包括的に放棄することもできるし，特定の処分行為に対する特定の遺留分減殺請求権を放棄することもできる。ただし，後継者に株式を贈与した場合において，贈与後の価値上昇分のみの遺留分ないし減殺請求権を放棄するということは認められない。

遺留分の放棄は，他の共同相続人の遺留分に影響を及ぼさない（民1043条2項）。共同相続人のうちの1人が遺留分を放棄しても，他の共同相続人の遺留分の額が増えるわけではなく，被相続人の自由分（遺留分を侵害することなく，自由に財産を処分することができる範囲）が増加するのみである。

特定の処分行為に対する特定の遺留分減殺請求権を放棄した場合も同様であり，他の共同相続人の遺留分に影響を及ぼさない。放棄した者について言えば，

---

[43] 10年の除斥期間の起算点は「相続開始の時」であり，解釈上・認定上の問題は生じない。

[44] 大判明治38・4・26民録11巻611頁，大判昭和13・2・26民集17巻275頁。これらの判例の事案は，遺留分権利者が虚偽表示等を理由として贈与・遺贈の無効を主張し，それが認められない場合は減殺を請求すると主張したものであり，上記判例は，遺留分権利者が贈与・遺贈の無効を主張している限りにおいては，当該遺留分権利者はそれが減殺できるものであることを知らないのであるから，消滅時効は進行しないと判断した。しかし，このように解すると，とりあえず贈与・遺贈の無効を主張しさえすれば，消滅時効が進行しないこととなり，不当であるとの批判がなされた。その後，最高裁は，こうした批判を踏まえ，「民法が遺留分減殺請求権につき特別の短期消滅時効を規定した趣旨に鑑みれば，遺留分権利者が訴訟上無効の主張をしさえすれば，それが根拠のない言いがかりにすぎない場合であっても時効は進行を始めないとするのは相当でないから，被相続人の財産のほとんど全部が贈与されていて遺留分権利者が右事実を認識しているという場合においては，無効の主張について，一応，事実上及び法律上の根拠があって，遺留分権利者が右無効を信じているため遺留分減殺請求権を行使しなかったことがもっとも首肯しうる特段の事情が認められない限り，右贈与が減殺することのできるものであることを知っていたものと推認するのが相当というべきである」と判示した（最判昭和57・11・12民集36巻11号2193頁）。

[45] 相続開始後の遺留分の放棄は自由であり，家庭裁判所の許可も不要である。

[46] 許可するか否かの基準は，①遺留分権利者の自由意思に基づくこと，②放棄することに合理的な理由と必要性があること，③放棄と引換えに贈与等の代償が存すること，である。

放棄の対象とされた処分行為に対して遺留分減殺請求権を行使することができなくなるが，被相続人の他の処分行為に対する遺留分減殺請求権に影響を及ぼさない。すなわち，複数の贈与があり，後の贈与に対する遺留分減殺請求権を放棄した場合，放棄の対象とされた贈与に対して遺留分減殺請求権を行使してもなお遺留分を保全するに足りない場合に限り，その前の贈与に対して遺留分減殺請求権を行使することができる。

6　中小経営承継法における遺留分に関する民法の特例
(1)　遺留分に関する民法の規定のうち，何に対する特例か

中小経営承継法における遺留分に関する民法の特例は，遺留分算定基礎財産の算定方法に対する特例である。前述したとおり，遺留分算定基礎財産は，下の計算式により算定され，このうち「生前贈与した財産の価額」については，原則として相続開始前の1年間に贈与した財産の価額であるが，贈与の当事者双方が遺留分権利者を害することを知って贈与をした場合は，相続開始の1年以上前になされた贈与であっても，遺留分算定基礎財産に算入される。また，相続人に対する特別受益に該当する贈与であれば，相続開始前の1年間という期間的な制限もなく，また，贈与の当事者双方が遺留分権利者を害することを知っていたか否かにかかわらず，すべて遺留分算定基礎財産に算入される。また，遺留分算定基礎財産に算入される生前贈与財産の価額は，贈与の時期を問わず，相続開始時を基準として評価される。

$$\boxed{相続開始時の被相続人の財産の価額} + \boxed{生前贈与した財産の価額} - \boxed{債務の全額}$$

中小経営承継法における遺留分に関する民法の特例は，後継者とその他の経営者の推定相続人の合意のうえで，民法上遺留分算定基礎財産に算入すべき生前贈与財産の価額を遺留分算定基礎財産に算入しないとすることや（「除外合意」），遺留分算定基礎財産に算入される生前贈与財産の価額の評価基準時について，民法上は相続開始時であるところを後継者と推定相続人の合意時に固定することができる（「固定合意」）という制度である。

(2) 定　　義

中小経営承継法における遺留分に関する民法の特例の内容を解説する前に、同法における各用語の定義を説明する。

(a) 特例中小企業者

3年以上継続して事業を行っている中小企業者であって、いわゆる上場会社を除く（中小経営承継3条1項、同規則2条）。

「中小企業者」に該当するか否かは、業種ごとに資本金の額と常時使用する従業員の数による基準により判断される（基準の詳細は、中小経営承継2条、同施行令を参照されたい）。

(b) 旧 代 表 者

特例中小企業者の代表者であった者（代表者である者を含む）であって、他の者[47]に対して当該特例中小企業者の株式等[48]の贈与をしたものをいう（中小経営承継3条2項）。

(c) 後 継 者

旧代表者から特例中小企業者の株式等の贈与を受けた者[49]（特例受贈者）または当該特定受贈者から当該株式等を相続、遺贈もしくは贈与により取得した者であって、当該特例中小企業者の議決権の過半数を有し、かつ、当該特例中小企業者の代表者であるもの[50]をいう（中小経営承継3条3項）。

(d) 推定相続人

相続が開始した場合に相続人となるべき者のうち、被相続人の兄弟姉妹およびその子（代襲者）以外のものをいう（中小経営承継3条4項）。被相続人に直系卑属も直系尊属もない場合、兄弟姉妹またはその代襲者が推定相続人となるが、兄弟姉妹およびその代襲者は遺留分を有さない。中小経営承継法における推定相続人は、遺留分算定基礎財産の算定方法に関する合意の当事者の範囲を画す

---

47) 中小経営承継法の立法当時は、推定相続人のうち少なくとも1人に対して特例中小企業者の株式等の贈与をしたことが旧代表者の要件とされていたが、推定相続人以外の者を後継者とする場合にも同法の遺留分に関する民法の特例の適用を認めるため、平成27年改正により、単に「他の者」に改正された。

48) 株式会社の株式または持分会社の持分をいう。

49) 前述のとおり、中小経営承継法の立法当時は、旧代表者の推定相続人であることが後継者の要件の1つとされていたが、推定相続人以外の者を後継者とする場合にも同法の適用を認めるため、平成27年改正により、当該要件が削除された。

50) 議決権の過半数を有していることと代表者であることという要件は、中小経営承継法4条に基づく合意をする時点で充足している必要がある。

る概念であるから，遺留分を有さない者を含める必要がないため，同法においては，民法上の推定相続人から被相続人の兄弟姉妹およびその代襲者を除いた者を「推定相続人」と定義している。

(3) 除外合意

旧代表者の推定相続人および後継者は，その全員の合意をもって，書面により，当該後継者が当該旧代表者からの贈与または当該特定受贈者からの相続，遺贈もしくは贈与により取得した当該特例中小企業者の株式等の全部または一部について，その価額を遺留分算定基礎財産の価額に算入しないことができる（中小経営承継4条1項1号。以下「除外合意」という）。

後継者が旧代表者の推定相続人である場合，後継者への株式等の贈与は，通常，特別受益に該当するので，当該贈与から旧代表者の相続開始までの間にどれほどの期間が経っていようとも，すべて遺留分算定基礎財産に算入される。

また，後継者が旧代表者の推定相続人以外の者である場合，当該贈与が旧代表者の相続開始前1年間になされたものであるとき，あるいは相続開始の1年以上前の贈与であっても，旧代表者と後継者が遺留分権利者を害することを知っていたときは，遺留分算定基礎財産に算入される。

このように，旧代表者から後継者への株式等の贈与が，民法上，遺留分算定基礎財産に算入されるものであっても，旧代表者の推定相続人と後継者の全員が除外合意をすると，後継者に贈与した株式等の価額が遺留分算定基礎財産に算入されず，減殺請求の対象にもならなくなる（中小経営承継9条1項）。

たとえば，被相続人Aが自ら経営するY社の株式（評価額3000万円）を後継者Bに贈与するとともに，Bを含むAの推定相続人全員が，Bに贈与したY社株式について除外合意をすると，その後のAの相続に係る遺留分算定基礎財産を算定する際には，Bに贈与したY社株式を算入しないことになる（【図1】参照）。

(4) 固定合意

旧代表者の推定相続人および後継者は，その全員の合意をもって，書面により，当該後継者が当該旧代表者からの贈与または当該特定受贈者からの相続，遺贈もしくは贈与により取得した当該特例中小企業者の株式等の全部または一

【図1】

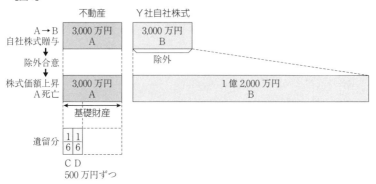

(中小企業庁作成『中小企業　事業承継ハンドブック』(2011年) より)

部について，遺留分算定基礎財産に算入すべき価額を当該合意の時における価額とすることができる（中小経営承継4条1項2号。以下「固定合意」という）。

　旧代表者から後継者への株式等の贈与が遺留分算定基礎財産に算入される場合，算入される株式等の価額は，相続開始時を基準として評価される価額である。旧代表者から後継者への贈与から長期間が経過した後に旧代表者の相続が開始した場合，後継者に贈与した株式等の価額が大きく上昇している場合もあり，その価値上昇に後継者の経営努力が大きく影響している場合もあるが，遺留分算定基礎財産の算定の際には，こうした後継者の経営努力は全く考慮されない。これでは，後継者の企業価値向上に向けたインセンティブを削ぐことになりかねない。

　しかし，旧代表者の推定相続人と後継者の全員が固定合意をすると，当該合意の対象とされた株式等を遺留分算定基礎財産に算入する際の価額は，当該合意時の価額[51]となる。これにより，固定合意をした後の価値上昇分が遺留分算定基礎財産に算入されないこととなり，後継者の企業価値上昇に向けたインセンティブを確保することができる[52]。

---

51) 固定合意により固定することができる価額については，合意時の価額として相当であることについて，弁護士，弁護士法人，公認会計士，監査法人，税理士または税理士法人の証明が必要とされている（中小経営承継4条1項2号括弧書）。非上場の株式等の評価方式については，純資産方式，収益方式，比準方式など，さまざまな方式があるが，評価対象の会社の業績，規模，資産状態，収益の過去実績と将来の見通し，株主構成などの諸事情を総合的に勘案して，最も株式等の価額を適切に反映する評価方式を選択する必要がある。
52) 固定合意の後に株式等の価値が下落した場合も同様に，遺留分算定基礎財産に算入される

Ⅱ　民法の基礎知識

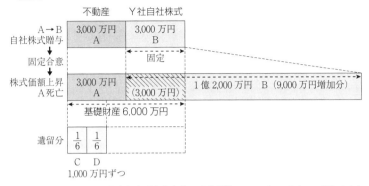

（中小企業庁作成『中小企業　事業承継ハンドブック』（2011年）より）

　たとえば，被相続人Aが自ら経営するY社の株式（評価額3000万円）を後継者Bに贈与するとともに，Bを含むAの推定相続人全員が，Bに贈与したY社株式について固定合意をすると，その後，Y社株式の価値が上昇し，Aの相続開始時における価値が1億2000万円になっていたとしても，Aの相続に係る遺留分算定基礎財産を算定する際のY社株式の価額は，合意時の価額である3000万円となる（【図2】参照）。

(5) 附随合意

　旧代表者の推定相続人および後継者は，上記の除外合意および／または固定合意をする場合には，併せて，次の合意をすることができる。

①　後継者が旧代表者からの贈与または特定受贈者からの相続，遺贈もしくは贈与により取得した財産（特例中小企業者の株式等を除く）の全部または一部について，その価額を遺留分算定基礎財産に算入しないこと（中小経営承継5条）。

②　後継者以外の推定相続人が旧代表者からの贈与または特定受贈者からの相続，遺贈もしくは贈与により取得した財産の全部または一部について，その価額を遺留分算定基礎財産に算入しないこと（中小経営承継6条2項）。

価額は，合意時の価額である。その意味で，固定合意は，後継者にとって，有利にも不利にも働く制度であり，十分な注意が必要である。

(6) 後継者以外の推定相続人がとることができる措置に関する定め

除外合意や固定合意をした後に，後継者が当該合意の対象とした株式等を処分したり，代表者を退任して会社経営から退いたりすると，当該合意をした目的に沿わないことになる。しかし，目的に沿わないことになるからといって，このような場合に当該合意の効力を当然に消滅させると，当該合意をした後に株式等の価値が下落した場合に，後継者としては，株式等を処分したり，代表者を退いたりすることで，当該合意の拘束力から免れることができることになり，不合理である。そこで，中小経営承継法は，合意の効力を当然に消滅させるのではなく，合意の当事者に，こうした場合を想定して「後継者以外の推定相続人がとることができる措置に関する定め」をすることを求めた（中小経営承継4条3項）。

具体的には，後継者以外の推定相続人が合意を解除することができるという定めや，後継者が後継者以外の推定相続人に対して一定の金銭を支払うという定めをすることが想定される。

(7) 推定相続人間の衡平を図るための措置に関する定め

除外合意および固定合意は，後継者が取得した株式等に関する遺留分の算定に係る合意であり，これだけでは後継者が一方的に利益を得ることになるため，後継者以外の推定相続人の納得が得られず，合意を成立させるのが困難な場合が考えられる。このため，除外合意や固定合意をする際には，後継者以外の推定相続人にも何らかのメリットを付与して，推定相続人間の衡平を図り，その納得を得るということが想定される。このことは，家庭裁判所が許可するか否かの判断にも影響を及ぼすと考えられるため，除外合意や固定合意の内容だけでなく，推定相続人間の衡平を図るための措置も含めた合意の全体像が明らかになっているのが望ましく，こうしたことから，中小経営承継法6条1項は，推定相続人間の衡平を図るための措置に関する定めをする場合は書面を作成すべき旨を規定している。なお，中小経営承継法6条2項の規定による附随合意は，推定相続人間の衡平を図るための措置の一例と位置づけられているが，もちろん，当該措置の内容はこれに限られるものではなく，後継者が他の推定相続人に一定額の金銭を支払うという定めや，後継者が旧代表者に対して生活費として一定額の金銭を支払うという定めをすることも考えられる。

(8) 手続——経済産業大臣の確認と家庭裁判所の許可

中小経営承継法に基づく合意の効力が生じるためには，経済産業大臣の確認（中小経営承継7条）および家庭裁判所の許可（中小経営承継8条）が必要である。確認申請人および許可申立人は，いずれも後継者である。

合意 →1か月以内→ 経済産業大臣の確認 →1か月以内→ 家庭裁判所の許可

(a) 経済産業大臣の確認

経済産業大臣の確認を受けるべき事項は，次のとおりである。
① 当該合意が特例中小企業者の経営の承継の円滑化を図るためにされたものであること。
② 申請者が合意日において後継者であったこと。
③ 合意日において，後継者が所有する特例中小企業者の株式等のうち当該合意の対象とした株式等を除いたものに係る議決権の数が総株主等の議決権の50/100以下の数であること。
④ 中小経営承継法4条3項の規定による合意をしていること。

(b) 家庭裁判所の許可

中小経営承継法8条2項は，「家庭裁判所は，前項に規定する合意が当事者の全員の真意に出たものであるとの心証を得なければ，これを許可することができない」と規定し，当事者全員の真意性が審理の対象となる旨を明記するが，それ以外にどのような要素を考慮するかについては，解釈に委ねられている。この点については，遺留分の事前放棄の許可審判（民1043条）における申立人の真意性，放棄理由の合理性，代償の有無という許可基準が一応の参考になろう。

(9) 合意の効力消滅事由

除外合意および／または固定合意は，次のいずれかに該当したときは，当然に効力を失う（中小経営承継10条）。

① 経済産業大臣の確認が取り消されたこと（1号）
② 旧代表者の生存中に後継者が死亡し，または後見開始もしくは保佐開始の審判を受けたこと（2号）
③ 合意の当事者（旧代表者の推定相続人でない後継者を除く）以外の者が新たに

旧代表者の推定相続人となったこと（3号）[53]
④　合意の当事者の代襲者が旧代表者の養子となったこと（4号）[54]

III　事前対策なく経営者の相続が開始した場合の問題点

　以上の民法の基礎知識を踏まえ，以下の事例を前提として，何らの事前対策も講じないまま経営者の相続が開始した場合に，事業承継に如何なる影響を及ぼすかを見ていくこととする。

《事例1》

【家族関係】

経営者A ── 妻B（死亡）
　├ 長男C（後継者）
　├ 長女D
　└ 二男E

【積極財産（Aの資産）】	
X社の株式100%	10億円
X社に賃貸している土地建物	2億円
自宅土地建物	6000万円
預金	6000万円
X社に対する貸付金	3000万円
合計	13.5億円

【消極財産（Aの負債）】	
住宅ローン	6000万円
連帯保証債務（主債務者X社）	3億円
合計	3.6億円

---

[53]　新たな者が旧代表者の推定相続人となる場合には，旧代表者の再婚や子の出生のほか，養子縁組，認知，推定相続人の廃除の取消がある。なお，後継者以外の推定相続人が死亡した場合，当該推定相続人に子があれば，当該子が旧代表者の代襲相続人となり，一見，新たな者が旧代表者の推定相続人となったようではあるが，当該代襲相続人は，合意の当事者たる地位を相続するので，中小経営承継法10条3号の「合意の当事者以外の者」に該当しない。

[54]　後継者以外の推定相続人が死亡した場合，その子（代襲相続人）が中小経営承継法10条3号の「合意の当事者以外の者」に該当しないことは，前掲注53）で述べたとおりであるが，その代襲相続人が旧代表者の養子となると，当該代襲相続人は，代襲相続人としての相続資格と養子としての相続資格の二重資格を有することになると解されており，養子としての相続資格に合意の効力を及ぼすことはできないと解されるため，この場合も，合意は，法律上当然に効力を失うこととされている。

1 遺産分割が成立するまでの法律関係
(1) 積極財産（資産）に関する法律関係
(a) 総　論
《事例1》において，経営者Aが【積極財産（Aの資産）】に列挙した資産を保有したまま，遺言を作成することもなく死亡した場合，当該資産が経営者Aの遺産を構成する。相続人は，長男C，長女Dおよび二男Eの3名であり，それぞれの法定相続分は各1/3である。

経営者Aの遺産は，X社に対する貸付金3000万円を除き，長男C，長女Dおよび二男Eの間で遺産分割協議が成立するまで，これらの者の共有に属し，それぞれの共有持分は法定相続分と同じである。X社に対する貸付金3000万円は，法定相続分に従って当然に分割され，各共同相続人が単独で承継する。

(b) X社の株式
後継者である長男Cは，Aの生前からX社の役員として経営に関与していたとしても，当然にはX社の株式を単独取得できず，X社の株式は，遺産分割協議が成立するまで，長男C，長女Dおよび二男Eが法定相続分に従って共有する。共有状態にある株式についての権利行使の方法は，88頁以下で解説するとおりであり，長男C，長女Dおよび二男Eが協議して，持分の過半数により権利行使者を定める必要がある。長男C，長女Dおよび二男Eの共有持分はそれぞれ1/3であるから，長男Cとしては，自らを権利行使者とするためには，長女Dと二男Eの少なくともいずれか一方の協力が必要である。もし，長女Dと二男Eが長男Cを権利行使者とすることに反対し，たとえば，長女Dを権利行使者とする意思を有していれば，長男Cは，共有株式についての権利行使者となることができず，その権利行使について，自らの意思を反映させることができなくなり，ひいてはX社の経営権を失うことになる。

(c) X社に賃貸している土地建物
経営者Aの相続人である長男C，長女Dおよび二男Eは，法定相続分に従って，X社に賃貸している土地建物を共有し，X社との賃貸借契約上の賃貸人たる地位を準共有する。

当該土地建物が老朽化した場合に，その現状を維持する程度の修繕を施すのであれば，後継者である長男Cが単独で行うことができるので，特に問題はない。

しかし，X社の事業が拡大してくると，建物の増築や改築が必要となる場合もある。このような行為は，保存行為に当たらず，共有者の持分の価格の過半数で決する必要がある（民252条本文）。長男Cとしては，建物に改良を施すたびに，長女Dおよび二男Eと協議し，少なくともいずれか一方の賛成を得る必要があり，X社の事業活動の進展に合わせた迅速な対応ができなくなるおそれがある。また，長女Dおよび二男Eが反対してしまうと，そもそも建物に改良を施すこと自体が不可能となる。

また，賃貸借契約の解除も，共有者の持分の過半数により決するので，長女Dおよび二男Eが賃貸借契約の解除を希望すると，長男Cの意向にかかわらず，解除が可能となってしまう[55]。

(d) X社に対する貸付金3000万円

X社に対する貸付金債権は，金銭債権であるから，経営者Aの相続開始により，法定相続分に従って当然に分割され，各共同相続人が法定相続分に従って単独で承継する。すなわち，長男C，長女Dおよび二男Eが各1000万円の貸付金債権を承継する。

経営者AとX社との間で金銭消費貸借契約書を作成し，貸付金の返済方法を明確に定めていれば，X社は当該返済方法に従って返済すればよく，問題はない。しかし，中小企業における会社と経営者との間の金銭の貸借においては，往々にして，契約書を作成していないことや，返済方法を明確に定めていないことがある。そして，返済期限の定めのない金銭消費貸借契約においては，貸主は，相当の期間を定めて返還の催告をすることができ（民591条1項），当該期間が経過した時に返済期限が到来することになる。

経営者AとX社との間で金銭消費貸借契約書を作成せず，あるいは返済方法を明確に定めていなかった場合，長女Dおよび二男EがX社に対し，相当の期間を定めて返還を催告すると，X社としては，予期せぬ時期に貸付金の返還を余儀なくされ，資金繰りに支障が生じるおそれがある。

---

[55] もちろん，賃貸借契約を解除するには，賃料の不払いなど，X社に契約違反の事実がなければならないので，そのような事実があれば，解除されてもやむを得ないとも言える。しかし，X社の契約違反が軽微なものにすぎない場合に，後継者である長男C以外の共有者が，殊更に当該違反をあげつらって解除権を行使し，X社が紛争に巻き込まれるおそれもある。

(2) 消極財産（負債）に関する法律関係

負債は，相続開始により，法定相続分に従って当然に分割され，各共同相続人がその法定相続分に従って単独で承継する。《事例1》では，住宅ローンの債務とX社の借入金に係る連帯保証債務があり，それぞれ次のとおり，長男C，長女Dおよび二男Eが承継する。

	住宅ローン	連帯保証債務
長男C	2000万円	1億円
長女D	2000万円	1億円
二男E	2000万円	1億円

住宅ローンはともかく，X社の借入金に係る連帯保証債務については，後継者である長男Cが単独で承継することとするのが相続人間の衡平の見地から合理的であるが，法律上は，そのような事情は考慮されずに，各共同相続人が法定相続分に従って分割承継することになる。長男Cが単独で全額の連帯保証債務を負うようにするためには，相続開始後，金融機関と長男CがX社の借入金全部を被保証債権とする連帯保証契約を締結するとともに，金融機関が長女Dおよび二男Eの保証債務を免除するという手続が必要である。

2 遺産分割の問題点
(1) 遺産分割が成立するまでに要する期間

遺産分割は，共同相続人間の協議により行うが，《事例1》の場合，後継者である長男Cとしては，X社の株式およびX社に賃貸している土地建物の全部を単独で取得することを求めることになろう。しかし，X社の株式は，経営者Aの資産の約74％を占め，X社に賃貸している土地建物を含めると，約88％を占めることになり，それらを長男Cが単独で取得することには，長女Dおよび二男Eが難色を示す可能性が高く，遺産分割協議が長期化するおそれがある。

共同相続人間の協議が調わないときは，各共同相続人は，家庭裁判所に遺産分割を請求することができるが，まずは調停手続に付され，裁判所の関与のもとで協議が行われる。それでも共同相続人間で合意ができなかった場合には，審判手続に移行し，家庭裁判所の判断により遺産分割がなされる。こうした手続に要する期間は，もちろんケースバイケースではあるが，かなりの長期間を要する可能性がある[56]。

(2) 原則として法定相続分により分割されること

しかも，共同相続人間の協議ないし調停により遺産分割を成立させる場合には，法定相続分ないし特別受益や寄与分を考慮した具体的相続分にかかわらず，自由に分割内容を決めることができるが，家庭裁判所の審判により遺産分割をする場合には，法定相続分ないし具体的相続分に従った内容となることが多い[57]。32頁で述べたとおり，家庭裁判所が審判をする際には，民法906条の基準に従う必要があるからである。

遺産に属する資産について，それぞれを法定相続分ないし個別的相続分に従って分割する旨の審判がなされると，その後，個々の資産について共有関係を解消するためには，共有物分割の手続を採る必要があり，さらに紛争が長期化するおそれがある。

IV 円滑な事業承継を実現するための方策

1 はじめに

経営者が自ら経営する会社の株式の全部または大部分を保有したまま，遺言を作成することもなく死亡すると，IIIで述べたとおり，さまざまな問題が生じ，後継者が経営権を確保できなかったり，会社の事業活動に支障が生じたりするおそれがある。むろん，相続開始後の共同相続人間の協議により，株式や会社に賃貸している土地建物を後継者が取得する旨の遺産分割協議が調い，会社に対する貸付金についても，会社の資金繰りに支障のないような返済条件とする旨の合意ができれば問題はない。

---

56) 平成25年度の司法統計によると，遺産分割事件の審理期間は次のとおりである。

	6か月以内	6か月～1年以内	1年～2年以内
総　　数	37.2%	31.1%	22.6%
調停成立	34.5%	33.5%	24.2%
審　　判	66.5%	33.0%	0.5%

57) 遺産に含まれる株式について，「その経営規模からすれば，経営の安定のためには，株主の分散を避けることが望ましい」として，相続人の1人である後継者に株式を単独取得させるとともに，他の相続人らに対して代償金を支払わせる旨を決定した例があることは，32～33頁で述べたとおりであるが，同決定に関する解説においても，「この点に関する先例は，公刊物上見当たらない」と述べられている（判時2244号22頁）。

しかし、必ずしも後継者以外の相続人全員の理解が得られるとは限らないので、経営者の存命中に、後継者が自社の経営権を確保するほか、会社の事業活動に支障が生じることのないよう、十分な対策を講じておく必要がある。

以下では、民法および中小経営承継法に基づく対策方法について、生前実現型と生前準備型に分けて解説する。生前実現型は、経営者の存命中に後継者に経営権を委譲し、経営者の相続が開始した後も、後継者の経営権に支障が生じないようにする対策である。他方、生前準備型は、経営者の存命中に後継者に経営権を委譲する準備をし、実際に後継者に経営権が委譲されるのは、経営者の相続が開始した時であるという対策である。

また、あわせて経営者が負担する保証債務の処理について、「経営者保証ガイドライン」を踏まえた対策を解説する。

なお、《事例1》では、相続人の1人が後継者であったが、以下では、これ以外に相続人以外の者を後継者とする《事例2》を含めて解説することとする。

《事例2》

【家族関係】
- F（後継者）
- 経営者A
- 妻B（死亡）
- 長男C
- 長女D
- 二男E

【積極財産（Aの資産）】	
X社の株式100%	10億円
X社に賃貸している土地建物	2億円
自宅土地建物	6000万円
預金	6000万円
X社に対する貸付金	3000万円
合計	13.5億円

【消極財産（Aの負債）】	
住宅ローン	6000万円
連帯保証債務（主債務者X社）	3億円
合計	3.6億円

2 生前実現型

(1) 売買

経営者Aが後継者である長男C（《事例1》の場合）またはF（《事例2》の場合）に対し、X社の株式を売却する方法である。売却した時点で長男CまたはFがX社の株式を取得し、早期に経営権を委譲することができ、また、売買代金額が適正である限り、X社の株式は、経営者Aの相続の際、遺留分算定基礎財産に算入されず、減殺請求の対象ともならないので、X社の株式の分散

【売買の場合】

①遺留分算定基礎財産		1,290,000,000
	X社に賃貸している土地建物	200,000,000
	自宅土地建物	60,000,000
	預金（X社の株式の売買代金10億円を含む）	1,060,000,000
	X社に対する貸付金	30,000,000
	負債（住宅ローン）	60,000,000
②総体的遺留分の額		645,000,000
③個別的遺留分の額		215,000,000

《事例1》の場合			
各人の取得額			
	長男C	X社に賃貸している土地建物	200,000,000
		預金の一部	650,000,000
		X社に対する貸付金	30,000,000
		ア　合計	880,000,000
	長女D	預金の一部	235,000,000
		イ　合計	235,000,000
	二男E	自宅土地建物	60,000,000
		預金の一部	175,000,000
		ウ　合計	235,000,000
遺留分侵害額			
	長男C	③－ア＋住宅ローンの1/3＝▲6.45億円＜0円	0
	長女D	③－イ＋住宅ローンの1/3＝0円	0
	二男E	③－ウ＋住宅ローンの1/3＝0円	0

《事例2》の場合			
各人の取得額			
	長男C	X社に賃貸している土地建物	200,000,000
		預金の一部	240,000,000
		X社に対する貸付金の1/3	10,000,000
		ア　合計	450,000,000
	長女D	預金の一部	440,000,000
		X社に対する貸付金の1/3	10,000,000
		イ　合計	450,000,000
	二男E	自宅土地建物	60,000,000
		預金の一部	380,000,000
		X社に対する貸付金の1/3	10,000,000
		ウ　合計	450,000,000
遺留分侵害額			
	長男C	③－ア＋住宅ローンの1/3＝▲2.15億円＜0円	0
	長女D	③－イ＋住宅ローンの1/3＝▲2.15億円＜0円	0
	二男E	③－ウ＋住宅ローンの1/3＝▲2.15億円＜0円	0

を防止することができるというメリットがある[58]。

《事例1》および《事例2》の各場合において，遺留分算定基礎財産，総体的遺留分の額および個別的遺留分の額はそれぞれ次頁の表のとおりであり，X社の株式以外の財産について，それぞれ前頁の表のとおり相続させれば，長女Dおよび二男Eの遺留分を侵害することはない。

(2) 贈　　与

経営者Aが後継者である長男CまたはFに対し，X社の株式を贈与する方法である。贈与した時点で長男CまたはFがX社の株式を取得し，早期に経営権を委譲することができ，また，長男CまたはFは買取資金を調達する必要がないというメリットがある[59]。

しかし，前述したとおり，長男Cへの贈与は，その時期にかかわらず遺留分算定基礎財産に算入される。Fへの贈与については，原則として経営者Aの相続開始前1年間に限り，遺留分算定基礎財産に算入されるが，《事例2》における経営者Aの資産構成からすると，FにX社の株式の全部を贈与すると，経営者Aの相続人である長男C，長女Dおよび二男Eの遺留分を侵害することとなるのは明らかであるから，Fが経営者Aの資産状況の概要を知っていれば，「遺留分権利者を害することを知って」いたと認められ，経営者Aの相続開始の1年以上前の贈与であっても，遺留分算定基礎財産に算入される可能性がある。遺留分算定基礎財産に算入されるということは，減殺請求の対象となるということであるから，経営者Aの相続開始後，減殺請求によりX社の株式が分散するおそれがある。

このため，長男CまたはFにX社の株式を贈与する際には，それと併せて，X社の事業活動に必要のない財産を後継者以外の相続人に贈与するか，あるいは「相続させる」遺言を作成するなどして，後継者以外の相続人の遺留分を侵害しないようにするのが肝要であるが，《事例1》の場合も《事例2》の場合も，次頁のとおり，長男CまたはFにX社の株式を贈与した後に経営者Aの資産が大きく増加しない限り，X社の株式の全部を長男CまたはFに贈与す

---

[58]　長男CまたはFが経営者Aに支払った売買代金10億円が経営者Aの相続財産を構成するが，それは，経営者Aの相続人間で分割すればよい。

[59]　ただし，受贈者である長男CまたはFには贈与税の負担が生じる。贈与税の概要および納税猶予制度については，第5章を参照されたい。

第 2 章　民法・中小企業経営承継円滑化法

【生前贈与の場合】

①遺留分算定基礎財産		1,290,000,000
	X 社に賃貸している土地建物	200,000,000
	自宅土地建物	60,000,000
	預金	60,000,000
	X 社に対する貸付金	30,000,000
	長男 C または F に生前贈与した X 社の株式	1,000,000,000
	負債（住宅ローン）	60,000,000
②総体的遺留分の額		645,000,000
③個別的遺留分の額		215,000,000

《事例 1》の場合			
各人の取得額			
	長男 C	生前贈与により取得した X 社の株式	1,000,000,000
		ア　合計	1,000,000,000
	長女 D	X 社に賃貸している土地建物の持分 1/2	100,000,000
		自宅土地建物の持分 1/2	30,000,000
		預金の 1/2	30,000,000
		X 社に対する貸付金の 1/2	15,000,000
		イ　合計	175,000,000
	二男 E	X 社に賃貸している土地建物の持分 1/2	100,000,000
		自宅土地建物の持分 1/2	30,000,000
		預金の 1/2	30,000,000
		X 社に対する貸付金の 1/2	15,000,000
		ウ　合計	175,000,000
遺留分侵害額			
	長男 C	③－ア＋住宅ローンの 1/3＝▲7.65 億円＜0 円	0
	長女 D	③－イ＋住宅ローンの 1/3＝6000 万円	60,000,000
	二男 E	③－ウ＋住宅ローンの 1/3＝6000 万円	60,000,000

《事例 2》の場合			
各人の取得額			
	長男 C	X 社に賃貸している土地建物の持分 1/2	100,000,000
		預金の一部	10,000,000
		X 社に対する貸付金の 1/3	10,000,000
		ア　合計	120,000,000
	長女 D	X 社に賃貸している土地建物の持分 1/4	50,000,000
		預金の一部	50,000,000
		X 社に対する貸付金の 1/3	10,000,000
		イ　合計	110,000,000
	二男 E	X 社に賃貸している土地建物の持分 1/4	50,000,000
		自宅土地建物	60,000,000
		X 社に対する貸付金の 1/3	10,000,000
		ウ　合計	120,000,000
遺留分侵害額			
	長男 C	③－ア＋住宅ローンの 1/3＝1 億 1500 万円	115,000,000
	長女 D	③－イ＋住宅ローンの 1/3＝1 億 2500 万円	125,000,000
	二男 E	③－ウ＋住宅ローンの 1/3＝1 億 1500 万円	115,000,000

ると，その他の財産をどのように相続させようとも，経営者Aの相続人の遺留分を侵害してしまうことになる。

(3) 売買と贈与の組合せ

上記(1)で述べた売買の方法を採れば，《事例1》においても，《事例2》においても，後継者以外の相続人の遺留分を侵害することがないため，事業承継の手法として，最も確実な手法と言える。しかし，後継者である長男CまたはFにとって，10億円もの買取資金を調達するのは容易ではない。他方，経営者Aから後継者である長男CまたはFにX社の株式の全部を贈与すると，贈与の後，経営者Aの財産が大きく増加しない限り，その相続人の遺留分を侵害することは避けられない。

そこで，経営者Aが保有するX社の株式の全部を売買したり，贈与したりするのではなく，後継者以外の相続人の遺留分を侵害しないよう注意しつつ，一部のみを売買し，残りを贈与するという方法を採ることも考えられる。たとえば，《事例1》および《事例2》の各場合において，X社の株式の40％を代金4億円で売買し，残り60％を長男CまたはFに贈与するという方法が考えられる。そのうえで，X社の株式以外の財産を長男C，長女Dおよび二男Eにそれぞれ次頁の表のとおり相続させると，《事例1》と《事例2》のいずれの場合においても，経営者Aの相続人の遺留分を侵害することを防止することができる。

(4) 中小経営承継法に基づく民法特例に係る合意

上記(3)のとおり，売買と贈与を組み合わせることによって，後継者以外の相続人の遺留分の侵害を避けることが可能であるが，それでも，後継者は，4億円もの株式買取資金を調達する必要がある。その調達が不可能であれば，贈与という手法を選択せざるを得ない。前述のとおり，X社の株式の全部を後継者である長男CまたはFに贈与すると，他の相続人の遺留分を侵害することとなる。そこで，中小経営承継法が定める民法特例を利用する手法が考えられる。

(a) 除外合意

《事例1》において，除外合意を活用する場合，以下の各事項について合意

第2章　民法・中小企業経営承継円滑化法

【売買と生前贈与を組み合わせた場合】

①遺留分算定基礎財産		1,290,000,000
	X社に賃貸している土地建物	200,000,000
	自宅土地建物	60,000,000
	預金（X社の株式の売買代金4億円を含む）	460,000,000
	X社に対する貸付金	30,000,000
	長男CまたはFに生前贈与したX社の株式	600,000,000
	負債（住宅ローン）	60,000,000
②総体的遺留分の額		645,000,000
③個別的遺留分の額		215,000,000

《事例1》の場合			
各人の取得額			
	長男C	生前贈与により取得したX社の株式	600,000,000
		X社に賃貸している土地建物	200,000,000
		預金の一部	50,000,000
		X社に対する貸付金	30,000,000
		ア　合計	880,000,000
	長女D	自宅土地建物の持分1/2	30,000,000
		預金の一部	205,000,000
		イ　合計	235,000,000
	二男E	自宅土地建物の持分1/2	30,000,000
		預金の一部	205,000,000
		ウ　合計	235,000,000
遺留分侵害額			
	長男C	③－ア＋住宅ローンの1/3＝▲6.45億円＜0円	0
	長女D	③－イ＋住宅ローンの1/3＝0円	0
	二男E	③－ウ＋住宅ローンの1/3＝0円	0

《事例2》の場合			
各人の取得額			
	長男C	X社に賃貸している土地建物の持分1/2	100,000,000
		預金の一部	120,000,000
		X社に対する貸付金	30,000,000
		ア　合計	250,000,000
	長女D	X社に賃貸している土地建物の持分1/4	50,000,000
		預金の一部	200,000,000
		イ　合計	250,000,000
	二男E	X社に賃貸している土地建物の持分1/4	50,000,000
		自宅土地建物	60,000,000
		預金の一部	140,000,000
		ウ　合計	250,000,000
遺留分侵害額			
	長男C	③－ア＋住宅ローンの1/3＝▲1500万円＜0円	0
	長女D	③－イ＋住宅ローンの1/3＝▲1500万円＜0円	0
	二男E	③－ウ＋住宅ローンの1/3＝▲1500万円＜0円	0

をすることが考えられる。
① 経営者AがX後継者である長男CにX社の株式を贈与したうえで，当該株式の価額を遺留分算定基礎財産に算入しない旨の合意をする。
② 経営者Aが後継者である長男CにX社に賃貸している土地建物を贈与したうえで，当該土地建物の価額を遺留分算定基礎財産に算入しない旨の合意をする。
③ 推定相続人間の衡平を図るための措置として，経営者Aが長女Dに金銭6000万円，二男Eに自宅土地建物をそれぞれ贈与し，これらの価額を遺留分算定基礎財産に算入しない旨の合意をする。

以上の内容に基づく合意書の記載例は次のとおりである。

合意書

　X株式会社（以下「X社」という。）の後継者であるCとDおよびEは，中小企業における経営の承継の円滑化に関する法律（以下「法」という。）に基づき，以下のとおり合意する。

（目的―法7条1項1号）
第1条　本件合意は，Cが旧代表者Aからの贈与により取得したX社の株式につき，遺留分の算定に係る合意等をすることにより，X社の経営の承継の円滑化を図ることを目的とする。
（確認―法3条）
第2条　C，DおよびEは，次の各事項を相互に確認する。
　一　X社が法2条に規定する中小企業者に該当し，かつ，本件合意の前3年以上継続して事業を行っている非上場会社であること。
　二　AがX社の代表取締役であったこと。
　三　C，DおよびEがいずれもAの推定相続人であり，かつ，これらの者以外にAの推定相続人が存在しないこと。
　四　Cが，現在，X社の総株主（株主総会において決議をすることができる事項の全部につき議決権を行使することができない株主を除く。）の議決権●個の過半数である●個を有していること。
　五　Cが，現在，X社の代表取締役であること。
（除外合意―法4条1項1号）
第3条　C，DおよびEは，CがAからの平成●年●月●日付け贈与により取得したX社の株式●株について，Aを被相続人とする相続に際し，その価額を遺留分を算定するための財産の価額に算入しないことを合意する。
（後継者以外の推定相続人がとることができる措置に関する定め―法4条3項）
第4条　Cが前条の合意の対象としたX社の株式●株の全部または一部を処分したときは，DおよびEは，それぞれCに対し，Cが処分した株式の数に●円を乗じて得た額の金銭の支払を請求することができる。

2 Aの生存中にCがX社の代表取締役を退任したときは、DおよびEは、それぞれCに対し、●円の支払を請求することができる。
3 前二項のいずれかに該当したときは、DおよびEは、共同して、本件合意を解除することができる。
4 前項の規定により本件合意が解除されたときであっても、第1項または第2項の金員の請求を妨げない。
(後継者が取得した財産に関する合意—法5条)
第5条 C、DおよびEは、第3条の合意と併せて、CがAからの平成●年●月●日付け贈与により取得した下記不動産について、Aを被相続人とする相続に際し、その価額を遺留分を算定するための財産の価額に算入しないことを合意する。
　＊X社に賃貸している土地建物の表示
(後継者以外の推定相続人が取得した財産に関する合意—法6条2項)
第6条 C、DおよびEは、第3条の合意と併せて、推定相続人間の衡平を図るための措置として、DおよびEがそれぞれAからの贈与により取得した次に掲げる財産について、Aを被相続人とする相続に際し、その価額を遺留分を算定するための財産の価額に算入しないことを合意する。
　一 DがAからの平成●年●月●日付け贈与により取得した金銭6000万円
　二 EがAからの平成●年●月●日付け贈与により取得した下記不動産
　　＊自宅土地建物の表示
(経済産業大臣の確認—法7条)
第7条 Cは、本件合意の成立後1か月以内に、法7条所定の経済産業大臣の確認の申請をするものとし、DおよびEは、必要な書類の収集、提出等、同確認申請手続に協力するものとする。
(家庭裁判所の許可—法8条)
第8条 Cは、前条の経済産業大臣の確認を受けたときは、当該確認を受けた日から1か月以内に、第3条、第5条および第6条の合意につき、法8条所定の家庭裁判所の許可審判の申立てをするものとし、DおよびEは、必要な書類の収集、提出等、同許可審判手続に協力するものとする。

また、《事例2》において、除外合意を活用する場合の合意書の記載例は次のとおりである。

合意書

X株式会社(以下「X社」という。)の旧代表者Aの推定相続人であるC、DおよびEと後継者であるFは、中小企業における経営の承継の円滑化に関する法律(以下「法」という。)に基づき、以下のとおり合意する。

(目的—法7条1項1号)
第1条 本件合意は、Fが旧代表者Aからの贈与により取得したX社の株式につき、遺留分の算定に係る合意等をすることにより、X社の経営の承継の円滑化を図ることを目的とする。
(確認—法3条)

IV 円滑な事業承継を実現するための方策

　　第2条　C, D, EおよびFは，次の各事項を相互に確認する。
　　　一　X社が法2条に規定する中小企業者に該当し，かつ，本件合意の前3年以上継続して事業を行っている非上場会社であること。
　　　二　AがX社の代表取締役であったこと。
　　　三　C, DおよびEがいずれもAの推定相続人であり，かつ，これらの者以外にAの推定相続人が存在しないこと。
　　　四　Fが，現在，X社の総株主（株主総会において決議をすることができる事項の全部につき議決権を行使することができない株主を除く。）の議決権●個の過半数である●個を有していること。
　　　五　Fが，現在，X社の代表取締役であること。
（除外合意―法4条1項1号）
　　第3条　C, D, EおよびFは，FがAからの平成●年●月●日付け贈与により取得したX社の株式●株について，Aを被相続人とする相続に際し，その価額を遺留分を算定するための財産の価額に算入しないことを合意する。
（後継者以外の推定相続人がとることができる措置に関する定め―法4条3項）
　　第4条　Fが前条の合意の対象としたX社の株式●株の全部または一部を処分したときは，C, DおよびEは，それぞれFに対し，Fが処分した株式の数に●円を乗じて得た額の金銭の支払を請求することができる。
　　2　Aの生存中にFがX社の代表取締役を退任したときは，C, DおよびEは，それぞれFに対し，●円の支払を請求することができる。
　　3　前二項のいずれかに該当したときは，C, DおよびEは，共同して，本件合意を解除することができる。
　　4　前項の規定により本件合意が解除されたときであっても，第1項または第2項の金員の請求を妨げない。
（後継者以外の推定相続人が取得した財産に関する合意―法6条2項）
　　第5条　C, D, EおよびFは，第3条の合意と併せて，推定相続人間の衡平を図るための措置として，C, DおよびEがそれぞれAからの贈与により取得した次に掲げる財産について，Aを被相続人とする相続に際し，その価額を遺留分を算定するための財産の価額に算入しないことを合意する。
　　　一　CがAからの平成●年●月●日付け贈与により取得した●●
　　　一　DがAからの平成●年●月●日付け贈与により取得した●●
　　　二　EがAからの平成●年●月●日付け贈与により取得した●●
（経済産業大臣の確認―法7条）
　　第6条　Fは，本件合意の成立後1か月以内に，法7条所定の経済産業大臣の確認の申請をするものとし，C, DおよびEは，必要な書類の収集，提出等，同確認申請手続に協力するものとする。
（家庭裁判所の許可―法8条）
　　第7条　Fは，前条の経済産業大臣の確認を受けたときは，当該確認を受けた日から1か月以内に，第3条および第5条の合意につき，法8条所定の家庭裁判所の許可審判の申立てをするものとし，C, DおよびEは，必要な書類の収集，提出等，同許可審判手続に協力するものとする。

(b)　固定合意

　《事例1》において，経営者Aが後継者である長男CにX社の株式を贈与した時点での当該株式の価額が6億円であり，経営者Aの相続開始時における

価額も 6 億円であれば，当該株式以外の財産を長女 D および二男 E に相続させると，遺留分の侵害を回避することができる。しかし，長男 C に X 社の株式を贈与した後，X 社の企業価値が向上し，経営者 A の相続開始時における価額が 10 億円となると，結果として，長女 D および二男 E の遺留分を侵害することになる。このようなケースでは，固定合意を活用し，長男 C に贈与した X 社の株式の価額を 6 億円に固定することが考えられる。

この場合，合意書の上記記載例のうち第 3 条を次のように定めることが考えられる。

（固定合意―法 4 条 1 項 2 号）
第 3 条　C，D および E は，C が A からの平成●年●月●日付け贈与により取得した X 社の株式●株について，A を被相続人とする相続に際し，遺留分を算定するための財産の価額に算入すべき価額を 6 億円（1 株当たり●円。弁護士●●が相当な価額として証明したもの）とすることを合意する。

3　生前準備型
(1)　遺　　言

前述のとおり，遺言には，自筆証書遺言，秘密証書遺言および公正証書遺言があるが，事業承継の円滑化という観点からは，後継者以外の相続人の理解が欠かせないため，遺言の内容を秘密にしておくのは望ましくない。経営者としては，相続人の 1 人を後継者とする場合でも，相続人以外の者を後継者とする場合でも，後継者以外の相続人に対し，自社の経営方針等とそれに従って遺言を作成することを説明することが重要である。また，遺言の有効性について疑義が生じることを防ぐため，公正証書遺言を作成するのが望ましい。

また，遺言を作成する際には，可能な限り，後継者以外の相続人の遺留分を侵害しないよう配慮することが重要である。《事例 1》のような資産構成の場合，後継者以外の相続人の遺留分の侵害を防ぐことは困難であるが，そのような場合には，少しでも株式の分散を防止するべく，減殺の順序を指定しておくことが考えられる。

たとえば，長男 C に X 社の株式，長女 D に預金 6000 万円，二男 E に自宅土地建物を相続させ，その余の財産のすべてを長男 C に相続させる旨の遺言を作成する際，長女 D および二男 E が長男 C に減殺請求をする場合は，X 社

IV 円滑な事業承継を実現するための方策

> 遺 言
>
> 遺言者Aは，次のとおり遺言する。
>
> 第1条 遺言者Aは，遺言者Aが有する下記株式を，長男C（昭和●年●月●日生）に相続させる。
>
> 記
>
> 　　　　発 行 会 社　　　X株式会社（本店所在地：●●）
> 　　　　株式の種類　　　普通株式
> 　　　　株 式 の 数　　　●●株
>
> 第2条 遺言者Aは，遺言者Aが有する下記預金債権を，長女D（昭和●年●月●日生）に相続させる。
>
> 記
>
> 　　　　銀 行 名　　　●●銀行●●支店
> 　　　　口　　座　　　普通●●●●●番
>
> 第3条 遺言者Aは，遺言者Aが有する下記不動産を，二男E（昭和●年●月●日生）に相続させる。
>
> 記
>
> （土地）
> 　　　　所　　在　　　●●市●●町●丁目
> 　　　　地　　番　　　●番●
> 　　　　地　　目　　　宅地
> 　　　　地　　積　　　●●．●● m²
> （建物）
> 　　　　所　　在　　　●●市●●町●丁目●番地●
> 　　　　家屋番号　　　●番●
> 　　　　種　　類　　　居宅
> 　　　　構　　造　　　木造瓦葺2階建
> 　　　　床 面 積　　　1階　●●．●● m²
> 　　　　　　　　　　　2階　●●．●● m²
>
> 第4条 遺言者Aは，前三条に定める財産以外のすべての財産を，長男Cに相続させる。
> 第5条 遺言者Aは，長女Dおよび二男Eから減殺請求があったときは，まず前条により長男Cに相続させる財産からすべきものと定める。

の株式以外の財産から減殺することを指定することが考えられる。この場合の遺言の記載例は上記のとおりである。

(2) 死因贈与

死因贈与は，贈与者と受贈者との契約である点で，遺言者の単独行為である遺言と異なるが，方式を除いて，遺言の規定が準用されるため（民554条），法

的効果の面で大きな差はない。ただし，後継者以外の相続人の遺留分を侵害する場合における減殺の順序については，まず遺言による財産処分が先であり，それを減殺してもなお遺留分を保全するのに足りないときに限り，死因贈与を減殺できる（前掲東京高判平成12・3・8）。

したがって，少しでも株式の分散を防止するためには，株式については後継者との間で死因贈与契約を締結し，その他の財産については，遺言により相続させるという方法が考えられる。

なお，後継者に対して株式を死因贈与する場合の契約書の記載例は次のとおりである。

死因贈与契約書

贈与者Aと受贈者Cは，次のとおり死因贈与契約を締結する。

第1条　贈与者Aは，受贈者Cに対し，下記株式（以下「本件株式」という。）を贈与することを約し，受贈者Cはこれを受諾した。

第2条　前条の贈与は，贈与者Aの死亡を停止条件として効力を生ずる。

第3条　贈与者Aが死亡する前に受贈者Cが死亡したときは，第1条の贈与はその効力を生じないものとする。

4　保証債務の処理

《事例1》および《事例2》においては，経営者AがX社の銀行借入について連帯保証しており，事業承継に際して，この連帯保証債務の処理が重要な課題となる。その課題には，①後継者との保証契約の要否と②前経営者との保証契約の解除の可否という2つの側面がある。

(1)　経営者保証ガイドライン

日本商工会議所と一般社団法人日本銀行協会が設置した「経営者保証に関するガイドライン研究会」は，平成26年12月，中小企業金融における経営者保証について，主たる債務者，保証人および金融機関において合理性が認められる保証契約の在り方等を示すこと等を目的として，「経営者保証に関するガイ

ドライン」（以下「経営者保証ガイドライン」という）を策定し，公表した。

経営者保証ガイドライン第6項(2)は，既存の保証契約について，事業承継時に適切に見直すことを求めている。

経営者保証ガイドラインには法的拘束力がなく，同ガイドラインに従わなかったことに対するペナルティは存在しないが，金融庁の「主要行等向けの総合的な監督指針」および「中小・地域金融機関向けの総合的な監督指針」において経営者保証ガイドラインの遵守が求められている。

(2) 後継者との保証契約の要否

経営者保証ガイドライン第6項(2)②イ）は，事業承継時における後継者との保証契約の締結について，次のように定めている。

> 対象債権者は，前経営者が負担する保証債務について，後継者に当然に引き継がせるのではなく，必要な情報開示を得た上で，第4項(2)に即して，保証契約の必要性等について改めて検討するとともに，その結果，保証契約を締結する場合には第5項に即して，適切な保証金額の設定に努めるとともに，保証契約の必要性等について主たる債務者及び後継者に対して丁寧かつ具体的に説明することとする。

経営者保証ガイドライン第4項(2)は，保証契約の必要性等に関し，以下のような要件を将来に亘って充足すると見込まれるときは，経営者保証を求めない可能性を検討すべきであるとしている。

> イ）法人と経営者個人の資産・経理が明確に分離されている。
> ロ）法人と経営者の間の資金のやりとりが，社会通念上適切な範囲を超えない。
> ハ）法人のみの資産・収益力で借入返済が可能と判断し得る。
> ニ）法人から適時適切に財務情報等が提供されている。
> ホ）経営者等から十分な物的担保の提供がある。

したがって，事業承継に際して，後継者の保証契約を不要とするためには，前経営者において，会社と前経営者の資産・経理を明確に分離し，会社と前経営者の間の金銭の貸借その他の資金のやり取りがある場合は，社会通念上適切

な範囲を超えないように整理し，他方，会社および後継者において，金融機関に対し，適時適切に財務，経営方針や事業計画等に関する情報を提供し，誠実かつ丁寧に説明を行うことが重要である。

(3) 前経営者との保証契約の解除の可否

経営者保証ガイドライン第6項(2)②ロ）は，事業承継時における前経営者との保証契約の解除について，次のように定めている。

> 対象債権者は，前経営者から保証契約の解除を求められた場合には，前経営者が引き続き実質的な経営権・支配権を有しているか否か，当該保証契約以外の手段による既存債権の保全の状況，法人の資産・収益力による借入返済能力等を勘案しつつ，保証契約の解除について適切に判断することとする。

したがって，事業承継時に前経営者の保証契約の解除を求める際には，前経営者は，代表者から退くとともに，自社の株式の全部または大部分を後継者に譲渡し，実質的な経営権・支配権を有さない旨を説明したうえで，保証契約の解除を求めていく必要がある。

第3章
会　社　法

I　はじめに

　本章では，会社法に関係する事項を中心に，事業承継に関連して理解しておくべき事項について説明する。なお，本章では承継対象となる事業を株式会社形態で営んでいることを前提としている。
　はじめに，株式会社に関する基礎知識について説明する。具体的には，まず，IIにおいて，株式会社の機関設計および機関に関する基礎知識を説明する。これらの事項は，事業承継そのものに関係する事項ではない。しかしながら，会社法では，株式会社の機関設計および機関に応じて，必要となる役員の員数や会社における意思決定プロセス，株主の権利の内容が異なる。よって，現在，および，今後株式が分散した後の会社運営をイメージする上で把握しておくべき重要な要素となる。また，今後生じ得る事業承継に備えて，あらかじめ事前に機関設計等を見直しておくことなども考えられる。
　次に，株式および株主に関する基礎知識を説明する。株式についての株券の発行の有無は，株主の権利行使や株式の譲渡手続にも影響し得る事項である。株式の譲渡制限や自己株式の取得は，所有権の移転による株式の散逸の防止や，散逸後の株式の再集約のための手段となり得るものである。また，議決権制限株式や配当優先株式に代表される種類株式制度は，会社に対して異なる関心（利益状況）を有する複数の株主の間における利害調整に役立つものであり，株式が散逸した後の円滑な事業運営に利用可能である。次に，株主の権限について説明する。ここでは，株主がどのような形でどのような権利を行使し得るのか，株主が単独で株式を所有している場合と，複数名で所有している（いわゆる共有）場合に分けて説明している。これらの点は，相続等の理由により株主が複数名となった際の会社運営上の留意点として，理解しておく必要がある。

さらに，Ⅱの最後では，株式会社の公示制度である登記制度についても説明する。

Ⅲ以降においては，Ⅱにおいて説明した基礎知識を前提に，事業承継に際して活用し得る具体的な手法について説明する。具体的には，まず，Ⅲにおいて，事業承継の事前対策または事業承継後の対応のうち，株式や会社（事業）の所有者を変動させない形での対応を採る際の手法として，株主間契約，種類株式制度および従業員持株制度について，具体的な活用方法や契約や定款等の記載事例，制度導入に際しての手続の概要や留意点等を説明する。

次にⅣでは，株式や会社（事業）の所有者の変動を伴う事業承継の各手法について説明する。具体的には，まず，企業のオーナーが，自然発生的にではなく，主体的に事業の全部または一部の承継を行うことを企図した場合に用いられる手段である，株式譲渡，事業譲渡，合併，会社分割，株式交換，株式移転について，一般的な内容および手続等の基礎知識を説明する。次に，上記基礎知識を前提とし，その特色や具体的活用事例とともに，実行に際して必要となるプロセスごとに具体的な手続の内容と留意点等を説明する。

最後に，Ⅴにおいてキャッシュ・アウトについて，およびⅥにおいてMBOについて説明を行う。キャッシュ・アウトやMBOといった手法は，上場会社において用いられる場合が多く，中小企業において用いられる例は比較的少数にとどまっている。しかしながら，株式の所有者が分散してしまった中小企業においては，株主の集約（1人株主化）を進める上では有益な手法となり得，かつ，実際に利用されている例も存在するところであり，事業承継対策の選択肢を広げるという意味で，理解しておくことは有益と考える。

Ⅱ 株式会社に関する基礎知識

事業承継を検討するに当たっては，まず，承継の対象となる事業を営む会社に適用される会社法における各制度の仕組みを理解する必要がある。事業承継とは，会社の事業または会社そのものの所有権の移転であるところ，このような会社の運営や所有権に関する規律は，会社法において規定されているからである。そのため，以下では，最初に，株式会社に関する，①機関設計・機関，

②株式・株主，③登記事項に関する基礎知識について説明する。

1 機関設計・機関に関する基礎知識

会社法では，会社の採用する機関設計によって，株主総会などの各機関の権限が異なるため，意思決定手続等に関する規律にも差異が生じる。事業承継を円滑に行うためには，これらの規律について理解しておく必要がある。

(1) 機関設計のルールについて
(a) 機関設計に関する原則（会社326条～328条）

株式会社の機関設計に関する基本原則は，会社法326条～328条において定められている。そのうち中小企業（非公開会社かつ非大会社を想定する。以下同じ）の機関設計に関する基本原則としては，次のものがある。

① 株主総会と取締役は必ず設置しなければならない（会社295条・326条）。

② 取締役会を設置した場合は，監査等委員会設置会社または指名委員会等設置会社を除き，監査役（監査役会を含む）を設置しなければならない（会社327条2項本文）。ただし，会計参与を設置した場合は監査役の設置は必須ではない（会社327条2項但書）。なお，監査等委員会設置会社（会社2条11号の2）は，平成26年の会社法改正によって創設された新しい機関設計であり，指名委員会等設置会社（会社2条12号）は，従前の委員会設置会社が名称変更されたものである。

(b) 機関設計の典型例

前記(a)の株式会社の機関設計に関する基本原則に基づき，株式会社の採用できる機関設計を一覧表にまとめると次のとおりとなる。

本書において想定している中小企業は，監査等委員会設置会社や指名委員会等設置会社とはならず，また，監査役会を設置しないことがほとんどであるため，基本的に取締役会の設置は必須ではない（会社327条1項）。一般的な中小企業の機関構成は，次の表のうち，色付けされたものになることが多いと考えられるが，取締役会（後記(2)），監査役（後記(3)）および会計参与（後記(4)）の設置の有無により，各機関の権限が大きく変わってくる。

第3章　会　社　法

【株式会社の機関設計】

	非公開会社	公開会社　※1
非大会社	取締役 取締役＋監＿査役 取締役＋会計参与 取締役会＋監査役 取締役会＋会計参与 取締役＋監査役＋会計監査人 取締役会＋監査役＋会計監査人 取締役会＋監査役会＋会計監査人 取締役会＋監査等委員会＋会計監査人 取締役会＋三委員会＋会計監査人	取締役会＋監査役 取締役会＋監査役会 取締役会＋監査役＋会計監査人 取締役会＋監査役会＋会計監査人 取締役会＋監査等委員会＋会計監査人 取締役会＋三委員会＋会計監査人
大会社 ※2	取締役＋監査役＋会計監査人 取締役会＋監査役＋会計監査人 取締役会＋監査役会＋会計監査人 取締役会＋監査等委員会＋会計監査人 取締役会＋三委員会＋会計監査人	取締役会＋監査役会＋会計監査人 取締役会＋監査等委員会＋会計監査人 取締役会＋三委員会＋会計監査人

※1　公開会社では取締役会の設置が必須とされている（会社327条1項1号）。
※2　大会社では会計監査人の設置が必須とされている（会社328条）。

(2)　取締役会を設置することによる規律の差異

取締役会を設置した場合，前記(1)(a)の基本原則②のとおり，監査役（監査役会を含む）を設置しなければならない（会社327条2項本文・但書）。なお，非公開会社かつ非大会社の場合，監査等委員会設置会社および指名委員会等設置会社を除く取締役会設置会社では，会計参与を設置すれば，監査役（監査役会を含む）の設置は必須ではない。取締役会を設置した場合に適用される会社法上の主な規律は次の(a)～(d)のとおりである。

(a)　株主総会の権限

取締役会を設置しない場合，原則として，株式会社に関する一切の事項は株主総会決議の対象となる（会社295条1項）。この場合，株主総会の招集や決議等に一定の手続を要し，意思決定を迅速に行いにくくなるというデメリットがある。

これに対し，取締役会を設置した場合は，株主総会の意思決定権限は，法令に定める決議事項および定款で定める決議事項に限定され（会社295条2項）[1]，

---

[1] この場合の株主総会の法定権限は，①取締役・監査役などの機関の選任・解任に関する事項のほか，②会社の基礎的変更に関する事項（定款変更，合併・会社分割等，解散等），③計算に関する事項（計算書類の承認等），④株主の重要な利益に関する事項（株式併合，剰余金配当等），⑤取締役等の専横の危険のある事項（取締役の報酬の決定等）に大別される（江頭憲

それ以外の事項の決定は、取締役会に委ねられる。この結果、株主総会において一切の事項を決定する場合と比較して、迅速な意思決定が可能となる。

取締役会を設置する場合、たとえば、次の表記載の事項について、定款に別段の定めを設けない限り、原則として、株主総会から取締役会に意思決定権限が移ることになる。

【株主総会の権限】

	取締役会非設置会社	取締役会設置会社
原　則	株式会社に関する一切の事項が株主総会決議事項	株主総会決議事項は、会社法に規定する事項および定款で定めた事項に限定される
譲渡制限株式の譲渡等に関する事項の決定・取得承認（会社139条1項・140条5項・204条2項等）	株主総会	取締役会
自己株式の取得価格等・取得条項付株式を取得する日等の決定（会社157条1項・168条1項・169条2項等）	株主総会	取締役会
株式分割の決定（会社183条2項）	株主総会	取締役会
競業取引・利益相反取引に関する事項の決定（会社356条1項・365条1項）	株主総会	取締役会

(b) 業務執行の決定および業務執行

業務執行の決定および業務執行（事業戦略の決定、数量目標の設定、目標達成のための計画策定、経営資源の購入・配分、製品の販売、雇用した従業員の管理等）は、株式会社の重要事項である。このような権限をどの機関が担うかは、次頁の表のとおり、取締役会を設置するか否かにより変わってくる。

(c) 取締役の員数

取締役会を設置するか否かにより、会社法上必要とされる取締役の員数が異なる。中小企業においては、取締役が死亡した場合などに、後任取締役の適任者の確保が困難な場合も少なくないため、取締役会の設置の要否を検討するに当たっては、会社法上必要とされる取締役の員数にも配慮する必要がある。取締役会を設置しない場合、取締役は1名で足りる（会社326条1項）。これに対し、取締役会を設置する場合は、取締役は3名以上必要となる（会社331条5項）。

治郎『株式会社法〔第6版〕』（有斐閣, 2015）314～315頁）。なお、取締役会設置会社においても定款による株主総会の権限の拡大は認められている（会社295条2項）。

第3章 会　社　法

【業務執行および業務執行の決定機関】

	取締役会非設置会社	取締役会設置会社
業務（執行）の決定	取締役の過半数による決定（会社348条2項） （取締役が1名の場合は単独）	議決に加わることのできる取締役の過半数が出席し、その過半数をもって行われる取締役会決議（会社362条2項1号・369条1項）
業務執行権限	原則各取締役（会社348条1項）	代表取締役および業務執行取締役（会社363条1項）
代表権	原則各取締役だが、代表取締役を選定したときは代表取締役のみ（会社349条1項本文・2項・349条1項但書・4項）	代表取締役（会社349条1項但書・4項・362条3項）

【取締役の員数】

	取締役会非設置会社	取締役会設置会社
取締役の員数	1名以上	3名以上

(d)　株主総会に関する手続

取締役会を設置するか否かにより、株主総会に関する会社法上の手続が異なる。取締役会を設置している場合は、設置していない場合と比較して、株主総

【株主総会手続】

	取締役会非設置会社	取締役会設置会社（非公開会社）※
招集通知発送期限	原則株主総会の日の1週間前だが、定款により短縮可能（会社299条1項）	株主総会の日の1週間前（会社299条1項）
招集通知の方式	口頭によることも可（書面投票等を認める場合は除く）（会社299条2項1号）2)	書面または電磁的方法（会社299条2項2号・3項）
株主提案権（持株要件）	持株要件なし（会社303条1項・304条・305条1項本文）	総株主の議決権の100分の1以上または300個以上の議決権を保有（会社303条2項・3項・305条1項但書・2項）
不統一行使	事前通知不要（会社313条1項）	3日前までに事前通知必要（会社313条2項）
計算書類等備置	定時株主総会の日の1週間前から（会社378条1項1号・442条1項1号）	定時株主総会の日の2週間前から（会社378条1項1号・442条1項1号）

※　公開会社の場合、招集通知は株主総会の日の2週間前までに発送する必要がある（会社299条1項）。また、株主提案権の持株要件としては、原則として6か月前より総株主の100分の1以上または300個以上の議決権を保有していることが必要になる（会社303条2項・305条1項但書）。

会の招集，議決権の行使等に関する会社法上の規制が厳しくなるため，取締役会の設置の要否を検討するに当たっては，この点にも配慮する必要がある。

(3) 監査役を設置することによる規律の差異

監査役は，取締役の職務の執行を監査する機関である（会社381条）。非公開会社（監査役会設置会社および会計監査人設置会社を除く）では，定款の定めにより，監査役の監査の範囲を会計監査に限定することができる（会社389条1項）[3]。なお，平成26年の会社法改正により，監査役の監査の範囲を会計監査に限定する場合はその旨を登記することが義務づけられた（会社911条3項17号）。当該登記は，改正会社法の施行後最初に監査役が就任，重任または退任する際に行う必要がある。

監査役を設置した場合に生じる会社法上の主な規律の差異は次の表のとおりである。

【監査役設置による規律の差異】

		監査役非設置会社	監査役設置会社
計算書類等の監査 （会社436条1項・441条2項・444条4項）		不要	必要
株主の権利等	取締役・会計参与からの報告受領権限（会社357条1項・375条1項）	株主	監査役
	違法行為差止請求の要件（会社360条1項・360条3項・385条）	著しい損害が生ずるおそれのある場合	回復することができない損害が生ずるおそれがある場合
	取締役会招集請求権（会社367条・383条2項・3項）	株主	監査役
	株主等による取締役会議事録等の閲覧・謄写（会社371条2項・3項）	営業時間中いつでも	裁判所の許可が必要

(4) 会計参与を設置することによる規律の差異

会計参与とは，税理士（税理士法人を含む）または公認会計士（監査法人を含む）の資格を有するものが就く会社の機関であって，取締役と共同して計算書類を作成する権限を有する者である（会社374条1項）。前記(1)(a)の基本原則②のと

---

2) 株主総会の目的事項の招集通知への記載または記録は必要なく（会社299条4項），定時株主総会の招集の通知に際して計算書類および事業報告（監査報告等がある場合はこれも含む）の提供も必要ない（会社437条・444条6項）。
3) この場合，株主の業務監督権限は小さくならない（会社367条1項・2条9号）。

おり，取締役会設置会社では，原則として，監査等委員会設置会社または指名委員会等設置会社を除き，監査役を設置しなければならないが，当該取締役会設置会社が非公開会社かつ非大会社である場合には，会計参与を設置すれば，監査役または委員会を設置しなくてもよい（会社327条2項但書）。会計参与を設置することによる会社法上の主な規律の差異は次の表のとおりである。

なお，金融機関の中には，会計参与制度が会計・税務に関する職業専門家を計算書類等の作成に関与させることで，計算書類の信頼性を向上させるための制度であることに鑑みて，会計参与設置会社について，融資条件を優遇するところもある[4]。

【会計参与設置による規律の差異】

	会計参与非設置会社	会計参与設置会社
計算書類等の作成（会社374条1項）	取締役が行う	取締役と会計参与が共同して行う
取締役会設置会社の計算書類等（会社376条・436条3項・441条3項・444条5項）	取締役会の承認が必要	左記に加えて，計算書類を承認する取締役会について会計参与に対する招集通知の発送，会計参与の出席も必要
計算書類等の備置・閲覧等（会社378条・442条）	本店に5年間，支店に写しを3年間備置	左記に加えて，会計参与は，会計参与が定めた場所に，事業報告を除く計算書類等を5年間備置[5]

2　株式・株主に関する基礎知識

株式・株主という概念・制度は，株式会社に必須の概念・制度である。株式および株主に関する会社法上の規律等は，株式会社の運営・維持等に影響を与える重要なものであるため，中小企業における事業承継を検討するに当たって理解しておく必要がある。以下では，株式・株主に関する基礎知識について説明する。

---

[4] 会計参与設置会社を対象とした融資商品を取り扱っている金融機関については，日本税理士会連合会（http://www.nichizeiren.or.jp/taxaccount/sme-support/accounts/#kaikeisanyoyushi）や中小企業庁（http://www.chusho.meti.go.jp/zaimu/kaikei/yuushikikan.html）等のwebサイトにおいて紹介されている。

[5] 計算書類が会計参与の知らないところで改ざんされるのを防止する趣旨である。

(1) 株式について
(a) 株式の意義

株式とは，株式会社における出資者である社員すなわち株主の地位を細分化して割合的地位の形にしたものであり，株主が会社との間で有する法律関係の総体（地位）である。

(b) 株券発行と不発行による規律の違い

株券とは，株式すなわち株式会社の株主としての地位を表章する有価証券である。

会社法では，株券を発行しない株券不発行会社が原則とされているが，定款において株券を発行する旨を定めることができる（会社214条）。株券を発行する旨を定款で定めた場合，株券発行会社は，遅滞なく，当該株式に係る株券を発行しなければならない（会社215条1項）。もっとも，①非公開会社である株券発行会社において株主から株券発行の請求がない場合（会社215条4項），②株主が株券不所持の申出をした場合（会社217条），③定款により単元未満株式に係る株券を発行しない旨を定めた場合（会社189条3項）には，株券の発行は必要ではない。

株式会社が株券を発行した場合，主に以下の表のような規律の差異が生じる。

【株券発行による規律の差異】

> ① 株式譲渡は，株券を交付しなければ譲渡の効力を生じない（会社128条）。
> ② 株式取得者は，株式取得者が株券を提示して請求した場合，株式取得者単独で譲渡承認請求ができる（会社137条2項，会社則24条2項1号）。
> ③ 株式取得者は，株券を提示して請求した場合，株式取得者単独で株主名簿の書換請求ができる（会社133条2項，会社則22条2項1号）。
> ④ 会社は，株式買取請求があった場合，株券と引換えにその買取請求に係る株式の代金を支払わなければならない（会社117条6項）。
> ⑤ 株式の質入は，株券を交付しなければ質入の効力を生じない（会社146条2項）。

(c) 株式譲渡制限制度

(i) 譲渡制限株式　株式は自由に譲渡できるのが原則であるが（会社127条），株式会社は，定款により，その発行する全部または一部の株式の内容と

して譲渡による当該株式の取得について当該株式会社の承認を要する旨を定めることができる（会社107条1項1号・2項1号・108条1項4号・2項4号）。この場合の当該株式を譲渡制限株式という（会社2条17号）。

譲渡制限株式については，会社の承認のない譲渡であっても，譲渡当事者間では有効と解されているが[6]，会社の承認がない限り，株主名簿の名義書換をすることができないため（会社134条），会社に対して当該株式譲渡を対抗することができない（会社が株主名簿の名義書換未了の株主を任意に株主と認めその者の権利行使を認容することは可能である[7]）。

(ii) 譲渡制限制度の導入　本書において想定している中小企業は，基本的に定款において株式の譲渡制限の定めが設けられている非公開会社であるが，会社設立後に定款変更によって譲渡制限の定めを設ける場合には，株主総会を開催して特殊決議，すなわち，議決権を行使できる株主の半数（頭数。定款で引上げが可能である）以上でかつ当該株主の議決権の3分の2（定款で引上げが可能である）以上に当たる多数の賛成を得る必要がある（会社309条3項1号）。

(iii) 定款記載例等　株式に譲渡制限を設ける場合，具体的には，⒤すべての株式を譲渡制限株式とする場合は，①株式の譲渡について会社の承認を要する旨，②一定の場合に会社が承認をしたものとみなすときは，その旨および当該一定の場合（会社136条・137条1項参照）を定款で定め（会社107条2項1号），(ⅱ)一部の種類株式について譲渡制限を設ける場合は，その発行可能種類株式総数と上記①②を定款で定めることになる（会社108条2項4号）。なお，一部の種類株式について譲渡制限を設ける場合については，後記 Ⅲ 3(3)(e)のとおりである。

㋐　一般的な規定例　譲渡制限株式の定款記載例としては，以下のものが考えられる。

> 第○条　当社株式を譲渡により取得するには，取締役会の承認を要する。

㋑　みなし承認の規定　会社法では，譲渡制限株式について，一定の場合には会社が承認したものとみなし，具体的な承認手続を要しないものとすることが可能である（会社107条2項1号ロ・108条2項4号）。

中小企業においては，他の既存株主や役員，従業員に対する譲渡については

---

[6] 最判昭和48・6・15民集27巻6号700頁参照。
[7] 最判昭和30・10・20民集9巻11号1657頁参照。

譲渡承認を不要とし，これらの者以外の者に対する譲渡に限って譲渡承認を要する旨を定めることが考えられる。この場合の規定としては以下のものが考えられる。

```
第〇条 （略）
 2 次の各号に掲げる場合には前項の承認があったものとみなす。
 (1) 株主間の譲渡
 (2) 当会社の役員または従業員を譲受人とする譲渡
```

(iv) 譲渡制限株式の譲渡（取得）承認手続等　株主が譲渡制限株式を譲り渡そうとする場合，会社に対して譲受人の氏名等一定の事項を明らかにして，当該譲受人が取得することにつき承認するか否かの決定をするよう請求することができる（会社136条）。なお，相続等の一般承継は株式の譲渡に当たらないため，会社の承認は不要である。譲渡制限株式の譲渡承認手続の概要は以下の表のとおりである。

【譲渡制限株式の譲渡（取得）承認手続の概要】

①	譲渡承認請求・会社または指定買取人による買取請求（会社136条・138条）
	↓　2週間以内（会社145条1号）
②	譲渡承認・不承認の決定通知（会社139条・309条1項）
	↓　40日以内（会社が買い取る場合）（会社145条2号・3号）
	↓　10日以内（指定買取人が買い取る場合）（会社145条2号・3号）
③-1	会社による買取通知・供託を証する書面の交付（会社140条1項・141条1項・2項）
③-2	指定買取人による買取通知・供託を証する書面の交付（会社140条4項・142条1項・2項）
	↓　20日以内（会社144条2項）　　↓　1週間以内（会社141条3項・142条3項）
④	（価格の協議が成立しない場合）　※株主による株券の供託・通知 売買価格決定の申立て（会社144条2項・7項）
	↓
⑤	裁判所における売買価格の決定（会社144条2項・4項・7項）

※　請求株主がこれを怠るときは，会社・指定買取人は売買契約を解除できる（会社141条4項・142条4項）。

(ア) 譲渡承認請求・会社または指定買取人による買取請求　たとえば，株主Aがその保有株式をBに譲渡したいと希望する場合には，株主Aは，会社に対してその譲渡の承認を求め（会社136条），さらに会社が譲渡を承認しない場合にはその株式の会社による買取り，または指定買取人による買取りを求

めることができる（会社138条1号ハ）。

　(イ) 譲渡承認・不承認の決定通知　　前頁の表①の承認請求および買取請求に対し，会社は，承認するか否かを決定したときは，株主Aに対し，当該決定の内容を，株主Aの請求の日から2週間以内に通知しなければならない（会社139条2項）。この期間内に通知をしなかった場合は，株主・会社間に別段の合意がない限り，Bによる株式取得を承認する旨の決定をしたものとみなされる（会社145条1号）。会社が承認するか否かの決定をするには，取締役会設置会社では取締役会，それ以外の会社では株主総会の普通決議を要する（会社139条・309条1号）。なお，定款で別段の定めをすることも可能であり（会社139条1項但書），取締役会設置会社において決定機関を株主総会と定めることもできる。

　株主Aが，会社が譲渡を承認しない場合は会社または指定買取人にて買い取ることを請求しているにもかかわらず，会社が譲渡等の不承認を決定したときは，会社は，自身が買い取る旨の決定または指定買取人の指定を行い，所定の期間内（会社が買い取る場合は譲渡を承認しない旨の通知をした日から40日以内，指定買取人が買い取る場合は10日以内）に，会社（指定買取人が買い取る場合は同人）から株主Aに通知する必要がある（会社140条）。会社が所定の期間内に通知をしないと，株主・会社間に別段の合意がない限り，Bによる株式取得を承認する決定をしたものとみなされる（会社145条）。

　(ウ) 会社または指定買取人による買取通知・供託を証する書面の交付　会社・指定買取人から譲渡株主・株式取得者に対して株式を買い取る旨を通知した場合，これにより，会社または指定買取人と株主Aとの間には売買契約が成立するため（会社141条4項・142条4項参照），上記通知の後は，株主Aは，会社または指定買取人の承諾がないと譲渡等の承認請求を撤回できない（会社143条）。

　※株式取得者からの承認請求

　なお，前頁の表①～③に関して，Bが譲渡制限株式を会社による承認なく取得した場合，Bも，会社に対し，当該譲渡制限株式を取得したことについて承認するか否かの決定をすることを請求することができる（会社137条1項）。その承認手続は，譲渡承認請求の場合とおおむね同様である[8]（会社137条2項・138条2号・139条・145条）。

(エ) 売買価格決定の申立て　会社・指定買取人と株主AまたはBとの間に売買契約が成立した後は，両当事者は，売買価格について協議することになる（会社144条1項・7項）。協議が整わないときは，当事者は会社・指定買取人からの通知があった日から20日以内に，会社の本店を所在地を管轄する地方裁判所に対し，売買価格の決定の申立てをすることができる（会社144条2項・7項・868条1項）。なお，この期間内に請求がないと，会社・指定買取人が供託すべき額（会社141条2項・142条2項）が売買価格となる（会社144条5項・7項）。

(オ) 裁判所における売買価格の決定　価格決定の申立てがなされた後，裁判所は，書面審査，審問（会社870条2項3号）を行うこととなる[9]。

価格の決定について，従来の裁判例においては，中小企業等の取引相場のない株式等の評価について，国税庁の相続税財産評価基本通達が定める「取引相場のない株式の評価」の算式に強い影響を受けたものが多かった（国税庁の相続税財産評価基本通達に基づく株価の評価については，本書第5章Ⅲ参照。）。近年は，裁判所の実務にも，DCF法により評価額を算出する裁判例や，ゴードン・モデルと呼ばれる，これに類似する方法を用いる裁判例が出てくるなどの変化が見られる[10]。なお，非公開会社における株式の売買価格・買取価格についての裁判例は，本章末尾**別表1**及び**別表2**を参照されたい。

このような価格決定について，裁判所の選任する鑑定人による鑑定が行われることも多いが，和解（合意）で解決されることも多い。和解のタイミングとしては，裁判所による鑑定前と鑑定後が考えられるが，鑑定前は当事者双方が主張および書証（私的鑑定を含む）をすべて提出した上で行われ，鑑定後は鑑定結果に基づいた価格を基に行われることが多い[11]。和解（合意）が成立しない場合，裁判所は，譲渡等承認請求の時における会社の資産状況その他一切の事

---

[8]　株式取得者は，利害関係人を害するおそれがないときとして法務省令（会社則24条）で定める場合を除き，株主名簿上の株主またはその一般承継人と共同して承認請求を行わなければならない（会社137条2項）。

[9]　陳述（会社870条2項3号）の聴取の方法としては，書面によるものでもよいが，通常は，審問が行われているようである（東京地方裁判所商事研究会『類型別会社非訟』（判例タイムズ社，2009）86頁）。

[10]　神田秀樹『会社法〔第17版〕』（弘文堂，2015）115～117頁，江頭・前掲注1）15～16頁の注（2）参照。

[11]　東京地方裁判所商事研究会・前掲注9）86～87頁。

情を考慮して売買価格を決定する（会社144条3項・4項・7項・868条1項・870条2項3号）。決定に対しては即時抗告が可能である（会社872条4号）。

　(ⅴ)　相続人等に対する売渡請求　　中小企業の事業承継においては、会社（経営者）が望まない相続人等が株主となることや、大株主の死亡・相続発生によって同人所有の株式の権利行使が困難となる事態（後記(3)の「株式の共有」参照）を避ける必要がある。

　会社法では、相続その他の一般承継により譲渡制限株式を取得した者に対し、会社が当該株式を会社に売り渡すことを請求できる旨を定款に定めることが認められている（会社174条）。中小企業における事業承継の事前対策としては、相続等の一般承継による株式の分散化を防止するため、当該制度を利用することが有用と考えられる。

　定款の定めに基づき相続人等に対して売渡請求を行う手続の概要は以下のとおりである。

【相続人等に対する売渡請求手続の概要】

　(ア)　株主総会の特別決議　　株主総会の特別決議で、ⅰ売渡請求をする株式の数（種類株式発行会社については、株式の種類および種類ごとの数）ⅱ売渡請求をする株式を有する者（相続人等）の氏名または名称を定める。

　(イ)　売渡請求　　会社は、相続その他の一般承継があったことを知った日から1年以内に限り売渡請求ができる（会社176条1項）。「相続その他の一般承継があったことを知った日」とは、相続の発生そのもの（被相続人の死亡）を知った日を意味すると解されている[12]。裁判例でも、被相続人の所有していた株式を特定の相続人が相続によって取得したことを株式会社が知った日ではな

---

12)　山下友信編『会社法コンメンタール4 株式(2)』（商事法務, 2009）129頁〔伊藤雄司〕。

く，被相続人の死亡を会社が知った日であるとしたものがある（東京高決平成19・8・16資料版商事法務285号146頁）。

　(ウ)　売買価格決定　　売買価格は，会社と相続人等の協議によって定める（会社177条1項）。協議が整わなかった場合，会社または相続人等は，売渡請求の日から20日以内に，裁判所に対し，売買価格の決定の申立てをすることができる（会社177条2項）。裁判所は，会社の資産状態その他一切の事情を考慮して売買価格を決定し，決定があった場合は当該価格が売渡請求に係る株式の売買価格となる（会社177条3項・4項）。20日以内に会社と相続人との協議が調わず，かつ裁判所に対する売買価格の決定が行われない場合は，売渡請求は効力を失う（会社177条5項）。

(d)　種類株式制度

　会社法では，株式会社の構成員である株主にも多様な経済的または会社支配に関するニーズがあり得ることに配慮して，一定の事項につき権利内容等の異なる株式（種類株式）の発行が認められている（会社108条1項）。したがって，中小企業においても，種類株式を利用した事業承継対策を行うことも考えられる。

　譲渡制限株式（前記2(1)(c)）以外の種類株式の詳細については，後記Ⅲ3において説明する。

(e)　自己株式の取得

　自己株式の取得とは，通常，会社が自社の発行した株式を取得することをいう[13]。

　中小企業において一般承継等により株式が分散してしまった場合，その後の事業承継に支障をきたすことが想定される。このような場合，自己株式の取得の制度，たとえば，株主との合意による自己株式の取得（会社156条以下）を利用することで，株式の分散化等を事後的に解消することが可能になる。

　もっとも，自己株式の取得には，①自己株式の取得は，株主への出資払戻しと同様の結果を生じ会社債権者の利益を害する（資本の維持），②株主への分配可能額を財源とする取得であっても，流通性の低い株式を一部の株主のみから取得すると株主相互間の投下資本回収の機会の不平等を生じさせ，また取得価

---

[13]　会社法では，自己株式とは「株式会社が有する自己の株式」（会社113条4項）と定義されているため，厳密には，会社が自社の株式を取得する結果，その株式は「自己株式」となる。

額いかんによっても残存株主との間の不平等を生じさせる（株主相互間の公平）等の弊害を生じるおそれがある。

　これらの弊害防止のため，自己株式の取得については，法が定める一定の手続・方法・財源の規制の下でのみ認められる。株式会社が自己株式を取得できるのは以下の場合である（会社155条）。

【自己株式を取得できる場合】

① 取得条項付株式の取得（会社107条2項3号イ）
② 譲渡制限株式の取得（会社138条1号ハまたは2号ハの請求があった場合）
③ 株主との合意に基づく取得（会社156条1項の決議に基づく場合）
④ 取得請求権付株式の取得（会社166条1項の請求があった場合）
⑤ 全部取得条項付種類株式の取得（会社171条1項の決議があった場合）
⑥ 株式相続人等への売渡請求に基づく取得(会社176条1項の請求をした場合）
⑦ 単元未満株式の買取り（会社192条1項の請求があった場合）
⑧ 所在不明株主の株式の買取り（会社197条3項各号の事項を定めた場合）
⑨ 端数処理手続における買取り（会社234条4項各号の事項を定めた場合）
⑩ 他の会社の事業の全部を譲り受ける場合にその会社が有する株式の取得
⑪ 合併後消滅する会社からの株式の承継
⑫ 吸収分割をする会社からの株式の承継
⑬ 上記の他，法務省令で定める場合（会社則27条）

(f)　株主との合意に基づく取得

　会社が上記(e)の表③の株主との合意によって自己株式を取得する場合，株主の平等を確保するため，取得手続および取得財源について以下の規制がある。

　(i)　取得手続の規制　　会社が株主との合意によって自己株式を取得する場合，会社法では，以下のとおり，取得手続について規制がなされている（取得手続の規制）。

○すべての株主に申込機会を与えて取得を行う場合

　すべての株主に申込機会を与えて自己株式の取得を行う場合，まず，株主総会決議（普通決議。会社309条1項）で，①取得する株式の数（種類株式の場合は取得の対象となる株式の種類および種類ごとの数），②取得と引換えに交付する金銭等の内容およびその総額，③取得することができる期間を定める（会社156条1項）。

　会社（取締役会設置会社では取締役会（会社157条2項））は，取得の都度，①取

得する株式の数（種類株式の場合は種類および数），②株式 1 株を取得するのと引換えに交付する金銭等の内容および数・額またはこれらの算定方法，③株式を取得するのと引換えに交付する金銭等の総額，④株式譲渡の申込みの期日を定めて（会社 157 条 1 項），株主に通知するが，取得の条件は均等でなければならない（会社 157 条 3 項）。

会社は，株主からの申込みに応じてその株主の株式を取得するが，申込総数が取得総数を超えたときは按分で取得することになる（会社 159 条）。

○特定株主から取得する場合

株主総会決議により特定株主からの取得を決議することもできる（特別決議。会社 309 条 2 項 2 号）。この場合，特定の株主だけがその所有する株式を会社に売却できるため，株主平等を害するおそれがあることから，以下の規制がある。

すなわち，①株主総会の決議は特別決議が必要となり（特定株主の氏名（名称）も決議を要する。会社 160 条 1 項・309 条 2 項），②かかる株主総会の特別決議では取得の相手方となる株主の議決権行使は排除され（会社 160 条 4 項本文），③会社からの通知（会社 160 条 2 項，会社則 28 条）により事前に当該決議内容を知った他の株主は，その総会決議の前で法務省令の定める時（会社則 28 条・29 条）までに自己を売主に追加するよう請求できる（売主追加の請求権。会社 160 条 2 項・3 項）。ただし，③の例外として，株式相続人等から取得する場合で当該相続人その他の一般承継人が株主総会または種類株主総会において当該株式について議決権を行使した場合等（会社 162 条）には，③の売主追加請求権はない。また，売主追加請求権をあらかじめ定款で排除することも認められる（会社 164 条 1 項）。

(ⅱ) 取得財源の規制　　自己株式の取得は，株主への出資払戻しと同様の結果を生じて会社債権者の利益を害するおそれがあること等から，会社法では，会社が自己株式を取得する各場合について取得財源規制がかけられている。

なお，取得財源規制は，会社が上記(e)の表③の株主との合意によって自己株式を取得する場合だけでなく，上記(e)の表②⑤⑥⑧⑨の場合についても適用がある（会社 461 条 1 項）。上記(e)の表①の場合については，会社法 170 条 5 項にて，表④の場合については，会社法 166 条 1 項にて取得財源規制がかけられている。上記(e)の表⑦⑩～⑬の場合については，このような取得財源規制はかけられていない。

取得財源規制により自己株式の対価として会社が株主に交付する金銭等（対価として会社が保有する自己株式を交付する場合のその自己株式を除く）の帳簿価格の総

額が効力発生日等における分配可能額[14]（会社461条2項）を超える場合には，金銭等を交付することはできず，自己株式を取得することはできない。

　(iii)　規制違反の効果　　手続規制に違反して自己株式の取得がされた場合，その取得は無効と解される（最判昭和43・9・5民集22巻9号1846頁参照）。ただし，無効の主張は会社側だけができるとする見解が有力である（東京高判平成元・2・27判時1309号137頁，最判平成5・7・15判時1519号116頁参照）。また，違法な自己株式の取得により会社に損害が生じれば，取締役の会社に対する責任が生じることになる（会社423条1項）。

　財源規制に違反して自己株式の取得がされた場合，その取得が無効であるという見解[15]と，取得は有効であり業務執行者，株主総会・取締役会の議案提案者（会社計算159条2号・3号・160条・161条）に法定の特別責任が発生するのみであるという見解[16]があるが，前者の無効と解する見解が有力である[17]。財源規制違反の場合，会社は株主に対してその返還を請求でき（会社462条1項），会社債権者は直接株主に対して違法分配額を自己に支払うことを請求できる（会社463条2項）。もっとも，多数の株主から返還させることは実際上困難なので，①業務執行者および②株主総会や取締役会に議案を提案した取締役等（会社462条1項各号，会社計算160条・161条）も，その職務を行うについて注意を怠らなかったことを証明しない限り，分配額（交付した金銭等の帳簿価額に相当する金銭）の支払義務を負う（会社462条。過失責任〔会社462条2項〕）。

　また，反対株主からの株式買取請求権に応じて会社が株式を取得し（会社116条1項），株主に支払った金銭の額が支払日における分配可能額を超える場合には，その株式取得に関する職務を行った業務執行者は，その職務を行うについて注意を怠らなかったことを証明しない限り，会社に対し，連帯して，その超過分を支払う義務を負う（会社464条1項）。

　また，自己株式の取得については，期末財産状態の予測からの規制も存在す

14）「剰余金の額」（会社446条）をいったん計算して，そこから加算・減算して「分配可能額」（会社461条2項）を算出することになる。

15）江頭・前掲注1）258～259頁注(11)，神田・前掲注10）305頁以下等。

16）相澤哲＝岩崎友彦「株式会社の計算等」商事法務1746号（2005）39頁，葉玉匡美「財源規制違反行為の効力」商事法務1772号（2006）33頁。

17）森本滋＝弥永真生編『会社法コンメンタール11計算等(2)』（商事法務，2010）196～200頁〔黒沼悦郎〕，奥島孝康ほか編『新基本法コンメンタール 会社法2』（日本評論社，2010）397～398頁〔出口正義〕参照。

る。すなわち，自己株式の取得をした日の属する事業年度末に係る計算書類において，分配可能額（会社461条2項）がマイナスになるおそれがある場合には，会社は当該取得をしてはならず，もし，マイナスが生じた場合には，当該取得を行った業務執行者（会社計算159条2項・3項）は，会社に対し，連帯して，当該マイナス額と当該取得により株主に対して交付した金銭等の帳簿価額の総額とのいずれか少ない額を支払う義務を負う（会社465条1項2号・3号）。

(2) 株主の権限

中小企業における事業承継では，オーナー株主が事業承継を実行しようと考えた場合であっても，オーナー株主以外の少数株主が株主権を行使することにより，事業承継が思い通りに進まなくなることも考えられる。そこで，以下では，少数株主権をはじめとした株主の権限について説明する。

(a) 自益権と共益権

株式には，株主が会社に対し有する様々な権利が含まれるが，その内容は，自益権・共益権の2類型に分類されることが多い。

自益権：会社から直接経済的な利益を受ける権利であり，たとえば，剰余金配当請求権（会社453条），残余財産分配請求権（会社504条）等が含まれる。

共益権：会社の経営に参加しあるいは取締役等の行為を監督是正する権利であり，たとえば，株主総会における議決権（会社308条1項），株主総会決議取消訴権（会社831条）や取締役の違法行為の差止請求権（会社360条・491条）等が含まれる。

(b) 単独株主権と少数株主権

前記(a)の自益権および共益権は，単独株主権および少数株主権に分類することができる。主な単独株主権および少数株主権をまとめると，次頁の表のとおりとなる。事業承継を行おうとする中小企業のオーナーとしては，少数派株主からの妨害等を避けるべく，単独株主権はもちろんのこと，少数株主権およびその要件となる議決権数・持株数について把握しておく必要がある。

単独株主権：1株の株主でも行使できる権利。自益権はすべて単独株主権である。

少数株主権：発行済株式総数の一定割合以上または総株主の議決権の一定割合以上・一定数以上を有する株主のみが行使できる権利。共益権は，

自益権と異なり，権利行使の効果が他の株主にも及ぶことから，各株主が独自に行使できる単独株主権と一定の議決権数，総株主の議決権の一定割合または発行済株式の一定割合を有する株主のみが行使できる少数株主権とが存在する。たとえば，議決権は通常，単独株主権であるが，監督是正権には単独株主権と少数株主権がある。

【主な単独株主権および少数株主権】

	議決権数・株式数の要件	権利の内容
単独株主権	要件なし	総会議決権（会社308条），代表訴訟提起権（会社847条等）※2，取締役等の違法行為差止請求権（会社360条・422条）※2 等
少数株主権 ※3	総株主の議決権の1%以上または議決権300個以上	株主提案権（会社303条・305条）※2
	総株主の議決権の1%以上	総会検査役選任請求権（会社306条）※2
	総株主の議決権の3%以上または発行済株式総数の3%以上※1	帳簿閲覧請求権（会社433条），検査役選任請求権（会社358条），取締役等の解任請求権（会社854条・479条）※2 等
	総株主の議決権の3%以上	取締役等の責任軽減への異議権（会社426条5項），総会招集請求権（会社297条）※2 等
	総株主の議決権の10%以上または発行済株式総数の10%以上※1	解散判決請求権（会社833条）

※1 発行済株式総数は自己株式を除く。
※2 公開会社では保有期間の要件として6か月前からの保有が必要になる。
※3 少数株主権については，すべての会社において，定款で要件の緩和ないし単独株主権化が可能。

(3) 株式の共有

(a) 株式の共有が問題となる場合

被相続人が死亡した場合，相続が開始し（民882条），相続人が複数いる場合は共同相続となる（民898条）。株式は，単に配当を受領したり株式売却代金を受領したりする金銭的な価値のみならず，議決権などにより株式会社の経営に関する権利も含むものであることから，被相続人が株式を保有していた場合，当該株式は当然には分割相続されず，相続人間で準共有（民264条）されることになる。(準)共有株式の権利行使については，次の(b)のとおり，会社法上，権利行使について制限が設けられている。

(b) 共有株式の権利行使について

共有株式の権利行使に関しては，会社法上，以下の(i)または(ii)の手法を採ることになる。

もっとも，大株主が死亡した場合には，共同相続人間で遺産分割協議が進まず，権利行使者を定めるための協議もまとまらない結果，以下の手法によっても，共有株式の権利行使が行うことができず，事業承継手続が進まないことが考えられる。このような場合に事業承継手続に支障が生じることを避けるためには，前記 2(1)(c)(v) のとおり，会社から相続人等に対する売渡請求（会社 174条）を利用できる体制を整えておくことが重要であると考えられる。

　(i)　共有者が当該株式についての権利を行使する者を 1 人と定め，株式会社に対し，その者の氏名または名称を通知する（会社 106 条本文）。

　共有者による権利行使者の決定は，通常，共有物の管理行為として（民 252条本文），持分価格に従いその過半数でなされる。共同相続により生じた株式共有の場合も，相続分に応じた持分の過半数で権利行使者を定めることができると解されている（最判平成 9・1・28 判時 1599 号 139 頁）。なお，権利行使者は，共同相続人の意思に拘束されず自己の判断に基づき権利行使をすることができると解されている（最判昭和 53・4・14 民集 32 巻 3 号 601 頁）。

　(ii)　株式会社が当該株式の権利行使に同意する（会社 106 条但書）。

　会社法制定前，株式の共有者による権利行使について，共有者全員が共同して行使する場合を除き，会社の側から議決権の行使を認めることは許されないとの裁判例が存在した（最判平成 11・12・14 集民 195 号 715 頁）。しかしながら，その後，会社法が制定され，「ただし，株式会社が当該権利を行使することに同意した場合は，この限りではない」（会社 106 条但書）との規定が設けられた。

　当該会社法の規定と平成 11 年最判の関係について，学説は，(1)平成 11 年最判の法理を否定ないし変更する趣旨で設けられたものであると解する説[18]，(2)平成 11 年最判の法理を確認する趣旨で設けられたと解する説[19] とに分かれていた。また，株式会社の同意によりいかなる権利行使が適法になるかについても，見解が分かれていた。

　この点について，近年，最高裁は，会社法 106 条本文は，準共有株式についての権利行使の方法について民法の共有に関する規定に対する特別の定め（民264 条但書）を設けたものと解した上で，会社法 106 条但書は，株式会社が当該

---

[18]　相澤哲ほか編『論点解説 新・会社法』（商事法務，2009）492 頁，山下友信編『会社法コンメンタール 3 株式 (1)』(2013) 38 頁〔上村達男〕等。

[19]　奥島孝康ほか編『新基本法コンメンタール 会社法 1』（日本評論社，2010）189 頁〔大和正史〕等。

権利の行使に同意をした場合には，権利の行使の方法に関する特別の定めである同条本文の規定の適用が排除されることを定めたものと解されるとして，(1)共有に属する株式について会社法106条本文の規定に基づく指定および通知を欠いたまま当該株式についての権利が行使された場合において，当該権利の行使が民法の共有に関する規定に従ったものでないときは，株式会社が同条但書の同意をしても，当該権利の行使は，適法となるものではないこと，(2)共有に属する株式についての議決権の行使は，当該議決権の行使をもって直ちに株式を処分し，または株式の内容を変更することになるなど特段の事情のない限り，株式の管理に関する行為として，民法252条本文により，各共有者の持分の価格に従い，その過半数で決せられることを判示した（最判平成27・2・19民集69巻1号25頁）。

上記(2)の「特段の事情」があるといえる具体的な場合については，今後の事例の集積が待たれるが，今後は，共有者による権利行使について，上記最高裁判例を踏まえた対応が必要になる。

3　株式会社の登記事項に関する基礎知識

会社の登記事項を記載した登記事項証明書には，次頁の図のように，会社の商号，本店所在地，会社の成立年月日等のほか，種類株式を発行している場合はその種類株式の総数および内容（※1），株式の譲渡制限を定めている場合（※2），株券発行会社である場合（※3），会社分割等の組織再編を行っている場合（※4），また，取締役会や監査役等を設置している場合（※5，6）等には，その旨が記載されることになる。

会社の登記事項証明書は，会社と関係のない第三者も取得可能であるため，会社の経営者としては，事業承継の方法選択に当たって，どのような事項が登記事項証明書に記載されるかを理解し，第三者に知られたくない事項が登記事項証明書に記載されないよう配慮する必要がある。

(1)　登記事項

中小企業において登記すべき主な事項は本頁以降の各表のとおりである。なお，種類株式に関する登記手続については後記 Ⅲ (3)(a)(iv)，組織再編に関する登記手続については Ⅳ 3(2)(d)(j)(ケ)も参照。

Ⅱ　株式会社に関する基礎知識

履歴事項全部証明書

東京都○○区△△○丁目○番○号
株式会社□□□□
会社法人等番号　××××－××－××××××

商号	株式会社□□□□
本店	東京都○○区△△○丁目○番○号
公告をする方法	官報に掲載してする
会社成立の年月日	平成○年○月○日
目的	1　○○○○○○○ 2　△△△△△△△ 3　×××××××
発行可能株式総数	○○株
発行済株式の総数並びに種類及び数	発行済株式総数 　○○株
資本金の額	○○円
発行可能種類株式総数及び発行する種類株式の内容（※1）	甲種類株式　　△△株 乙種類株式　　□□株 甲種類株式　　…… 乙種類株式　　……
株式の譲渡制限に関する規定（※2）	当会社の株式を譲渡するには、取締役会の承認を受けなければならない
株券を発行する旨の定め（※3）	当会社の株式については、株券を発行する。 　　　　　平成○年○月○日設定　平成○年○月○日登記
役員に関する事項	取締役　　甲　山　太　郎　　　平成○年○月○日就任 　　　　　　　　　　　　　　　平成○年○月○日登記 取締役　　乙　山　次　郎　　　平成○年○月○日就任 　　　　　　　　　　　　　　　平成○年○月○日登記 取締役　　丙　山　三　郎　　　平成○年○月○日就任 　　　　　　　　　　　　　　　平成○年○月○日登記 東京都○○区△△○丁目○番○号　平成○年○月○日就任 代表取締役　甲　山　太　郎　　平成○年○月○日登記 監査役　　丁　山　四　郎　　　平成○年○月○日就任 　　　　　　　　　　　　　　　平成○年○月○日登記
会社分割（※4）	平成○年○月○日○○県○○市○○　株式会社○○から分割 　　　　　　　　　　　　　　　　　平成○年○月○日登記
取締役会設置会社に関する事項（※5）	取締役会設置会社
監査役会設置会社に関する事項（※6）	監査役設置会社
登記記録に関する事項	設立 　　　　　　　　　平成○年○月○日登記

第3章　会　社　法

【機関・役員等に関する登記】

		登記事項
設立登記		・取締役の氏名
		・代表取締役の氏名および住所
		・取締役会設置会社である旨（取締役会を設置した場合）
		・会計参与設置会社である旨並びに会計参与の名称および計算書類等の備置場所（会計参与を設置した場合）
		・監査役設置会社である旨，監査役の氏名および監査の範囲を会計に限定する定めがある旨（監査役を設置した場合，監査の範囲を会計に限定した場合）
変更登記		【機関の変更】 ・取締役会設置会社，会計参与設置会社，監査役設置会社の定めを設定（廃止）した旨および年月日（※機関設計の変更の登記に伴い，役員の変更の登記が必要になることが多い。）
	取締役	【取締役（代表取締役）の就任】 ・取締役氏名および就任年月日（代表取締役は氏名・住所および就任年月日）
		【取締役の退任】 ・取締役の退任の旨（退任事由）および退任年月日
		【取締役の氏名（代表取締役の氏名・住所）の変更】 ・取締役の変更後の氏名（または住所）および変更年月日
	会計参与	【会計参与の就任】 ・会計参与の氏名または名称，計算書類等の備置場所および就任年月日 ※初めて会計参与の登記をするに当たっては，会計参与設置会社である旨の登記も必要となる。
		【会計参与の退任】 ・退任の旨（退任事由）および退任年月日
		【会計参与の氏名・名称の変更】 ・変更後の氏名または名称および変更年月日
		【計算書類等の備置場所の変更】 ・変更後の計算書類等の備置場所および変更年月日
	監査役	【監査役の就任】 ・監査役の氏名および就任年月日 ※初めて監査役の登記をするに当たっては，監査役設置会社である旨（監査役の監査の範囲を会計に関するものに限定した場合は，その旨）の登記も必要となる。
		【監査役の退任】 ・退任の旨（退任事由）および退任年月日
		【監査役の氏名の変更】 ・変更後の氏名および変更年月日

(2)　平成27年2月27日施行の商業登記規則の一部改正

(a)　役員の登記（取締役・監査役等の就任，代表取締役等の辞任）に必要な添付書面の変更

平成27年2月3日に商業登記規則等の一部を改正する省令が公布された（同月27日施行）。

Ⅱ　株式会社に関する基礎知識

【株式に関する登記】

			登記事項
設立登記			・発行する株式の内容（種類株式発行会社にあっては，発行可能種類株式総数および発行する各種類の株式の内容）
			・株券発行会社である旨（株券を発行する場合）
変更登記	発行済株式総数の変更		・変更後の発行可能株式総数および変更年月日
	株式の内容の変更	単一株式発行会社	【譲渡制限株式の定めの設定】 ・譲渡制限株式の定めおよび設定年月日 【譲渡制限株式の定めの変更または廃止】 ・変更後の譲渡制限株式の定め（またはその廃止の旨）および変更年月日
		種類株式発行会社	【各種類株式の定めの設定，変更または廃止】 ・変更後の発行可能種類株式総数および発行する各種類の株式の内容並びに変更年月日
	株券発行会社の定めの設定または廃止		【株券発行会社の定めの設定】 ・株券発行会社の定めを設定した旨および設定年月日 【株券発行会社の定めの廃止】 ・株券発行会社の定めを廃止した旨および廃止年月日
	募集株式の発行[20]		・資本金の額 ・発行済株式総数（種類株式発行会社にあっては，発行済みの株式の種類及び数も含む） ・変更年月日

　これにより，次のとおり，役員の登記（取締役・監査役等の就任，代表取締役の辞任）の申請をする際，添付書類として本人確認証明書の提出が必要となったので，注意が必要である。

　(ⅰ)　取締役等が就任する場合の添付書面（商登則61条5項）　　株式会社の設立の登記または取締役，監査役もしくは執行役の就任に関する登記の申請書には，取締役等の就任承諾書に記載された氏名および住所と同一の氏名および住所が記載されている市区町村長その他の公務員が職務上作成した証明書（当該取締役等が相違ない旨を記載した謄本を含む）を添付する必要がある。ただし，登記の申請書に当該取締役等の印鑑登録証明書（市区村長が作成したもの）を添付する場合は除く。

　(ⅱ)　代表取締役等が辞任する場合の添付書面（商登則61条6項）　　代表取締役等（登記所に印鑑を提出した方）の辞任による変更の登記の申請書には，当該代表取締役等の実印が押された辞任届とその印鑑証明書を添付するか，当該代表

---

20)　自己株式のみを交付した場合には，登記すべき事項に変更は生じない。

第3章 会　社　法

【組織再編に関する登記】

		登記事項
変更登記	吸収合併	【存続会社】 ・変更後の資本金の額，発行済株式総数（種類株式発行会社にあっては，発行済株式の種類および数を含む）および変更年月日 ・消滅会社の新株予約権者に対して存続会社の新株予約権を発行した場合には，新株予約権に関する登記事項および変更年月日 ・合併の年月日，合併をした旨並びに消滅会社の商号および本店 【消滅会社】 ・解散の旨並びにその事由および年月日
	吸収分割	【承継会社】 ・変更後の資本金の額，発行済株式総数（種類株式発行会社にあっては，発行済株式の種類および数を含む）および変更年月日 ・分割会社の新株予約権者に対して承継会社の新株予約権を発行した場合には，新株予約権に関する登記事項および変更年月日 ・分割の年月日，分割をした旨並びに分割会社の商号および本店 【分割会社】 ・分割の年月日，分割をした旨並びに承継会社の商号および本店 ・分割会社の新株予約権者に対して承継会社の新株予約権が交付された場合には，分割会社の当該新株予約権（吸収分割契約新株予約権）が消滅した旨および変更年月日
	株式交換	【完全親会社】 ・変更後の資本金の額，発行済株式総数（種類株式発行会社にあっては，発行済株式の種類および数を含む）および変更年月日 ・完全子会社の新株予約権者に対して完全親会社の新株予約権を発行した場合には，新株予約権に関する登記事項および変更年月日 【完全子会社】 基本的に登記事項に変更を生じないので登記は不要だが，以下の場合は変更登記が必要。 ・完全子会社の新株予約権者に対して完全親会社の新株予約権が交付された場合，完全子会社の当該新株予約権（株式交換契約新株予約権）が消滅した旨および変更年月日
	新設合併	・通常の設立の登記事項と同一の事項 ・消滅会社の新株予約権者に設立会社の新株予約権を発行した場合には，新株予約権に関する登記事項 ・合併をした旨並びに各消滅会社の商号および本店
	新設分割	・通常の設立の登記事項と同一の事項 ・分割会社の新株予約権者に設立会社の新株予約権を発行した場合には，新株予約権に関する登記事項 ・分割をした旨並びに分割会社の商号および本店
	株式移転	・通常の設立の登記事項と同一の事項 ・完全子会社の新株予約権者に設立会社の新株予約権を発行した場合には，新株予約権に関する登記事項

取締役等の登記所届出印が押された辞任届を添付する必要がある。

(b)　役員欄への役員の婚姻前の氏の記録

　平成27年2月27日から，役員（取締役，監査役，執行役，会計参与），会計監査人または清算人の就任等の登記を申請するときには，婚姻により氏を改めた役

員または清算人（その申請により登記に氏名が記録される者に限る）について，その婚姻前の氏をも記録するように申し出ることができるようになった（商登則81条の2）。

(3) 平成28年10月1日施行の商業登記規則の一部改正

平成28年10月1日施行の商業登記規則の一部改正（平成28年法務省令32号）により，平成28年10月1日申請分より，登記事項につき，株主（種類株主）全員の同意を要する場合，株主総会（種類株主総会）の決議を要する場合および株主総会決議を省略する場合（書面決議，会社319条1項）には，登記申請の添付書面として「株主リスト」が必要となった（商登規61条2項・3項等）。

「株主リスト」には，①株主の氏名または名称，②住所，③株式数（種類および数），④議決権数を記載する必要があり，株主総会決議の場合は，⑤議決権数割合の記載も必要になる。記載が必要となる株主（①）の範囲は，株主全員の同意の場合は株主全員，株主総会決議の場合は，行使可能な議決権の数で上位の株主10名または株主の行使可能な議決権を多い順に加算しその割合が総株主の議決権の数の3分の2に達するまでの人数のうちいずれか少ない人数の株主となる。

かかる株主リストの添付は，上場・非上場を問わずすべての株式会社に求められるため，留意が必要である。

III 安定・多数株主確保のための手法（事業承継の事前対策）

1 総　論

中小企業における事業承継に関しては，株式譲渡，事業譲渡，組織再編等，様々な方法が考えられるが，いずれも株主総会の決議（特別決議）が必要となる場合が多いため，大株主であるオーナー社長が危篤の状態に陥った場合や死亡した場合には，これらの手法をとろうとしても，決議のための十分な議決権数を確保できず，事業承継手続を進めることができないといった事態が生じるおそれがある。

そこで，かかる事態を防止し，事業承継を円滑に行うためにも，事業承継の

事前対策として，安定・多数株主を確保しておく必要がある。安定・多数株主を確保する手法としては，以下に説明するとおり，たとえば，株主間契約，種類株式，従業員持株制度等の利用が考えられる。

2　株主間契約等の利用

　株主間契約等とは，株式会社の株主が会社の事業方針や行動基準等に関して，株主間で，または株式会社と株主との間で締結する契約のことである。

　現在の株主が株式を手放すことなく，安定・多数株主の確保，会社運営の安定化等を図るためには，この株主間契約等を利用することが考えられる。

　株主間契約等の典型的なものとしては，株式譲渡に関するものとして，同意条項，先買権条項および売渡強制条項，議決権の行使に関するものとして，議決権拘束条項および拒否権条項といったものが考えられる。

(1)　同　意　条　項

　同意条項は，株主間契約等において，他方当事者の承認なしに株式を譲渡することを禁じる趣旨で定められる条項である。

　このうち，株主相互間の契約による譲渡制限は，会社法127条の規定の対象外であり，かかる契約により株式の譲渡に特定の者の承認を要求し，その違反に対して違約金の定めを設けた場合，その契約は原則として有効と解される。他方で，会社と株主との間の契約による譲渡制限の場合，会社が株主の投下資本回収の機会を制約し，かつ取締役が株主を選択することになるという観点から，契約自由の範囲には含まれず，原則として会社法127条の規定の脱法手段として無効であり，ただその契約内容が株主の投下資本の回収を不当に妨げない合理的なものであるときは，例外的にその効力が認められると解されている[21]。

　同意条項としては，具体的には，次のような条項が考えられる。

> 第○○条（同意権）
> 　いずれかの当事者（以下「譲渡当事者」という）が，会社の株式を譲渡することを希望する場合，譲渡当事者は，他の当事者に対し，譲渡先候補の

---

21)　江頭・前掲注1) 243頁，大隅健一郎＝今井宏『会社法論　上巻〔第3版〕』（有斐閣，1991）434頁。

名称並びに譲渡先候補に対して譲渡を希望する株数および譲渡価格を，書面で通知し，その同意を得なければならない。

(2) 先買権条項

先買権条項とは，株主間契約等において，一方当事者が株式を処分しようとする場合には他方当事者に対し事前の通知義務を負い，通知を受けた当事者が優先して購入する権利（先買権）を有するという趣旨で定められる条項である。

先買権条項としては，具体的には，次のような条項が考えられる。当該条項に関しては，先買権が行使された場合の売買価格の決定を巡って争われることが想定されるため，その算定方法等についても予め合意しておく必要がある。なお，この点が問題とならないよう，次のように譲渡希望通知記載の株数および譲渡価格で買い取る旨を定めることも考えられる。

> 第○○条（先買権）
> 1　いずれかの当事者（以下「譲渡当事者」という）が，第三者（以下「譲渡先候補」という）に会社の株式を譲渡することを希望する場合，譲渡当事者は，他の当事者に対し，譲渡先候補の名称並びに譲渡先候補に対して譲渡を希望する株数および譲渡価格を，書面で通知するものとする（以下「譲渡希望通知」という）。
> 2　他の当事者が，当該株式を譲り受けることを希望する場合には，譲渡希望通知受領後〇日以内に，譲渡当事者に書面で譲り受ける旨の通知をするものとし，この場合，他の当事者は，譲渡希望通知記載の株数および譲渡価格またはより有利な条件により（あるいは［本条第〇条により定められる価格その他の条件をもって］），買い取ることができるものとする。
> 3　譲渡希望通知後〇日以内に他の当事者から何らの通知もない場合，譲渡当事者は，譲渡先候補が本契約の条項に従うことを条件として，譲渡希望通知受領後〇日以内に，譲渡先候補に当該株式を譲渡できるものとする。その場合，譲渡当事者は，譲渡希望通知の価格を下回る価格で，当該株式を売却してはならない。

(3) 売渡強制条項

売渡強制条項とは，株主間契約等において，相続が生じた，または，閉鎖型

の従業員持株会において従業員が退職した等，一定の事由が生じた場合，その事由が生じた株主に他の株主等に対し所有株式を売り渡す義務を発生させる趣旨で定められる条項である。

　株主の意思に関わりなく売渡しが強制されることから，前記(2)の先買権以上に売買価格の適正が重要な問題となる。売渡強制条項については，具体的には，後記4の従業員持株会の規約等において規定するなどの利用方法が考えられる。

(4) 議決権拘束条項

　議決権拘束条項とは，会社支配を単なる資本多数決で決定することを避けること等を目的として，株主間で議決権の行使を拘束する趣旨で定められる条項である。たとえば，株主Aは60%，株主Bは40%を有しているといった場合において，各株主が取締役を指名（解任）する権限を有する旨を定めるものが考えられる。

　議決権拘束条項としては，具体的には次のようなものが考えられる。

> 第○条（取締役の選任）
> 　当社の取締役の員数は，5名とする。このうち，株主Aは取締役3名を指名することができるものとし，株主Bは取締役2名を指名することができるものとする。
> 第○条（議決権行使）
> 　前条の規定に基づき指名がなされる場合，各株主は，当社の株主総会において，指名された取締役の選任に賛成の議決権を行使するものとする。

(5) 拒否権条項（重要な事項の決定に関する条項）

　拒否権条項（重要な事項の決定に関する条項）とは，ある株主の会社への関与を確保するために会社の経営上一定の重要な事項については，当該株主の事前承認を必要とする趣旨，すなわち，当該株主に拒否権を認める趣旨で定められる条項である。たとえば，会社法上特別決議事項とされている定款変更や組織再編行為など重要な事項の決定などについて，かかる定めを設けることが考えられる。

　重要な事項の決定に関する条項（拒否権条項）としては，具体的には次のようなものが考えられる。

> 第○条（重要事項の決定）
>   以下の事項の決定については，（株主Ａおよび）株主Ｂの承認を必要とする。
>   ①合併，会社分割，株式交換および株式移転に関する事項
>   ②事業譲渡，事業譲受に関する事項
>   ③定款の変更に関する事項
>   ④……

(6) 株主間契約のメリット・デメリット

　株主間契約は，種類株式と異なり，定款変更や登記等の手続を必要とせず，株主当事者間の合意のみで成立するという点で，安定・多数株主の確保や会社運営の安定化等を図る方法として簡便であるというメリットがある。

　他方，株主間契約は，あくまで契約当事者を拘束するものであり，契約当事者ではない第三者を拘束することはできないというデメリットがある。そのため，たとえば，当事者の一方が株主間契約に違反して第三者に株式を譲渡した場合でも，当該株式譲渡は無効とはならず，他方当事者は，違反当事者に対し，株主間契約違反に基づく責任を追及できるに過ぎない。また，違反当事者に対し，債務不履行を理由として損害賠償を請求する場合であっても，他方当事者が契約違反によって被った損害が明確にならないことが多く，事前に違約金額を合意していた場合などを除き，実際に損害賠償を請求することは困難であることが多い。

　株主間契約で定めるような内容について，第三者との間でも確実に効力を生じさせるためには，後記3で説明する種類株式を利用することなどが考えられる。

3　中小企業の事業承継と種類株式の活用

　会社法は，株式会社が一定の事項について権利の内容の異なる株式を発行することを認めており（会社108条），内容の異なる2以上の株式を発行する場合におけるそれぞれの株式を，種類株式という（会社2条13号参照）。

　一部の株式について，議決権の行使等の株主権の行使や株式の譲渡等に関して会社法上の原則と異なる取扱いをしたい場合には，種類株式を利用すること

が考えられる。

以下，事業承継の際の利用を念頭に置き，種類株式について解説する。

(1) 種類株式制度の概要
(a) 9種類の種類株式（会社108条1項各号）
株式につき権利内容を異にできる事項は，次頁の図表【種類株式の概要】のとおりである（会社108条1項各号）。

株式につき権利内容を異にできる事項は，会社法108条1項各号に列挙された9つの事項に限定される。もっとも，1つの種類株式で，9つの事項のうち複数の事項について権利内容を異にすることも可能であり，たとえば，配当については優先的な内容を定めつつ，議決権は存しないという株式を1つの種類株式として発行することもできる。

(b) 他の類似の制度との違い
(i) 全部の株式の内容についての特別の定めとの違い　　上記9つの事項のうち，①譲渡制限，ⅱ取得請求権およびⅲ取得条項に関する事項については，他の株式と内容の異なる定めを設けること（種類株式とすること）のほか，発行する全部の株式に均一の内容として会社法上の原則と異なる取扱いを定めることも可能である（会社107条1項）。

全部の株式に均一の内容として定める場合，最も多く利用されているのは，譲渡制限の定めである。非上場の中小企業においては，すべての株式について譲渡制限を設ける（非公開会社となる）ことが通常である。なお，すべての株式について①譲渡制限，ⅱ取得請求権またはⅲ取得条項を付した場合であっても，それ以外の事項について内容を異にする種類株式を発行することは可能である。

(ⅱ) 属人的定めとの違い　　非公開会社においては，①剰余金の配当を受ける権利，ⅱ残余財産の分配を受ける権利，またはⅲ株主総会における議決権に関する事項について，株主ごとに異なる取扱いを行う旨を定款で定めることが可能である（会社109条2項）。このような定款の定めは，株式ではなく，株主という人に着目して異なる取扱いを行うため，「属人的定め」と呼称される。

この「属人的定め」は，異なる取扱いとして定めることができる事項の範囲が上記の3つの事項に限定されているため，利用できる場面は種類株式よりも限定的ではあるが，種類株式と同様，会社法に基づく規律であるため，単なる

Ⅲ　安定・多数株主確保のための手法（事業承継の事前対策）

【種類株式の概要】

種類株式の名称	権利の内容を異にできる事項
剰余金の配当に関する種類株式	剰余金の配当（会社108条1項1号）
残余財産の分配に関する種類株式	残余財産の分配（会社108条1項2号）
議決権制限株式	株主総会において議決権を行使することができる事項（会社108条1項3号）
譲渡制限株式	譲渡による株式の取得について会社の承認を要すること（会社108条1項4号）
取得請求権付株式	株主が会社に対してその株式の取得を請求できること（会社108条1項5号）
取得条項付株式	会社が一定の事由が生じたことを条件としてその株式を取得することができること（会社108条1項6号）
全部取得条項付株式	会社が株主総会の決議によってその株式の全部を取得することができること（会社108条1項7号）
拒否権付種類株式	株主総会・取締役会等において決議すべき事項のうち、当該決議のほか、当該種類株主の種類株主総会の決議があることを必要とすること（会社108条1項8号）
取締役・監査役の選任に関する種類株式	種類株主総会において取締役または監査役を選任すること（会社108条1項9号）

【非公開会社がA種株式として議決権制限株式を発行した場合のイメージ】

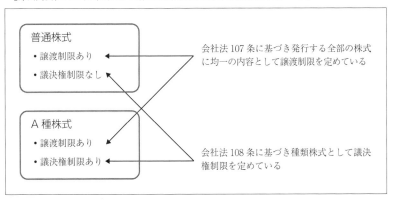

株主間の合意に過ぎない株主間契約よりも強力な効果を有する。この「属人的定め」は、種類株式と異なり、株式の内容そのものを変更するものではないため、株式の所有者が相続等の株式の承継によって変更された場合であっても、当該定めの内容は次の所有者には承継されない。さらに、「属人的定め」の内容は、種類株式の内容と異なり、異なる取扱いの内容についての登記は不要である。

「属人的定め」の詳細については，後記(4)(i)にて解説する。

(iii) 株主間契約との違い　株主間契約は，議決権の行使等の株主権の行使や株式の譲渡・保有に関する株主間の合意である。

株主間契約は，定款変更や登記手続を要せず，株主間で合意を締結すれば足りるため，利用するための手続は簡便である。もっとも，種類株式と異なり，あくまで契約当事者である株主同士の合意にすぎず，合意の当事者ではない発行会社やその後の株式の譲受人等の第三者に対する効力は有しない。

種類株式，属人的定め，および株主間契約の特徴の比較は，下記の表のとおりである。

【種類株式，属人的定め，株主間契約の特徴の比較】

	種類株式	属人的定め	株主間契約
利用するための手続	定款変更が必要 登記が必要	定款変更が必要 登記は不要	株主間の合意で足りる 登記は不要
発行会社に対抗できるか	発行会社にも対抗できる	発行会社にも対抗できる	発行会社には対抗できない
株式の承継人が影響を受けるか	承継人も影響を受ける	承継人は影響を受けない	承継人は影響を受けない

(2) 種類株式を用いた円滑な事業承継

中小企業においては，所有と経営が分離しておらず，現経営者が発行済株式のすべてまたは大半を保有している場合が多い。この場合，現経営者が自己の保有するすべての株式を後継者に承継させることができるのであれば，事業承継を円滑に行うことができる。

しかし，現経営者に相続が発生した場合において，後継者以外の相続人が存在する場合には，遺言や贈与によってすべての株式を後継者に承継したとしても，株式を承継した後継者と承継しなかった非後継者たる相続人との間で紛争が生じることがある。非後継者たる相続人が，後継者に対して，遺留分減殺請求権を行使した場合，承継対象となった株式は，後継者（受遺者）と非後継者（遺留分減殺請求権を行使した者）との間で準共有の状態となり，後継者による会社経営に支障が生じる事態となる（株式の共有については，前記Ⅱ 2(3)参照）。

この点，種類株式を利用した場合，後継者のみならず，非後継者に対しても株式を承継させつつ，後継者に承継する株式の内容と，非後継者に承継する

Ⅲ 安定・多数株主確保のための手法（事業承継の事前対策）

【後継者と非後継者の対立】

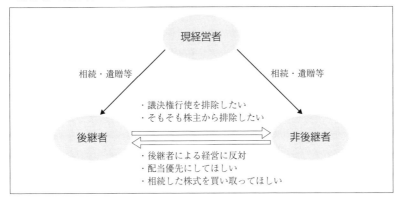

株式の内容を異にすることにより，承継後の会社経営に支障が生じることを予防することができる。たとえば，あらかじめ，現経営者が普通株式のほかに，無議決権・配当優先株式を発行・保有しておき，承継に際し，後継者に対しては普通株式を，非後継者に対しては無議決権・配当優先株式を承継させることなどが考えられる。これにより，後継者には議決権を集中させて会社経営の円滑な遂行というメリットを，非後継者である相続人には会社運営には関与できないものの配当優先という経済的なメリットを享受させることができ，後継者による会社経営に対する非後継者の理解を得られる可能性がある。また，無議決権・配当優先株式に，取得請求権を付すことにより，非後継者にしかるべきタイミングでの金銭換価の機会を保障することも考えられる。

また，相続に伴う事業の承継後，後継者と非後継者が円滑な関係を築いており，後継者による会社経営に特段の支障がなく進んでいたとしても，突如，非後継者が死亡して相続が開始し，非後継者が保有していた株式がさらに分散してしまうこともあり得る（譲渡制限株式としていた場合であっても，相続による承継は譲渡制限の対象とはならず，有効である）。この場合の対処方法として，相続人に対する売渡請求制度が存在することについては前述したが（前記Ⅱ2(1)(c)(v)参照），非後継者が保有する株式に取得条項を付しておくことにより，より円滑に株式の分散を予防する（あるいは分散後に株式を再集中させる）ことも可能である。

現経営者が後継者に対して事業承継を目的として株式の大半を承継させた後においても，一定期間は後継者による経営を監督する必要があるとの観点から，現経営者において会社に対する一定の支配権を留保しておきたいという要請も

【非後継者が保有していた株式がさらに分散する場合】

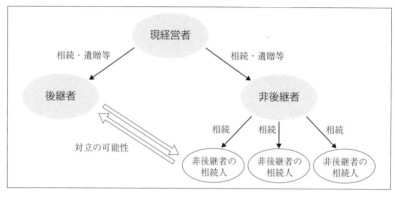

【後継者による経営を監督する必要がある場合】

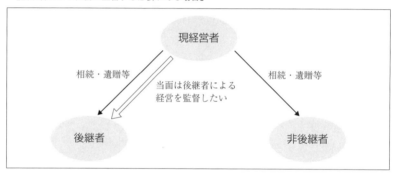

あり得る。この場合，現経営者が拒否権付株式を保有することで，かかる要請を満たすことが可能である。

(3) 種類株式を利用するための手続

種類株式を利用するためには，①まず，種類株式を発行できる状態にするための手続が必要であり，具体的には，発行する種類株式の内容と，発行可能種類株式総数を定款に定める必要がある（会社108条2項）。

②次に，実際に種類株式を発行する手続が必要になる。具体的には，ⅰ新たに種類株式を第三者割当てにより発行する方法，ⅱ株式無償割当ておよびⅲ既発行株式の一部についてその内容を変更する方法が考えられる。

③さらに，上記①の定款変更に関連して種類株式の内容と発行可能種類株式総数についての，また，上記②の種類株式を発行する手続に関連して発行済株

III 安定・多数株主確保のための手法（事業承継の事前対策）

式に関する事項等についての，登記手続が必要となる（会社911条3項7号・915条1項）。

種類株式を利用するための手続の流れは，図表【種類株式を利用するための手続】のとおりである。

【種類株式を利用するための手続】（※取締役会設置会社で，かつ，非公開会社を前提とする）

① 種類株式を発行できる状態にするための手続
・発行する株式の内容と発行可能種類株式総数を定款に定める
・定款変更手続として，株主総会の特別決議が必要
・株式の内容のうち一部の事項については，定款に要綱のみを定めて，取締役会へ細目の決定を委任することが可能

② 実際に種類株式を発行するための手続
・第三者割当増資による場合，原則として株主総会の特別決議が必要
・既発行株式の内容の変更による場合，ある種類株式の一部の変更になるときは，他の株主全員の同意が必要
・株式無償割当てによる場合，株主総会決議は不要であるが，取締役会決議が必要

③ 登記手続
・種類株式の内容と発行可能種類株式総数について（上記①の手続に関して）
・発行済株式に関する事項等について（上記②の手続に関して）

円滑な事業承継のために種類株式を利用する場合には，大半の議決権を保有する現経営者において，後継者・非後継者に対して株式を承継させる前に，上記の手続を履践して，予め種類株式を発行し保有しておくこととなる。

以下，種類株式を利用するための手続を解説する。

(a) **定款変更**（発行する株式の内容と発行可能種類株式総数を定款に定める）

種類株式を利用するためには，まず，発行する株式の内容と発行可能種類株式総数を定款に定める必要がある（会社108条2項）。

会社法上，内容の異なる2以上の種類の株式を発行する株式会社を「種類株式発行会社」（会社2条13号）というが，この「発行する」とは，会社の定款において発行できる旨が定められているという意味であり，実際に2種類以上の株式を発行している必要はない。発行する種類株式の内容と発行可能種類株式総数を定款に定めた場合，実際にはまだ当該種類株式が発行されていなかったとしても，その会社は，「種類株式発行会社」となる。

(i) **機関決定** 定款変更は，株主総会の特別決議により行う（会社466条・309条2項11号）。

定款の変更時にすでに種類株式発行会社である場合，株式の種類を追加することにより，ある種類の株式の種類株主に損害を及ぼすおそれがあるときは，

【株式の内容として定款に規定すべき事項】

株式の種類	定款に規定すべき内容 （会社108条2項）	定款に要綱のみ定めることが認められない事項(会社則20条1項)
配当優先・劣後株式	① 配当財産の価額の決定の方法 ② 剰余金の配当をする条件 ③ その他剰余金の配当に関する取扱いの内容	配当財産の種類
残余財産分配優先・劣後株式	① 残余財産の価額の決定の方法 ② 当該残余財産の種類 ③ その他残余財産の分配に関する取扱いの内容	残余財産の種類
議決権制限株式	① 株主総会において議決権を行使することができる事項 ② 当該種類の株式につき議決権の行使の条件を定めるときは、その条件	左記①に掲げる事項
譲渡制限株式	① 当該株式を譲渡により取得することについて当該株式会社の承認を要する旨 ② 一定の場合においては株式会社が会社136条（株主からの承認の請求）または会社137条（株式取得者からの承認の請求）1項の承認をしたものとみなすときは、その旨および当該一定の場合	左記①に掲げる事項
取得請求権付株式	① 株主が当該株式会社に対して当該株主の有する株式を取得することを請求することができる旨 ② 交付する財産の種類が社債であるときは、当該社債の種類および種類ごとの各社債の金額の合計額またはその算定方法 ③ 交付する財産の種類が新株予約権であるときは、当該新株予約権の内容および数またはその算定方法 ④ 交付する財産の種類が新株予約権付社債であるときは、当該新株予約権付社債についての②に規定する事項および当該新株予約権付社債に付された新株予約権についての③に規定する事項 ⑤ 交付する財産の種類が株式等以外の財産であるときは、当該財産の内容および数もしくは額またはこれらの算定方法 ⑥ 交付する財産の種類が当該株式会社の他の株式であるときは、当該他の株式の種類および種類ごとの数またはその算定方法 ⑦ 株主が当該株式会社に対して当該株式を取得することを請求することができる期間	左記①に掲げる事項および引換えに交付する財産の種類
取得条項付株式	① 一定の事由が生じた日に当該株式会社がその株式を取得する旨およびその事由 ② 当該株式会社が別に定める日が到来することをもって①の事由とするときは、その旨 ③ ①の事由が生じた日に①の株式の一部を取得することとするときは、その旨および取得する株式の一部の決定の方法 ④ 交付する財産の種類が社債であるときは、当該社債の種類および種類ごとの各社債の金額の合計額またはその算定方法 ⑤ 交付する財産の種類が新株予約権であるときは、当該新株予約権の内容および数またはその算定方法 ⑥ 交付する財産の種類が新株予約権付社債であるときは、当該新株予約権付社債についての④に規定する事項および当該新株予約権付社債に付された新株予約権についての⑤に規定する事項 ⑦ 交付する財産の種類が株式等以外の財産であるときは、当該財産の内容および数もしくは額またはこれらの算定方法 ⑧ 交付する財産の種類が当該株式会社の他の株式であるときは、当該他の株式の種類および種類ごとの数またはその算定方法	一定の事由が生じた日に当該株式会社がその株式を取得する旨、②に掲げる事項、③に掲げる事項（当該種類の株式の株主の有する当該種類の株式の数に応じて定めるものを除く）および引換えに交付する財産の種類
全部取得条項付株式	① 全部取得条項付種類株式の取得対価の価額の決定の方法 ② 当該株主総会の決議をすることができるか否かについての条件を定めるときは、その条件	左記①に掲げる事項
拒否権付種類株式	① 当該種類株主総会の決議があることを必要とする事項 ② 当該種類株主総会の決議を必要とする条件を定めるときは、その条件	左記①に掲げる事項
取締役・監査役の選任に関する種類株式	① 当該種類株主を構成員とする種類株主総会において取締役または監査役を選任することおよび選任する取締役または監査役の数 ② ①の定めにより選任することができる取締役または監査役の全部または一部を他の種類株主と共同して選任することとするときは、当該他の種類株主の有する株式の種類および共同して選任する取締役または監査役の数 ③ ①または②に掲げる事項を変更する条件があるときは、その条件およびその条件が成就した場合における変更後の①または②に掲げる事項 ④ 当該種類株主を構成員とする種類株主総会において社外取締役または社外監査役を選任しなければならないこととするときは、その旨およびこれらに関する①から③に掲げる事項	左記①および②に掲げる事項

当該種類株式の種類株主総会（後記(5)）の特別決議も必要になる（会社322条1項・324条2項4号）。

(ii) 株式の内容についての定め　株式の内容について定款に規定しなければならない事項は，会社法108条2項各号に列挙されている。

ただし，同号に列挙する事項のすべてを定款に規定しなければならないわけではない。会社法施行規則20条1項各号に定める事項以外の事項については，定款に「内容の要綱」を定めれば足り，取締役会に細目の決定を委任することができる（会社108条3項）。

株式の内容として定款に規定すべき事項（会社108条2項各号）について整理したのが図表【株式の内容として定款に規定すべき事項】である。

(iii) 発行可能種類株式総数の定め　発行可能種類株式総数にかかる具体的な定款の規定例は，以下のとおりである。

```
（発行可能株式総数及び発行可能種類株式総数）
第○条　当会社の発行可能株式総数は○○○○株とし，当会社の発行する
　　　次に定める種類の株式の発行可能種類株式総数はそれぞれ次の通りとする。
　　　　普通株式　　　　　○○○○株
　　　　A種優先株式　　　○○○○株
　　　　B種優先株式　　　○○○○株
```

各種類株式の発行済株式総数は，それぞれの発行可能種類株式総数を超えることはできず，各種類株式の発行済株式総数の合計数は，発行可能株式総数を超えることはできない。発行可能種類株式総数を減少させる場合，変更後の総数が変更時の当該種類の発行済株式総数を下回ることができない（会社114条1

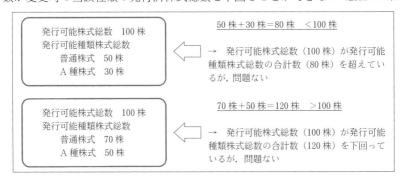

項)。

　他方で,発行可能株式総数と発行可能種類株式総数は,互いにリンクしていない。すなわち,発行可能種類株式総数の合計数は,発行可能株式総数を超えても,逆に,下回っても問題ない。ある種類の株式の発行可能種類株式総数が発行可能株式総数を超えることも可能である。

　(iv)　登記手続　　種類株式の内容および発行可能種類株式総数を定款で定めた場合,登記申請が必要になる(会社911条3項7号)。種類株式の内容について,定款で要綱を定めた場合には,要綱を定めたときにその登記をしなければならず,当該種類株式発行時までに取締役会等の決議によって当該種類株式の具体的内容を定めたときには,当該種類株式の内容の変更登記を申請しなければならない。下図は,まず要綱を定めたときに登記を行い,その後に当該種類株式の具体的内容を定めたときに当該種類株式の内容の変更登記を行った例である。

　登記申請の際の添付書面は,株主総会の議事録(商登46条2項)である。登録免許税は,申請1件につき3万円である。

発行可能種類株式総数および発行する各種類の株式の内容	普通株式　　　　5万株 A種優先株式　　1万株 　A種優先株式は,毎決算期において,普通株式に先立ち1株につき年1万円を限度として,A種優先株式発行に際し取締役会の決議で定める額の剰余金の配当を受けるものとする
	普通株式　　　　5万株 A種優先株式　　1万株 　A種優先株式は,毎決算期において,普通株式に先立ち1株につき年1万円の剰余金の配当を受けるものとする 平成25年10月1日変更　平成25年10月10日登記

(b)　種類株式を発行するための手続

　種類株式を利用するためには,上記(a)の定款変更手続を行った上で,実際に種類株式を発行する手続が必要になる。

　新たに種類株式を発行する場合,(i)第三者割当増資,(ii)株式無償割当て,および(iii)既発行株式の一部についてその内容を変更する方法があり得る(各手法の比較は次頁の図表のとおり)。

　以下,各手続の概要を解説する。

　(i)　第三者割当増資　　募集株式の発行等の形態としては,①株主割当て,②第三者割当ておよび③公募があり,非上場企業においては,①株主割当て,

Ⅲ　安定・多数株主確保のための手法（事業承継の事前対策）

【種類株式を発行する手法の比較】（※1）

	第三者割当増資	株式無償割当て	既発行株式の一部についての内容の変更（※2）
機関決定	・募集事項の決定は株主総会の特別決議（※3）	・取締役会決議（株主総会の決議は不要）	・定款変更についての株主総会の特別決議 ・株式の内容の変更に応ずる株主と同一種類に属する他の株主全員の同意
払込の要否	払込が必要	払込は不要	払込は不要
他の株主に対する割当ての要否	他の株主に対しては割当ては不要	他の株主に対しても割当てが必要	他の株主の株式の内容は変更しなくてよい

※1　非公開会社・取締役会設置会社を前提
※2　ある種類の株式の一部を他の種類の株式に変更する場合を前提
※3　株主総会の特別決議により募集株式の種類および数の上限ならびに払込金額の下限を定めることにより，取締役会に委任することが可能

または②第三者割当てが用いられる。

　①株主割当てとは，既存の株主にその有する株式数に応じて，発行する株式の割当てを受ける権利を与える募集株式の発行等をいうところ（会社202条），種類株式発行会社においては，その種類株主の有する種類と同一の種類の株式の割当てを受ける権利を与えるものでなければならない（会社202条1項1号但書）。そのため，新たな種類株式を発行するために募集株式の発行等を用いる場合には，②第三者割当ての方法によることになる。

　現経営者が新たな種類株式を保有することを目的とする場合，現経営者に対して第三者割当ての方法により種類株式を割り当てることが考えられる。

　以下，第三者割当増資の手続について解説する。

　　(ア)　募集事項の決定

　　(a)　機関決定　募集株式を発行する場合，会社法199条1項各号に掲げる募集事項を定めなければならない。

　募集事項の決定は，非公開会社の場合，原則として株主総会の特別決議による（会社199条2項・309条2項5号）。ただし，株主総会の特別決議によって，募集株式の種類および数の上限ならびに払込金額の下限を定めることにより，募集事項の決定を取締役会に委任することは認められる（会社200条1項・309条2項5号）。なお，株主割当ての場合には，予め取締役会の決定によって定めることができる旨の定款の定めを置くことが可能であるが（会社202条3項1号・2

号)，第三者割当増資の場合には，取締役会に委任するにしても，上記のとおり株主総会の特別決議を要する。

(β) 募集事項の内容　会社法199条1項各号に掲げる募集事項は，以下のとおりである。

> ① 募集株式の種類および数
> ② 募集株式の払込金額またはその算定方法
> ③ 金銭以外の財産を出資の目的とするときは，その旨ならびにその財産の内容および価額
> ④ 募集株式と引換えにする金銭の払込みまたは上記③の財産の給付の期日またはその期間
> ⑤ 株式を発行するときは，増加する資本金および資本準備金に関する事項

①「募集株式の種類および数」の募集株式の数は，募集手続によって交付する株式の数の上限を定めるものであり，ここで定めた数を必ず発行等しなければならないものではない。

1つの決議によって，複数の種類株式の募集事項の決定をすることはできず，複数の種類株式を発行等する場合には，株式の種類ごとに議案を分けて複数の募集手続を行う必要がある（複数の募集手続を同時に行うことは可能である[22]）。

株式発行後の発行済株式総数は，発行可能株式総数の範囲内でなければならず（会社37条1項），また，各種類の発行済株式総数は，それぞれの発行可能種類株式総数の範囲内でなければならない（会社101条1項3号括弧書）。これを超えて発行する場合には，あらかじめ，発行可能株式総数または発行可能種類株式総数を増加させる定款変更を行う必要がある（この場合，定款変更によってある種類株主に損害を及ぼすおそれがあるときは，その種類株主を構成員とする種類株主総会の特別決議を経なければならない（会社322条1項1号ハ））。発行可能株式総数を増加する場合は，発行済株式総数の4倍を超えることができないが（会社113条3項。ただし，非公開会社の場合，通常はこの規定は適用されない），株式発行を停止条件として発行可能株式総数を当該株式発行後の発行済株式総数の4倍以内の数に増加させる旨の定款変更の決議をすることは可能である[23]。

---

[22] 相澤哲『立案担当者による新・会社法の解説』（別冊商事法務295号）(2006) 53頁。
[23] 相澤哲＝郡谷大輔『論点解説 新・会社法――千問の道標』（商事法務，2006）202頁。

Ⅲ　安定・多数株主確保のための手法（事業承継の事前対策）

②「募集株式の払込金額またはその算定方法」の払込金額とは，募集株式1株と引換えに払い込む金銭または給付する金銭以外の財産の額をいう（会社199条1項2号）。実際に払い込む金額が募集事項として定めた払込金額を上回っても構わない[24]。

③「金銭以外の財産を出資の目的とするときは，その旨ならびにその財産の内容および価額」の現物出資の目的である財産の内容は，その同一性が明らかになる程度に具体的に記載しなければならない[25]。財産の価額は，確定額であることを要し，算式をもって代えることはできない[26]。たとえば，債権を現物出資する際の募集事項の記載例は以下のとおりである。

> 出資の目的とする財産の内容および価額
> 　○○と当社との間の平成○年○月○日付金銭消費貸借契約に基づき，○○が当社に対して有する貸金債権元本○円（価額○円）を出資の目的とする。

④「募集株式と引換えにする金銭の払込みまたは上記③の財産の給付の期日またはその期間」の，募集株式の引受人は，当該期日または期間に出資の履行をしなければならず（会社208条1項・2項），出資の履行をした場合，期日を定めた場合には当該期日に，期間を定めた場合には出資の履行をした日に株主となる（会社209条）。

⑤「株式を発行するときは，増加する資本金および資本準備金に関する事項」の，株式を発行するときに増加する資本金の額は，原則として，株主となる者が会社に対して払込みまたは給付をした財産の額（資本金等増加限度額。会社計算13条1項）であるが（会社445条1項），資本金等増加限度額の2分の1を超えない額は資本金として計上しないことができる（同条2項）。資本金として計上しないこととされた額は，資本準備金として計上しなければならない（同条3項）。登録免許税を軽減するため，株式発行に際して増加する資本金の額を資本金等増加限度額の2分の1とする例が多い。

　(ｲ)　株主に対する通知・公告（非公開会社の場合は不要）　　公開会社が取締

---

[24]　相澤・前掲注22）51頁。
[25]　江頭憲治郎編『会社法コンメンタール1 総則・設立(1)』（商事法務, 2008）310頁〔江頭憲治郎〕。
[26]　相澤＝郡谷・前掲注23）21頁。

役会決議により募集事項を定めたときは，株主に対する通知または公告を行う必要があるが（会社201条3項・4項），非公開会社については株主総会決議が必要となるため，この通知または公告は不要である。

　(ｳ)　募集株式の申込み・割当て　　以上の手続のほか，会社法上，以下の①～④の手続が必要になるのが原則である。

> ①　引受けの申込みをしようとする者に対する通知（会社203条1項）
> ②　申込みをする者による書面の交付（会社203条2項）
> ③　募集株式の割当てを受ける者の決定（会社204条1項）
> ④　申込者に対する割当ての通知（会社204条3項）

　しかし，実務においては，会社が募集株式を引き受けようとする者との間で募集株式の全てを引き受ける旨の契約である総数引受契約を締結することが多い。総数引受契約を締結する場合は，以上の①から④までの手続は不要である（会社205条1項）。

　平成26年会社法改正により，募集株式が譲渡制限株式である場合，原則として株主総会の決議（取締役会設置会社においては取締役会決議）により総数引受契約の承認を受けることが必要になった（会社205条2項本文）。もっとも，定款に別段の定めをおくことは可能であるし（会社205条2項但書），従来の会社法下においても，取締役会設置会社においては，総数引受契約の締結を取締役会において決議する例も多かったことから，同改正による実務への影響は限定的であると考えられる。

　総数引受契約は，契約書が1通であることや，契約当事者が1人であることまでは必要とされておらず，会社が複数の契約書で複数の当事者との間で契約を締結する場合であっても，「実質的に同一の機会に一体的な契約で募集株式の総数の引受けが行われたものと評価し得る」場合（契約書を引受人ごとに複数に分けるとしても，当該契約書中に，同時に株式を引き受ける他の者の氏名または名称を記載する方法など[27]）は総数引受契約に該当すると解される。総数引受契約の内容は法定されていないが，申込書に記載すべき事項（引受人の氏名または名称および住所ならびに引き受けようとする募集株式の数。会社203条2項各号）は記載する必要があ

---

27) 松井信憲『商業登記ハンドブック〔第3版〕』(2015) 289頁。

る。

　(エ)　出資の履行　　募集株式の引受人は，払込期日または払込期間内に，金銭による出資の場合は，会社が定めた銀行等（会社34条2項，会社則7条）の払込取扱場所において払込金額の全額を払い込まなければならない（会社208条1項）。

　出資の履行をした引受人は，払込期日（払込期間を定めた場合は当該期間中の出資の履行をした日）に募集株式の株主となる（会社209条）。他方，払込期日または払込期間内に出資の履行をしないときは，法律上当然に株主となる権利を失う（会社208条5項）。

　(オ)　株主名簿への記載・記録　　会社は，株式を発行した場合は，株主にかかる株主名簿記載事項（会社121条各号に掲げる事項）を株主名簿に記載・記録しなければならない（会社132条1項1号・3号）。

　なお，株券発行会社（会社117条7項）は，発行した日以後遅滞なく，株主に対して株券を発行しなければならない（会社215条1項）。ただし，非公開会社においては，株主から株券発行の請求がない場合（会社215条4項）等は，株券の発行を要しない。

　(カ)　登記　　募集株式の発行を行った場合，資本金の額，発行済株式の総数，発行済株式の種類および種類ごとの数について，払込期日または払込期間の末日から2週間以内に，変更の登記を申請しなければならない（会社915条1項・2項）。

　登記申請の際の添付書面は，募集事項等の決定機関の議事録（商登46条），募集株式が譲渡制限株式である場合の承認機関の議事録，募集株式の引受けの申込みまたは総数引受契約を証する書面（商登56条1号），払込みがあったことを証する書面（商登56条2号），資本金の額が会社法および会社計算規則の規定に従って計上されたことを証する書面（商則61条9項）である。

　登録免許税として，申請1件について，増加した資本金の額の1,000分の7の金額（3万円に満たないときは3万円）の登録免許税が必要になる。なお，登録免許税は，資本金の増加額によっては高額となるため，増加する資本金の額を資本金等増加限度額の2分の1とする例が多い。

　(ii)　株式無償割当て　　株式無償割当てとは，株主に対して新たに払込みをさせないで当該株式会社の株式の割当てをすることをいう（会社185条）。

株式無償割当ては，株主割当ての場合と異なり，種類株式発行会社においてある種類の株主に対して同一の種類の株式のみならず異なる種類の株式を割り当てることができる[28]。そのため，現経営者が新たな種類株式を取得する場合の手法として利用することもできる。

株式無償割当ては，第三者割当増資および既発行株式の内容の変更よりも手続が簡便ではあるが，株主に割り当てる株式の数または算定方法は，割当てを受ける種類の種類株主の有する当該種類の株式の数に応じて割り当てるものでなければならない（会社186条2項）。すなわち，現経営者以外の株主が存在する場合，当該他の株主に対しても当該種類株式を割り当てることになるため，それが不適切であると考える場合には用いることができない。既発行株式のすべてを現経営者が保有している場合には他の株主に対して割り当てられることを考慮する必要はなくなるが，この場合には，既発行株式の一部についての内容の変更の方法をとることが可能でありかつ端的であるといえる。

(ⅲ) 既発行株式の一部についての内容の変更　　会社法上，既発行株式の内容は，定款変更により変更することができる（会社322条1項1号ロ参照）。

この定款変更には，株主総会の特別決議が必要である（会社309条2項11号・466条）。また，株式の内容の変更によりある種類の株式の種類株主に損害を及ぼすおそれがあるときは，種類株主総会の特別決議も必要である（会社322条1項1号ロ・324条2項4号）。

もっとも，ある種類の株式の全部ではなく，その一部を他の種類の株式に変更する場合には，以上の定款変更の手続に加えて，①株式の内容の変更に応ずる個々の株主と会社との合意と，②株式の内容の変更に応ずる株主と同一種類に属する他の株主全員の同意が必要になる（昭和50年4月30日民4第2249号法務省民事局長回答）。たとえば，現経営者が保有する普通株式の一部について，株式の内容を変更して議決権制限株式とする場合，現経営者と会社との合意のほか，他の普通株式の株主全員の同意が必要となる。

上記のほか，既発行株式の内容の変更について，株主全員の同意や種類株主総会の決議などの特殊な手続が必要になる例は，次頁の表のとおりである。

まず，変更後の発行可能種類株式総数，各種類の株式の内容，発行済株式の

---

28)　相澤・前掲注22) 48頁。

Ⅲ 安定・多数株主確保のための手法（事業承継の事前対策）

特殊な手続が必要となる場合	必要となる手続の内容	条　文
ある種類の株式の内容として定款に取得条項の定めを設ける場合（取得条項について定款の変更を行う場合を含む）	株主全員の同意	会社111条1項
ある種類の株式の内容として定款に譲渡制限の定めを設ける場合	次に掲げる種類株主を構成員とする種類株主総会の特殊決議 ・当該種類の株式の種類株主 ・当該種類の株式を対価とする取得請求の定めがある株式の種類株主 ・当該種類の株式を対価とする取得条項の定めがある株式の種類株主	会社111条2項・324条3項1号
ある種類の株式の内容として全部取得条項の定めを設ける場合	次に掲げる種類株主を構成員とする種類株主総会の特別決議 ・当該種類の株式の種類株主 ・当該種類の株式を対価とする取得請求の定めがある株式の種類株主 ・当該種類の株式を対価とする取得条項の定めがある株式の種類株主	会社111条2項・324条2項1号

総数，発行済株式の種類および種類ごとの数について，変更の登記申請が必要になる。登記申請の際の添付書面は，株主総会の議事録（商登46条2項）である。また，上記のとおり，ある種類の株式の一部を他の種類の株式に変更する場合等，個々の株主の同意を要する場合には，各株主の同意書が必要になり，種類株主総会の決議を要する場合には，種類株主総会の議事録も必要になる。登録免許税は，申請1件につき3万円である。

(4) **種類株式ごとの定款・登記記載例と事業承継への活用方法**

　株式につき内容を異にできる事項は，会社法108条1項各号に列挙された9つの事項である。9つの種類株式を①共益権について内容を異にするもの，②自益権について内容を異にするもの，③株式譲渡（保有）の自由に関するものに分類することも可能である。

　①共益権について内容を異にするものは，議決権制限株式，拒否権付種類株式および取締役・監査役の選任に関する種類株式である。これらを活用することによって，非後継者にも株式を承継させつつも，後継者に議決権（会社支配権）を集中させたり，後継者に株式を承継させつつも，前経営者による後継者への一定の監督を可能にすることができる。

　②自益権について内容を異にするものは，剰余金の配当，残余財産の分配に

【種類株式の分類と事業承継のための活用の概要】

```
①共益権について内容を異にする種類株式
  →議決権制限株式
  →拒否権付種類株式
  →取締役・監査役の選任に関する種類株式
```
⇒
・後継者に議決権を集中させる等により会社支配を安定化させる
・前経営者による後継者に対する監督を可能にする

```
②自益権について内容を異にする種類株式
  →剰余金の配当に関する種類株式
  →残余財産の分配に関する種類株式
```
⇒
・非後継者に優先的に経済的利益を与える

```
③株式譲渡(保有)の自由に関する種類株式
  →譲渡制限株式
  →取得請求権付株式
  →取得条項付株式
  →全部取得条項付株式
```
⇒
・株式の分散を事前に予防し、または事後に株式を再集中させる
・非後継者等にイグジットの機会を保障する

関する種類株式である。これらを活用することによって、非後継者に優先的に経済的利益（配当）を与えることが可能となる。

③株式譲渡（保有）の自由に関するものは、譲渡制限株式、取得請求権付株式、取得条項付株式、および全部取得条項付株式である。これらを活用することによって、株式の分散を事前に予防し、または事後に株式を集中させるため等に活用することや、非後継者等に対してイグジットの機会を与えることが可能となる。

以下、①②③の順に、種類株式の内容ごとに、定款・登記の記載例および事業承継への活用方法等を解説する。なお、最後に属人的定めについても解説する。

(a) 議決権制限株式

(i) 概要　議決権制限株式は、株主総会において議決権を行使できる事項について内容の異なる株式である（会社108条1項3号）。

一定の事項についてのみ議決権を制限することや議決権を行使するための条件を定めることも可能であるが、実務上は、一切の事項について議決権がないものとする完全無議決権株式とすることが多い。

なお、公開会社における議決権制限株式の発行数は、発行済株式総数の2分の1以下でなければならないが（会社115条）、非公開会社についてはかかる制

限は存在しない。

　議決権制限株式についても，議決権と関係のない事項については権利行使が可能であり，たとえば，会計帳簿の閲覧請求権を行使すること，取締役に対する責任追及訴訟（株主代表訴訟）を提起すること等は，無議決権株式の株主であっても可能である。また，議決権制限株式であっても，種類株主総会における議決権の行使は制限されない。

　(ⅱ)　定款規定例　　議決権を行使できる事項について内容の異なる株式を発行する場合，定款には，以下の事項を定めることになる（会社108条2項3号）。②については，定款において要綱のみを定め，発行時に細目を決定することが認められている（会社108条3項，会社則20条1項3号）。

> ①　株主総会において議決権を行使することができる事項
> ②　当該種類の株式につき議決権の行使の条件を定めるときは，その条件

完全無議決権株式の定款規定例は，以下のとおりである。

> （議決権）
> 第〇条　A種優先株主は，すべての事項につき株主総会において議決権を行使することができない。

　優先株式について優先配当がなされない場合に議決権が復活する旨の条項（議決権復活条項）を設けることも可能である。議決権復活条項を定めた定款の規定例は，以下のとおりである。

> （議決権）
> 第〇条　A種優先株主は，すべての事項につき株主総会において議決権を行使することができない。ただし，A種優先株主は，A種優先配当金の全額を受ける旨の議案が定時株主総会に提出されないときはその総会より，その議案が定時株主総会において否決されたときはその総会の時より，A種優先配当金の全額を受ける旨の決議がある時まで議決権を有する。

　(ⅲ)　事業承継との関係　　事業承継との関係では，あらかじめ現経営者が普通株式のほかに無議決権株式を保有し，後継者に普通株式を承継させつつ，非後継者に無議決権株式を承継させることが考えられる。

非後継者の理解を得る観点から，非後継者に承継させる無議決権株式について配当優先にしたり（優先配当と関連するかたちでの議決権復活条項を設けることも考えられる），取得請求権を付すことも考えられる。

(b) 拒否権付種類株式

（i） 概要　　拒否権付種類株式は，株主総会等において決議すべき事項のうち，当該決議のほか，当該種類の株式の株主を構成員とする種類株主総会の決議があることを必要とすることを内容とした株式である（会社108条1項8号）。

拒否権の対象となる事項は，株主総会，取締役会または清算人会において決議すべき事項である。法令または定款でこれらの決議事項とされているものであればすべて拒否権の対象とすることができる。拒否権付種類株式が発行されている場合，株主総会・取締役会等の決議のほか，当該拒否権付種類株式の株主を構成員とする種類株主総会の決議がなければ，拒否権の対象とされた行為の効力は生じない（会社323条）。

（ii） 定款規定例　　拒否権付株式を発行する場合，定款には，以下の事項を定めることになる（会社108条2項8号）。②については，定款においては要綱のみを定め，発行時に細目を決定することが認められている（会社108条3項，会社則20条1項8号）。

> ①　その種類株主総会の決議があることを必要とする事項
> ②　その種類株主総会の決議があることを必要とする条件を定めるときは，その条件

定款規定例は，以下のとおりである。

> （拒否権）
> 第○条　以下の事項については，株主総会または取締役会の決議のほか，A種株主を構成員とする種類株主総会の決議があることを必要とする。
> ①　定款の変更
> ②　当会社の株式，新株予約権または新株予約権付社債の発行
> ③　合併，吸収分割，吸収分割による他の会社がその事業に関して有する権利義務の全部もしくは一部の承継，新設分割，株式交換，株式交換による他の株式会社の発行済株式全部の取得，株式移転，事業の全部もしくは重要な一部の譲渡，他の会社の事業の全部の譲受け，また

> は事業の全部の賃貸，事業の全部の経営の委任，他人と事業上の損益の全部を共通にする契約その他これらに準ずる行為
> ④ 資本金の額の減少，準備金の額の減少，会社法第450条に定める資本金の額の増加，会社法第451条に定める準備金の額の増加または会社法第452条に定める剰余金の処分
> ⑤ 解散
> ⑥ 株式の併合，株式の分割，株式無償割当てまたは新株予約権無償割当て
> ⑦ 剰余金の配当
> ⑧ 自己株式の取得

(ⅲ) 事業承継との関係　事業承継との関係では，現経営者が生前に後継者に対して普通株式を承継させた場合に，承継後も一定期間は自らが会社経営を監督するために，拒否権付株式を保有するといった利用が考えられる。

　ただし，拒否権付株式は，特定の事項を承認しないという形での消極的な関与を可能とするものにすぎず，自らが特定の事項を積極的に決定できる権限は有しないため，実際に拒否権付株式の保有者と後継者との間で意見の対立が生じたときには，会社経営の停滞が生じる可能性がある（デッドロックの状態）。そのため，種類株主総会で否決された場合には改めて株主総会等に付し，ある一定割合以上の承認が得られれば，再度の種類株主総会の決議を要しないこととするとか，デッドロックが生じた場合には，会社が当該拒否権付種類株式を取得するといった取得条項を付すことも考えられる。

　また，拒否権付種類株式は，その権限の強大さゆえ，意図せずに他の者に移転しまうと不都合な場合がある。拒否権付種類株式に譲渡制限を付すことは当然であるが，さらに，相続による分散が生じないように，当該拒否権付種類株式の所有者である現経営者の死亡を取得事由とする取得条項を付しておくことも考えられる。

(c) 取締役・監査役の選任に関する種類株式

(ⅰ) 概要　取締役・監査役の選任に関する種類株式とは，当該種類の株式の種類株主を構成員とする種類株主総会において取締役または監査役（以下「取締役等」という）を選任することを定めた種類株式をいう（会社108条1項9号）。取締役と監査役のみを対象としており，代表取締役，会計監査人，会計参与は

対象としてない。なお、かかる選任権付種類株式は、公開会社および指名委員会等設置会社は発行することができない（会社108条1項但書）。

選任権付種類株式が発行されている場合、取締役等の全員が、株主総会ではなく、各種類株主総会により選任されることになる（会社347条により読み替えて適用する329条1項）。種類株主総会において選任された取締役等の解任についても、株主総会の決議による旨の定款の定めがある場合または議決権を行使できる種類株主が存しなくなった場合を除き、その種類株主総会によって行われることになる（会社339条1項・347条）。

(ⅱ) 定款規定例　選任権付種類株式を発行する場合、定款には、以下の事項を定めることになる（会社108条2項9号、会社則19条）。③④については、定款においては要綱のみを定め、発行時に細目を決定することが認められている（会社108条3項、会社則20条1項9号）。

> ①　当該種類株主を構成員とする種類株主総会において取締役または監査役を選任することおよび選任する取締役または監査役の数
> ②　①の定めにより選任することができる取締役または監査役の全部または一部を他の種類株主と共同して選任することとするときは、当該他の種類株主の有する株式の種類および共同して選任する取締役または監査役の数
> ③　①または②に掲げる事項を変更する条件があるときは、その条件およびその条件が成就した場合における変更後の①または②に掲げる事項
> ④　当該種類の株式の種類株主を構成員とする種類株主総会において社外取締役または社外監査役を選任しなければならないこととするときは、その旨およびこれらに関する①から③に掲げる事項

定款規定例は、以下のとおりである。

> （取締役の選任に関する種類株式）
> 第〇条　普通株主を構成員とする種類株主総会において、取締役〇名を選任することができる。
> 　2　A種株主を構成員とする種類株主総会において、取締役〇名を選任することができる。
> 　3　B種株主を構成員とする種類株主総会においては、取締役を選任す

> ることはできない。

(ⅲ) 事業承継との関係　事業承継との関係で選解任権付種類株式を利用する場面は多くはないと思われるが，たとえば，拒否権付種類株式と同様の趣旨で，現経営者が自ら会社経営を監督するために，選解任権付種類株式を保有しておくという利用方法は考えられる。

(d) 剰余金の配当および残余財産の分配に関する種類株式

(ⅰ) 概要　会社法上，剰余金の配当または残余財産の分配（以下「剰余金の配当等」という）について内容の異なる株式を発行することが可能である（会社108条1項1号・2号）。

従来，多く発行されてきたものは，配当優先株式，すなわち他の株式に先んじて剰余金の配当等を受ける権利を有する株式である。他の株式に遅れてしか剰余金の配当等を受けられない株式は劣後株式と呼ばれる。

配当優先株式には，一般に，①優先配当金をあらかじめ一定額に定めておく固定型と，配当金支払時の金利水準にスライドして優先配当金の金額が定まる変動型，②ある事業年度に定款所定の優先配当金全額の支払が行われなかった場合に，不足分について翌期以降の配当額から補塡支払がなされる累積型と，未払優先配当金は切り捨てられる非累積型，③優先株主が定款所定の優先配当金の支払を受けた後，さらに残余の分配可能額からの配当も追加して受け取れる参加型と，追加して受け取れない非参加型の区別がある（日本では非参加型が利用されることが多い）。参加型には，さらに，ⅰ最初に優先株主に優先配当金が支払われ，次に普通株主に優先配当金と同額の配当金が支払われる単純参加方式と，ⅱ最初に優先株主に優先配当金が支払われ，次に優先株主と普通株主のそれぞれに同額の配当金が支払われる即時参加方式などがある。

(ⅱ) 定款規定例　剰余金の配当等に関する種類株式を発行する場合，定款には，以下の事項を定めることになる（会社108条2項1号・2号）。配当財産の種類および残余財産の種類以外の事項については，定款においては要綱のみを定め，発行時に細目を決定することが認められている（会社108条3項，会社則20条1項1号・2号）。

【剰余金の配当に関する種類株式】
　①　当該種類の株主に交付する配当財産の価額の決定の方法
　②　剰余金の配当をする条件
　③　その他剰余金の配当に関する取扱いの内容
【残余財産の分配に関する種類株式】
　①　残余財産の価額の決定の方法
　②　当該残余財産の種類
　③　その他残余財産の分配に関する取扱いの内容

配当優先株式の定款規定例は，以下のとおりである。

（優先配当金）
第○条　当会社は，定款第○条に定める期末配当をするときは，Ａ種優先株式を有する株主（以下「Ａ種優先株主」という。）またはＡ種優先株式の登録株式質権者（以下「Ａ種優先登録株式質権者」という。）に対し，普通株式を有する株主（以下「普通株主」という。）または普通株式の登録株式質権者（以下「普通登録株式質権者」という。）に先立ち，Ａ種優先株式1株当たり金○円の配当金（以下「Ａ種優先配当金」という。）を支払う。ただし，該当期末配当にかかる基準日の属する事業年度中の日を基準日としてＡ種優先株主またはＡ種優先登録株式質権者に対して第4項に従い配当金を支払ったときは，該当配当金の額を控除した額とする。
2　（累積型の場合）ある事業年度においてＡ種優先株主またはＡ種優先登録株式質権者に対して行う剰余金の配当の額が，Ａ種優先株式1株につきＡ種優先配当の額に達しないときは，そのＡ種優先株式1株当たりの不足額（以下「Ａ種累積未払配当金」という。）は翌事業年度以降に累積する。Ａ種累積未払配当金については，Ａ種優先配当ならびに普通株主または普通登録株式質権者に対する剰余金の配当に先立ち，Ａ種優先株式1株につきＡ種累積未払配当金の額に達するまで，Ａ種優先株主またはＡ種優先登録株式質権者に対して剰余金の配当をする。
3　（非累積型の場合）ある事業年度においてＡ種優先株主またはＡ種優先登録株式質権者に対して行う剰余金の配当の額がＡ種優先配当金の額に達しないときは，その不足額は翌事業年度以降に累積しない。
4　（非参加型の場合）Ａ種優先株主またはＡ種優先登録株式質権者に対しては，Ａ種優先配当金を超えて剰余金の配当は行わない。

> 5　当会社は，定款第○条に定める中間配当をするときは，A種優先株主またはA種優先登録株式質権者に対し，普通株主または普通登録株式質権者に先立ち，A種優先株式1株当たり，A種優先配当金の2分の1の額の配当金を支払う。
>
> （残余財産の分配）
> 第○条　当会社は，残余財産の分配をするときは，A種優先株主またはA種優先登録株式質権者に対し，普通株主または普通登録株式質権者に先立ち，A種優先株式1株につき金○円を支払う。A種優先株主またはA種優先登録株式質権者に対しては，前記のほか，残余財産の分配を行わない。

(ⅲ)　事業承継との関係　事業承継との関係では，後継者に普通株式を，非後継者に無議決権株式を承継させる場合に，非後継者に承継させる無議決権株式を配当優先株式としておくことが考えられる。すなわち，経営の安定化の観点から非後継者に無議決権株式を承継させて議決権行使を排除したい場合に，剰余金の配当等に関する優先権を付与して経済的利益を与えることにより，非後継者の理解が得られやすくなる可能性がある。

(e)　譲渡制限株式

株式の分散を防止することは中小企業の事業運営にとって不可欠であり，多くの中小企業においては，株式の全部について譲渡制限の定めを規定している（非公開会社となっている）ものと思われる。

株式の全部についての譲渡制限の定めについては，前記Ⅱ2(1)(c)にて解説した。

なお，会社法制定前は，株式の種類ごとに譲渡制限を設けることができるか明らかではなかったが，会社法においてはこれができることが明らかになった。

(f)　取得請求権付株式

(ⅰ)　概要　取得請求権付株式とは，株主が株式会社に対してその株式の取得を請求することができる株式である（会社108条1項5号）。

取得の対価として，当該会社の別の種類の株式，社債，新株予約権，新株予約権付社債のほか，その他の財産，たとえば金銭を交付することができる。

取得の対価が株式以外の財産の場合，当該財産の帳簿価額が請求日における分配可能額（剰余金の配当等の限度額。会社446条）以下であるときに限り，請求権

の行使が認められる（会社166条1項但書）。分配可能額を超えて取得した場合は、当該取得は分配可能額を超える部分のみならず、すべての取得が無効であり、会社が取得した株式および株主が取得した対価は不当利得となり、互いに返還義務を負うことになる（民703条・704条）。また、取得した時点においては分配可能額の範囲内であっても、当該取得を行った事業年度末の計算書類の承認時に欠損が生じれば、当該取得にかかる職務を行った業務執行者は、欠損額と株主に交付した財産の帳簿価額とのいずれか小さい額を会社に対して支払う法定の特別責任を負う（会社465条1項4号）。

(ⅱ) 定款規定例　取得請求権付株式を発行する場合、定款には、以下の事項を定めることになる（会社108条2項5号・107条2項2号）。①に掲げる事項および引換えに交付する財産の種類以外の事項については、定款においては要綱のみを定め、発行時に細目を決定することが認められている（会社108条3項、会社則20条1項5号）。

> ①　株主が当該株式会社に対して当該株主の有する株式を取得することを請求することができる旨
> ②　交付する財産の種類が社債であるときは、当該社債の種類および種類ごとの各社債の金額の合計額またはその算定方法
> ③　交付する財産の種類が新株予約権であるときは、当該新株予約権の内容および数またはその算定方法
> ④　交付する財産の種類が新株予約権付社債であるときは、当該新株予約権付社債についての②に規定する事項および当該新株予約権付社債に付された新株予約権についての③に規定する事項
> ⑤　交付する財産の種類が株式等以外の財産であるときは、当該財産の内容および数もしくは額またはこれらの算定方法
> ⑥　交付する財産の種類が当該株式会社の他の株式であるときは、当該他の株式の種類および種類ごとの数またはその算定方法
> ⑦　株主が当該株式会社に対して当該株式を取得することを請求することができる期間

金銭を対価とする取得請求権付株式とする場合の定款規定例は以下のとおりである。

Ⅲ 安定・多数株主確保のための手法(事業承継の事前対策)

> (金銭を対価とする取得請求権)
> 第○条 A種優先株主は,平成○年○月○日以降いつでも,当会社に対して金銭の交付と引換えに,その有するA種優先株式の全部または一部を取得することを請求することができるものとし,当会社は,請求権者より請求を受けた日(以下「請求日」という。)における最終の貸借対照表の純資産額を,請求日における当会社の発行済株式の総数で除して得た額の金銭を当該A種優先株主に対して交付するものとする。

(ⅲ) 株主による取得請求権行使の手続 株主は,請求権の行使の際,取得を請求する株式の種類および種類ごとの数を明らかにする必要があり(会社166条2項),また,株券発行会社であり,かつ,実際に株券が発行されている場合は,株券を提出しなければならない(会社166条3項)。会社に対する取得請求書の例は,以下のとおりである。

【取得請求書】

> 平成○年○月○日
>
> 東京都千代田区○丁目○番○号
> ○○○株式会社 御中
>
> 　　　　　　　　　　　東京都新宿区○丁目○番○号
> 　　　　　　　　　　　　　請求者 甲野 太郎
>
> 　　　　　取得請求権付株式の取得請求書
>
> 　下記の取得請求権付株式を取得することおよびこれと引き換えに金銭を交付することを請求いたします。
>
> 　　　　　　　　　　　記
>
> 　取得を請求する取得請求権付株式の種類および数 A種株式 ○株
>
> 　　　　　　　　　　　　　　　　　　　　　　　　　　　以上

取得請求がなされた場合，対象会社は当該請求の日に請求にかかる取得請求権付株式を取得する（会社167条1項）。

他方，取得請求をした者は，株式，社債，新株予約権または新株予約権付社債を対価として交付する場合は，請求の日にそれぞれ，株主，社債権者，新株予約権者となる（会社167条2項）。株式等以外の財産を対価として交付する場合は，請求の日に会社に対して当該財産を交付する権利（債権）を有することになる。なお，この場合の当該財産を交付する権利（債権）は，商行為により生じたものではないから，消滅時効期間は10年（民167条1項），遅延損害金の法定利率は年5％である（民419条・404条）。

(iv) 事業承継との関係　事業承継との関係では，非後継者に取得請求権付株式を承継させることが考えられる。たとえば，非後継者に配当優先無議決権株式を承継させる場合に，同株式に金銭対価の取得請求権を付与することで，非後継者に株式を会社に譲渡する（金銭換価による退出）の機会を付与することができ，非後継者の理解が得られやすくなる可能性がある。なお，取得対価として交付される財産が金銭である場合には，みなし配当が生じる可能性があり（所税25条1項4号・57条の4第3項1号），株主にとっては通常の株式譲渡の場合よりも税負担が重くなる可能性があることに留意する必要がある。

取得請求権の行使が一時期に集中することを回避するため，請求できる期間を限定したり，請求可能額の限度額を請求権の行使条件として定めたりする等の工夫も考えられる。

(g) 取得条項付株式

(i) 概要　取得条項付株式とは，株式会社が一定の事由が生じたことを条件として強制的に取得することができる株式をいう（会社108条1項6号）。

取得請求権付株式と同様に，取得の対価として，当該会社の他の株式，社債，新株予約権，新株予約権付社債のほか，その他の財産も交付できる。会社の判断により取得対価を選択的に交付することはできないが，取得事由を複数定め，取得事由ごとに異なる対価を交付する旨を定めることは可能と解されている。なお，株主側の判断により取得対価を選択できる旨の定めも有効と解されている。

他の株式を対価とする場合，分配可能額による制限を受けないが，取得条項付株式の株主が取得することとなる種類の株式の発行可能種類株式総数を留保

しなければならない（発行可能株式総数を留保する必要はない。会社114条2項2号）。他方，株式以外の財産を対価とする場合に分配可能額による制限や業務執行者に法定の特別責任が生じる点は，取得請求権付株式と同様である。

　株式を取得する「一定の事由」としては，一定の暦日を定める期限型や株式の上場といった停止条件型の定めのほか，発行後に会社が任意に取得日を定める旨の規定を設けることもできる（会社107条2項3号ロ）。

　取得対価に関する「算定方法」は，算式に一定の数値をあてはめること等により，一義的に対価となる株式の数を算定することができるものでなければならず，たとえば「取締役会の定める数」のような裁量の余地のあるものは許されないと解されている。

　(ii)　定款規定例　　取得条項付株式を発行する場合，定款には，以下の事項を定めることになる（会社108条2項6号・107条2項3号）。一定の事由が生じた日に当該株式会社がその株式を取得する旨，②に掲げる事項，③に掲げる事項（当該種類の株式の株主の有する当該種類の株式の数に応じて定めるものを除く）および引換えに交付する財産の種類以外の事項については，定款においては要綱のみを定め，発行時に細目を決定することが認められている（会社108条3項，会社則20条1項6号）。

---

①　一定の事由が生じた日に当該株式会社がその株式を取得する旨およびその事由
②　当該株式会社が別に定める日が到来することをもって①の事由とするときは，その旨
③　①の事由が生じた日に①の株式の一部を取得することとするときは，その旨および取得する株式の一部の決定の方法
④　交付する財産の種類が社債であるときは，当該社債の種類および種類ごとの各社債の金額の合計額またはその算定方法
⑤　交付する財産の種類が新株予約権であるときは，当該新株予約権の内容および数またはその算定方法
⑥　交付する財産の種類が新株予約権付社債であるときは，当該新株予約権付社債についての④に規定する事項および当該新株予約権付社債に付された新株予約権についての⑤に規定する事項
⑦　交付する財産の種類が株式等以外の財産であるときは，当該財産の内容および数もしくは額またはこれらの算定方法

> ⑧ 交付する財産の種類が当該株式会社の他の株式であるときは、当該他の株式の種類および種類ごとの数またはその算定方法

金銭を対価とする取得条項付株式の定款規定例は、以下のとおりである。

> （金銭を対価とする取得条項）
> 第〇条　当会社は、平成〇年〇月〇日以降いつでも、取締役会が別に定める日の到来をもって、Ａ種優先株式の全部または一部を取得することができるものとし、当会社は、Ａ種優先株式を取得するのと引換えに、当該Ａ種優先株主に対して次項に定める額（以下「償還価額」という）の金銭を交付する。なおＡ種優先株式の一部を取得するときは、按分比例または抽選の方法による。
> 2　「償還価額」は、Ａ種優先株式1株につき、（ⅰ）Ａ種優先株式1株当たりの払込金額、（ⅱ）Ａ種優先株式累積未払い配当金および（ⅲ）〇〇の合計額とする。

(ⅲ)　取得条項付株式の取得の手続　　停止条件型の定めや期限型の定めなど、客観的に定まる取得事由が生じたことにより取得条項付株式の全部を取得する場合、会社は、取得事由が生じた日（取得日）に取得条項付株式を取得する（会社170条1項）。会社は、取得事由が生じた後、遅滞なく、取得条項付株式の株主および登録株式質権者に対し、取得事由が生じた旨を通知・公告しなければならない（会社170条3項・4項）。

取得条項付株式の発行後に会社が任意に取得日を定めることにより取得条項付株式の全部を取得する場合、取締役会の決議（取締役会設置会社でない場合は株主総会の普通決議。ただし定款で別段の定めをすることは可能）により取得日を定める（会社178条1項）。取得日を定めた場合、取得条項付株式の株主および登録株式質権者に対し、取得日の2週間前までに、取得日を通知・公告しなければならない（会社168条2項・3項）。会社は、決定した取得日に取得条項付株式を取得する（会社170条1項）。なお、この場合、取得後の通知・公告は不要である（会社170条3項、168条2項・3項）。

株式、社債、新株予約権または新株予約権付社債を、取得条項付株式の対価として交付する場合は、会社法上、取得日（原則として取得事由が生じた日。一部取

Ⅲ　安定・多数株主確保のための手法（事業承継の事前対策）

得の場合は取得事由が生じた日と取得する旨の通知・公告の日から2週間を経過した日のいずれか遅い日）に，それぞれ株主，社債権者，新株予約権者となる（会社170条2項）。他方，取得条項付株式の対価として，株式等以外の財産を交付する場合，株主は請求の日に会社に対して財産を交付する権利（債権）を取得することとなる。

　なお，株券発行会社の場合（当該取得条項付株式の全部について株券を発行していない場合を除く）は，株券を提出しなければならない旨を取得条項付株式の取得の効力発生日の1か月前までに公告し，かつ，取得をする取得条項付株式の株主および登録株式質権者に対して各別に通知しなければならない（会社219条1項4号）。

　(ⅳ)　事業承継との関係　　取得条項付株式は，事業承継との関係で様々な場面で利用することができる。

　拒否権付種類株式等，強力な種類株式を発行している場合に，当該株式が分散するのを防止するために利用することが考えられる。たとえば，後継者による会社経営を監督するために，現経営者が拒否権付種類株式を保有した場合に，現経営者が死亡して相続等により拒否権付種類株式が分散しないように，現経営者の死亡等を取得事由とする取得条項を付すことが考えられる。

　また，無議決権株式等，権利が制限されている株式を発行している場合に，当該株式を普通株式にするために利用することも考えられる。たとえば，現経営者において，後継者の候補者が複数存在するものの，誰を後継者とするかは確定できていない中で，相続税対策として予め株式を譲渡しておくことを考えたとする。この場合，後継者候補者に対して，取得条項（発行後に会社が任意に取得日を定めることとし，取得の対価を普通株式とする）を付した無議決権株式を譲渡しておくことが考えられる。株式譲渡の後，後継者が確定して事業承継を行う段階で，後継者が保有する取得条項付無議決権株式を普通株式に転換し，非後継者が保有する取得条項付無議決権株式は転換しないこととすれば，後継者に支配権を移転させることができる。

　また，相続の場面において，相続人である非後継者が株式ではなく現金の承継を希望したものの，相続財産には株式以外に資産はなく，会社にもすぐに株式を買い取るほどの資金余力がない場合があり得る。この場合，非後継者が相続した株式の内容を，金銭を対価とする取得条項付株式に変更し，将来，資金

に余力が生じた時点において、会社が取得条項によって金銭を対価として取得することが考えられる。

(h) 全部取得条項付種類株式

全部取得条項付種類株式とは、株主総会の特別決議によりその種類の株式の全部を取得することができる種類株式をいう（会社108条1項7号）。

全部取得条項付種類株式は、現在の実務では、私的整理においていわゆる100％減資を行うための手段のほか、M&Aの文脈において公開買付け等を行った後に少数株主を排除する（キャッシュ・アウト）ために用いられることが多い。

中小企業における事業承継との関係においても、株式を承継した非後継者等を排除するために用いることが考えられる。詳しくは、V「キャッシュ・アウト」にて解説する。

(i) 属人的定め

(i) 概要　非公開会社においては、①剰余金の配当を受ける権利、②残余財産の分配を受ける権利、または③株主総会における議決権に関する事項について、株主ごとに異なる取扱いを行う旨を定款で定めることが可能である（会社109条2項）。かかる定款の定めを、属人的定めという。

①剰余金の配当または②残余財産の分配を受ける権利については、たとえば、持株数に関わらず全株主同額とする、あるいは特定の株主を持株数以上の割合で優遇する等が考えられる。③株主総会における議決権については、持株数に関わらず全株主の議決権を同じにする、特定の株主の所有株式について1株複数議決権を認める、あるいは一切の議決権を有しないこととする等が考えられる。なお、具体的な強行法規もしくは株式会社の本質、公序に反せず、株主の基本的な権利を奪うものでない限り、上記①から③以外の事項についても定款に属人的な定めをおくことが可能という見解もある[29]。

属人的定めは、種類株式と異なり、株式の内容ではないため、その内容について登記がなされず（会社109条3項による第7編の不準用）、相続によってその効果が承継され、分散することもない。

---

29) 江頭・前掲注1) 133頁、134頁。

III 安定・多数株主確保のための手法（事業承継の事前対策）

【種類株式と属人的定めの比較】

	種類株式	属人的定め
利用するための手続	・定款変更が必要 ・登記が必要	・定款変更が必要 ・登記は不要
対象会社に対抗できるか	対象会社にも対抗できる	対象会社にも対抗できる
株式の承継人が影響を受けるか	承継人は影響を受ける	承継人は影響を受けない

　属人的定めを設ける場合，会社法309条4項の特殊決議（総株主数の半数以上の株主と，総株主の議決権の4分の3以上の賛成を要する）が必要になるほか，属人的定めにかかる株主は種類株主とみなされ，（会社109条3項），種類株主総会の制度が適用される。属人的な権利内容として同じ取扱いが定められた株主が複数存する場合は，当該複数の株主が種類株主総会を構成し，1人ずつ異なる取扱いが定められた株主は，1人で種類株主総会を構成することになる。なお，議決権に関する属人的定めは，種類株主総会には適用されない。

　(ⅱ)　定款規定例　　属人的定めについて，特定の株主の所有株式につき，1株複数議決権を認める場合の規定例は，次のとおりである。

> （議決権）
> 第○条　株主○○氏は，その有する株式1株当たり1000議決権を有する。
> 2　株主○○氏以外の株主は，その有する株式1株当たり1議決権を有する。

　(ⅲ)　事業承継との関係　　種類株式の発行の有無・内容が登記を通じて公になることが支障となる場合には，属人的定めの利用を検討することが考えられる。

　また，拒否権付種類株式等の効果の強力な株式は，有用である反面，相続により好ましくない者がこれを承継したり，分散する可能性があることに難点がある。取得条項を付与するという対応も考えられるが，取得対価を要するため，端的に属人的定めを利用することも考えられる。

(5)　種類株主総会

　種類株主総会とは，種類株式発行会社におけるある種類の株式の株主（種類

第3章　会　社　法

【種類株主総会の招集通知例】（株主総会の招集通知と兼ねている場合）

平成○年○月○日

株　主　各　位

東京都○○区○○1丁目2番3号
○○株式会社
代表取締役社長　　○○

臨時株主総会及び
普通株主様による種類株主総会招集ご通知

拝啓　時下ますますご清栄のこととお喜び申し上げます。
　さて，当社臨時株主総会及び普通株主様による種類株主総会を下記のとおり開催いたしますので，ご出席くださいますようご通知申し上げます。
　今回の株主総会に上程いたします議案につきましては，会社法に基づき種類株主総会決議を要するため，普通株主様による種類株主総会をあわせて開催させていただくものです。
　なお，当日ご出席願えない場合は，書面によって議決権を行使することができますので，お手数ながら後記臨時株主総会及び普通株主様による種類株主総会参考書類をご検討のうえ，同封の議決権行使書用紙に賛否のご表示をいただき，ご返送下さいますようお願い申し上げます。

敬具

記

1. 日時　　　平成○年○月○日（○曜日）午前○時
2. 場所　　　東京都○区○○○丁目○番○号　○○会館○階会議室
　　　　　　（末尾の会場ご案内図をご参照ください）
3. 目的事項
　　決議事項
【臨時株主総会】
　　第1号議案　○○○
　　第2号議案　○○○
【普通株主様による種類株主総会】
　　第1号議案　○○○
　　第2号議案　○○○

以下省略

株主）の総会をいう（会社2条14号）。

　種類株主総会は，原則として，異なる種類株式の株主ごとに構成され，その単位ごとに開催され（取締役・監査役選任権付株式について共同開催が定められている場合は，複数の種類の株主による種類株主総会が開催されることがある），種類株式の内容

とされる事項や種類株主間の利益の調整を図るための決議を行う。

　事業承継を円滑に進めるために種類株式を導入した後に，会社が特定の行為を行う場合に，種類株主総会の決議を要する場合があり得るので，その決議事項や議事手続等について留意する必要がある。

(a)　種類株主総会の手続

　種類株主総会の手続については，原則として株主総会の規定が準用される（会社325条）。なお，種類株式を発行する場合，定款における株主総会に関する規定を種類株主総会に準用する旨を定款に定めることが通常である。

　株主総会と同様に，取締役会設置会社においては，取締役会の決議により種類株主総会招集の意思決定がなされ，代表取締役等が招集手続を行う。また，株主総会と同様に，少数株主による招集もあり得る。すなわち，総株主の議決権の100分の3以上の議決権を6か月前から引き続き有する種類株主（非公開会社においては継続保有要件は課されない）は，取締役に対し，種類株主総会の目的である事項（その種類株主が議決権を行使できる事項に限る）および招集の理由を示して，種類株主総会の招集を請求することができる（会社325条・297条1項）。なお，株主総会の招集通知と種類株主総会の招集通知を同一の書面とすることも許容される。

　種類株主総会においても，株主総会と同様に，定足数・決議要件について普通決議，特別決議，特殊決議の3種類の決議がある。種類株主総会における決議事項を決議要件で分類すれば，次頁の表【種類株主総会の決議事項】のとおりとなる。

　株主総会と種類株主総会は異なる会議体であり，同一の決議に株主総会決議と種類株主総会決議が含まれていると解することはできないと解されているが，開会・説明・審議・閉会といった手続について完全に分離する必要があるのか（分離方式），同時並行して開催してよいか（並行方式）は別途問題となる。

　この点，株主総会を構成する議決権を有する株主と，種類株主総会を構成する普通株主が完全に同一である場合（普通株主のみが議決権を有する場合または普通株主以外の種類の議決権がある株式を有する株主が普通株式も有する場合）には，実務上，並行方式を用いることもある。

　他方，株主総会を構成する議決権を有する株主と種類株主総会を構成する普通株主が同一でない場合には，普通株主を構成員とする種類株主総会において

第3章　会　社　法

【種類株主総会の決議事項】

決議要件	決議事項
普通決議	・定款で定めた決議事項（会社321条） ・拒否権付種類株式に係る決議対象事項の決議（会社323条） ・種類株主総会による取締役・監査役の選任（会社347条・329条1項） ・種類株主総会による取締役・監査役の解任（会社347条1項・339条1項） ・種類株主総会で選任した取締役の任期短縮（会社347条1項・332条1項）
特別決議	・ある種類株式の内容として全部取得条項を付す定款変更（会社111条2項） ・譲渡制限株式の募集事項の決定，委任（会社199条4項・200条4項） ・譲渡制限株式を目的とする募集新株予約権の募集事項の決定，委任（会社238条4項・239条4項） ・種類株主に損害を及ぼすおそれがある行為の承認（会社322条1項） ・種類株主総会による監査役の解任（会社347条2項・339条1項） ・譲渡制限株式を割り当てる組織再編行為の承認（会社795条4項）
特殊決議	・ある種類株式の内容として譲渡制限を付す定款変更（会社111条2項） ・譲渡制限のない種類株式に譲渡制限株式等（譲渡制限株式のほか，譲渡制限株式を取得の対価とする取得条項付株式および取得条項付新株予約権（会社則186条））が割り当てられる場合の組織再編行為の承認（会社783条3項・804条3項1号）

議決権を有しない他の種類株主が当該種類株主総会に出席することにより，普通株主の質問・発言等が不当に影響されるおそれがあることから，分離方式によることが通常である。

　いずれにせよ，議事録については，各種類株主総会の議事録と株主総会の議事録とは，別々に作成しなければならない。なお，種類株主総会の議事録は，当該種類株主に限られず，すべての株主が閲覧または謄写の請求をすることができる（会社325条による318条4項の準用。「株主」を「株主（ある種類の株式の株主に限る。）」と読み替える規定が適用されない）。

(b)　種類株主総会の決議事項

　種類株主総会は，会社法に規定する事項（法定決議事項）および定款で定めた事項（定款決議事項）に限り，決議することができる（会社321条）。なお，法定決議事項について，種類株主総会以外の機関が決定できる旨の定款の定めは無効とされる（会社325条・295条3項）。

　会社法に規定する種類株主総会決議事項（法定決議事項）は，次頁の表のとおりである。

　会社法に規定する事項のほか，決議事項を定款で定めることもできる（会社321条）。もっとも，会社法の規定により株主総会の決議を必要とする事項について種類株主総会が決定すると定めることはできない（会社295条3項）。

Ⅲ　安定・多数株主確保のための手法（事業承継の事前対策）

決議事項	決議要件	会社法条文
①ある種類の種類株主に損害を及ぼすおそれがある場合	特別決議	322条1項
②拒否権付種類株式を設けた場合における拒否権の対象	普通決議	108条1項8号・323条
③選任権付種類株式を設けた場合における当該取締役・監査役の選解任	普通決議（監査役の解任のみ特別決議）	108条1項9号・347条により読み替えて適用する329条1項・339条1項
④種類株式に譲渡制限を付す場合における定款変更	特殊決議	111条2項
⑤種類株式に全部取得条項を付す場合における定款変更	特別決議	111条2項
⑥譲渡制限株式の募集	特別決議	199条4項・200条4項
⑦譲渡制限株式を目的とする新株予約権の募集	特別決議	238条4項・239条4項
⑧種類株式発行会社である消滅会社等において譲渡制限株式等の割当てを受ける種類の株式（譲渡制限株式を除く）がある場合における合併契約等の承認	特殊決議	783条3項・804条3項
⑨種類株式発行会社である存続会社等において交付する株式が譲渡制限株式である場合における合併契約等の承認	特別決議	795条4項

(c)　種類株主に損害を及ぼすおそれがある場合における種類株主総会

　①種類株式発行会社が，②会社法322条1項各号に掲げる行為をする場合において，③ある種類の株式の種類株主に損害を及ぼすおそれがあるときは，当該行為は，当該種類の株式の種類株主を構成員とする種類株主総会の決議がなければその効力を生じない（会社322条1項）。

　(ⅰ)　適用される行為　　会社法322条1項各号に掲げる行為は以下のとおりである。なお，平成26年の会社法改正により株式等売渡請求制度が新設されたが（後記 Ⅴ 6），同請求にかかる手続である対象会社の承認が追加された。

　会社法322条1項により種類株主総会が必要な場合は，必ずしも株主総会が必要な場合に限られず，株式の分割（会社183条），株式無償割当て（会社186条），株主割当て（会社202条・241条）や新株予約権無償割当て（会社278条）など，取締役会の決議のみで行えるものであっても，種類株主総会の決議が必要になる。また，簡易組織再編（会社796条3項・805条）や略式組織再編（会社784条・796条）に該当し，株主総会の承認を要しない場合も，会社法322条1項が適用され，種類株主総会の承認が必要な場合がある。

　もっとも，種類株式発行会社は，定款の変更（単元株式数についてのものを除く）以外の事項について，会社法322条1項の種類株主総会の決議を要しない旨（種類株主総会の排除）を定款に定めることができる（会社322条2項・3項）。ただ

```
┌─────────────────────────────────────────────────────────┐
│  ①定款変更                          ┐                    │
│   ・株式の種類の追加                 │                    │
│   ・株式の内容の変更                 ├ 定款変更           │
│   ・発行可能株式総数または           │                    │
│     発行可能種類株式総数の増加       ┘                    │
│  ②株式等売渡請求にかかる対象会社の承認 ├ 株式等売渡請求  │
│  ③株式の併合または株式の分割         ┐                   │
│  ④株式無償割当て                     │                   │
│  ⑤株主割当てによる株式引受人の募集   ├ 株式数の増減に関する行為 │
│  ⑥株主割当てによる新株予約権引受人の募集│                │
│  ⑦新株予約権の無償割当て             ┘                   │
│  ⑧合　併                             ┐                   │
│  ⑨吸収分割                           │                   │
│  ⑩吸収分割による権利義務の承継       │                   │
│  ⑪新設分割                           ├ 組織再編行為       │
│  ⑫株式交換                           │                   │
│  ⑬株式交換による株式の取得           │                   │
│  ⑭株式移転                           ┘                   │
└─────────────────────────────────────────────────────────┘
```

し，ある種類株式の発行後に，種類株主総会の排除の規定を設ける場合は，当該種類の種類株主全員の同意を得なければならない（会社322条4項）。実務上は，種類株式の発行前に，種類株主総会の排除の規定を設けるのが通常である。なお，種類株主総会の排除の規定を設けた場合であっても，株式買取請求を受ける可能性がある点には留意する必要がある。

定款に種類株主総会の排除の規定を設ける場合の定款規定例は，以下のとおりである。

（会社法322条1項の規定による種類株主総会の決議を要しない旨の定め）
　第○条　当会社が会社法322条1項2号から13号までに掲げる行為をする場合には，甲種優先株主を構成員とする種類株主総会の決議を要しない。

(ii)　「損害を及ぼすおそれ」　「損害を及ぼすおそれ」とは，「ある種類の株主の割合的権利が抽象的な権利としてみて変更前よりも不利益になる場合」を

いい，何らかの具体的実損害の生ずることまで必要ではないと解されている。

たとえば，配当の定めを変更する場合に，ある種類の株主に現実に配当される金額が減少されることまでは必要ではなく，配当され得る金額が減少するのであれば，種類株主総会が必要になる。

(ⅲ) 種類株主総会の瑕疵　　会社法322条1項により種類株主総会を要するにもかかわらずその決議を行わない場合，会社法322条1項各号に掲げる行為の効力は生じない（会社322条1項柱書）。株式の分割については，株式の発行または自己株式の処分に関する無効の訴えの規定（会社828条1項2号・3号）が類推適用されるとする見解が有力である。株式無償割当て，新株予約権無償割当て，株式割当てによる株式・新株予約権の募集および合併等の組織再編についてはすべて無効の訴えによらなければならない（会社828条1項2号〜4号・7号〜12号）。

種類株主総会についても，株主総会と同様に，決議不存在または無効の訴えおよび決議取消しの訴えが適用される。決議取消しの訴えの提訴権者には「株主」が掲げられており（会社831条1項・828条2項1号），当該種類の株主以外の株主も訴えを提起することができる。

(ⅳ) 株式買取請求　　定款により種類株主総会の排除を定めた場合にも，組織再編以外の行為を行う場合において，ある種類の株式を有する種類株主に損害を及ぼすおそれがあるときは，当該種類株式を公正な価格で買い取ることを請求することができる（会社116条1項3号）。組織再編の場合は，損害を及ぼすおそれの有無に関係なく株式買取請求権が認められる（会社785条・797条・806条。簡易会社分割の場合等を除く）。

4　従業員持株会制度の利用

従業員持株会とは，一般に，会社の従業員（当該会社の子会社等の従業員を含む）が，当該会社の株式の取得を目的として運営する組織をいい，持株制度とは，当該組織等において，金銭を拠出し会社の株式を取得する仕組みをいうとされている[30]。

従業員持株会制度では，①従業員持株会の会員が退会する場合は，退会する

---

30)　日本証券業協会「持株制度に関するガイドライン」（2008）第1章第3項参照。

会員の株式の共有持分を会社または従業員持株会その他の者が当該退会者から予め一定額に決定された金額で買い受ける旨，②持株会として会員が取得した会社の株式を持株会の理事長などに信託する旨が定められることも多く，中小企業の非公開会社においては，安定・多数株主確保のために当該制度を利用することが考えられる。

(1) 従業員持株会のメリット・デメリット

従業員持株会のメリットとしては，①安定株主層の形成，②従業員の資産形成による福利厚生，③従業員の経営参画意識の向上，④オーナーの相続税対策，⑤事業承継局面における経営者の資本回収などがある。特に，⑤は，近年注目されている効果である。会社経営者に相続が発生する際には，相続税その他で多額の現金を必要とする場合があるところ，経営者が持つ株式を従業員持株会に売却することによって，安定株主を確保しつつ，現金を調達することが可能になる。

他方，従業員持株会のデメリットとしては，①労使関係がうまく行かなくなった場合に，安定株主といえなくなるおそれがある，②従業員持株会に配慮した資本政策を行う必要があり，新たな株式の発行等がしづらくなる，③従業員にとっては剰余金の配当を受けることによって利益を得ることが重要となるので，剰余金の配当を行う必要がある，④手続を適正に行わなければ，株式の帰属に関する争いが生じるおそれがあることなどがある。

(2) 従業員持株会の組織形態等

従業員持株会の組織形態は，主として①民法上の組合，②任意団体，③権利能力なき社団の3つがあるが，最も一般的なものは①民法上の組合である。

民法上の組合として設立した場合，組合員が組合に対して出資した金銭をもって，組合が株式を購入するが，組合に法人としての権利能力はないことから，従業員の全員が株式を共有することになる。従業員は，従業員持株会に対する拠出金（出資金）に応じて，株主の共有持分を取得し，これに応じて配当金等を取得する。株主は持株会員としての従業員個人であるが，会社の株主名簿上の記載は「従業員持株会」またはその代表者（理事長）の個人名義で一括して記載すれば足りる。

(3) 会員の脱退と株式強制売却

　従業員持株会の会員が退会する場合は，退会する会員の株式の共有持分を予め定められた契約に従って，会社または従業員持株会その他の者が当該退会者から予め一定額に決定された金額で買い受ける旨が規約に定められることが多い。かかる売渡強制条項については，株主たる従業員の投下資本回収の機会を不当に制限する可能性があるものとして，その効力が争われてきた。

　学説では，従業員持株会制度が従業員福祉のための制度である以上，株式保有期間の留保利益を全く反映しない売却価格の定めの有効性には疑問がないではないと指摘されている[31]。

　最高裁は，従業員約40名の閉鎖会社における従業員持株会制度の下で，「従業員が退職時に，同制度に基づいて取得した株式を額面金額[32]（注：取得価額と同額）で取締役会の指定する者に譲渡する」旨の合意の効力が争われた事案において，従業員が持株制度の趣旨を理解した上で自発的に参加したことを重視し，当該合意は，旧商法204条1項（注：会社法127条に相当）に違反せず，公序良俗違反でもないとする原審判断を是認している（最判平成7・4・25集民175号91頁）。また，最高裁は，株式会社の従業員と持株会との間における，「従業員が株式保有資格を喪失したとき等には持株会が当該株式を額面額[33]（注：取得価額と同額）で買い取る」旨の合意の効力が争われた事案において，①対象株式が譲渡制限株式であり，株主が将来の譲渡益を期待できない状況であったこと，②株主が株式譲渡のルールを承知しており，株主がかつて株式を取得した際に，その取得を事実上強制されたという事情がないこと，③会社が多額の利益を計上しながら，特段の事情もないのに一切配当を行うことなくこれをすべて会社内部に留保していたというような事情が見当たらないことなどを理由として，かかる合意が有効である旨判示している（最判平成21・2・17判時2038号144頁）。もっとも，上記判例はいずれも事例判決であり，持株会の目的や売渡強制条項の合理性，キャピタルゲインの保障の程度，配当実績等の事情次第では，売渡強制条項の効力が否定される可能性もある[34]。

---

31) 江頭・前掲注1) 244～245頁。
32) 株式は平成13年改正以後，すべての株式は無額面株式となっており，額面株式は廃止されている。
33) 前掲注32) 参照。
34) 太田洋監修『新しい持株会 設立・運営の実務』(2011) 195～196頁参照。

(4) 株式の管理および信託

　従業員持株会では，会員が取得した会社の株式を管理の目的で持株会の理事長などに信託することが広く行われている。かかる信託により，従業員の保有株式を理事長名義で一括管理するため，事務手続の合理化を図ることができる。

　持株会が保有する株式が信託によって管理される場合，その議決権は，名義上の株主である理事長が，会員に代わり行使することになる。理事長は会員に対して善管注意義務（信託29条2項本文）および忠実義務（信託30条）を負い，議決権を行使しなければならない。持株会規約の内容次第ではあるが，会員が理事長に対して特別の指示を行った場合は，理事長はこの指示に従って議決権を行使しなければならないこともあり，この場合，理事長によって議決権の不統一行使が行われることになる（会社313条1項）。

　この点，かかる信託が会社法の趣旨に反して株主の議決権行使の自由を不当に制限し，会社法310条2項の脱法行為に当たるのではないかが問題となり得るが，株式も財産権として，信託の目的とされること自体に問題はなく，一般的には，議決権のみの信託は無効であるが，議決権を含む株主権を信託する議決権信託は有効と解されている。ただし，かかる信託も，弱小株主の議決権を不当に制限する等の目的で用いられる場合には，会社法310条2項の精神に照らし無効となる場合がある（大阪高決昭和58・10・27高民集36巻3号250頁など）。

　議決権を含む株主権の信託について，具体的には，次のような条項を規定することが考えられる。

（理事長の受託）
第○条　会員は，本会株式を理事長に管理させる目的をもって信託し，理事長はこれを受託する
（議決権の行使）
第○条　第○条により理事長に信託された株式の議決権は，受託者たる理事長がこれを行使する。ただし，会員は各自の持分に相当する株式の議決権の行使について，理事長に対し各株主総会ごとに特別の指示を与えることができる。
2　理事長は，株主総会招集通知の内容を会員に周知させる。

Ⅳ 事業承継実行時の各手法について

1 はじめに

本項では，自然発生的（現経営者であるオーナーの死去に伴う株式の相続等）ではなく，主体的に事業の全部または一部を承継する場合に用いられる事業承継の手法（事業承継実行時の手法）について説明する。

なお，株式譲渡・事業譲渡等の手法は，主に，オーナーが親族外の第三者に対して事業を譲渡する場合（親族外承継）に用いられるため，本項でもこのような場面を主に念頭に置きながら各手法を説明していく。ただし，上記各手法が，オーナーの親族への事業承継や将来の相続対策として活用される場合（親族内承継）もあり得ることから，親族内承継における活用事例等についてもあわせて紹介していく。

2 各手法の基礎知識と具体的な活用方法

(1) 概要

中小企業が主体的に事業承継を実行する場面において，主に用いられる手法としては，以下のとおり，①株式譲渡，②事業譲渡，③会社分割（吸収分割，新設分割），④株式交換，⑤合併（吸収合併，新設合併），⑥株式移転の6つが挙げられる。なお，本書では，会社法第5編に規定される，会社分割（吸収分割・新設

	株式譲渡	事業譲渡	会社分割	株式交換	合併	株式移転
対価の取得者	対象会社株主（オーナー）	対象会社	対象会社	対象会社株主（オーナー）	対象会社株主（オーナー）	対象会社株主（オーナー）
対価	金銭○（限定なし）	金銭○（限定なし）	金銭○（金銭その他の財産）	金銭○（金銭その他の財産）	金銭○（金銭その他の財産）	金銭×（新設される持株会社の株式・社債・新株予約権）
承継事業の主体に変更が生ずるか	変更なし	変更	変更	変更なし	変更	変更なし
承継対象	事業の全部	事業の全部または一部	事業の全部または一部	事業の全部	事業の全部	事業の全部
債権者保護手続	なし	なし	あり	なし	あり	なし
株式買取請求手続	なし	あり	あり	あり	あり	あり

分割），株式交換，合併（吸収合併・新設合併）および株式移転の各手法を総称して「組織再編」という。

事業承継実行時の手法を選択するに当たっては，まずは売主側（オーナー）意向を踏まえて検討する必要がある。

具体的には，事業の全部を承継させたいのか，一部のみを承継（外部への切り出し）させたいのか，誰が，どのような形で，事業承継対価を取得したいのか（オーナーが直接対価を取得したいのか，対象会社にいったん取得させたいのか），手続の煩雑性（債権者保護手続や株式買取請求等の有無）等の要素を考慮しながら検討していく必要がある。

(2) 株 式 譲 渡

(a) 株式譲渡の内容

株式譲渡とは，対象会社株主（オーナー）が，他者（個人，法人を問わない）に対して，保有株式を譲渡することにより，対象会社の所有権を承継させる手法をいう。株式譲渡の手法は，最もシンプルかつ簡便であり，オーナーが金銭対価を直接取得することができることから，中小企業の事業承継の場面においては最もよく利用される。

① 当事者
　対象会社株主と買主の二者間で株式譲渡契約を締結する。
② 対　価
　対象会社株主は，株式譲渡の対価を直接取得することが可能である。
③ 対価の内容
　株式譲渡の対価の内容については，法律上特段限定されていないが，対価として金銭が支払われることが一般的である。
④ 事業主体
　株式譲渡の場合，会社の所有者（株主構成）が変化するのみであり，事業主体に変化はない。そのため，取引先との関係・雇用・商号，従業員との労働契約，事業継続に必要となる許認可等は原則として従前通り維持される。
⑤ 承継対象
　事業主体に変更はないため，対象会社の全事業がそのまま承継される（対象会社の簿外債務・偶発債務もそのまま承継される）。

Ⅳ　事業承継実行時の各手法について

【株式譲渡】

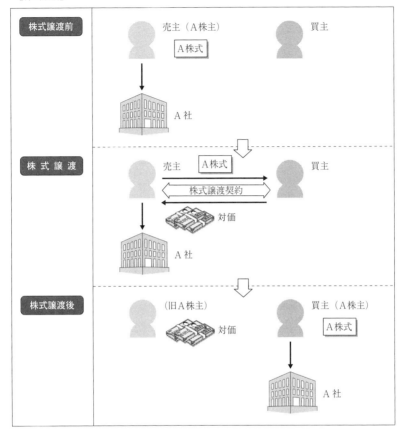

(b)　株式譲渡を利用する際の留意点

(ⅰ)　簿外債務・偶発債務の存在　　株式譲渡においては，対象会社の全事業が承継されるため，簿外債務・偶発債務が存在する場合にはそれらも併せて承継されてしまう。

　そのため，対象会社が簿外債務・偶発債務を抱えている可能性がある場合（多額の損害賠償請求訴訟を提起されている場合や未払賃金・時間外労働手当等の隠れた債務を負っている可能性がある場合等），買主側が，簿外債務・偶発債務の承継を懸念して，株式譲渡による事業承継を受け入れない可能性もある。

　その場合には，事業譲渡や会社分割のように承継対象を限定する手法が有用

【事業譲渡】

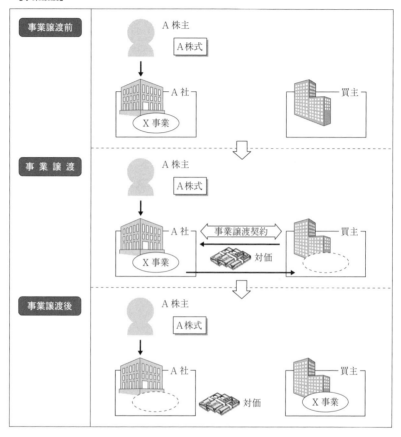

となる。

　(ⅱ) 少数株主の取扱い　対象会社にオーナー以外の少数株主が存在する場合，オーナーからの株式譲渡後も当該少数株主は会社に残ることとなり，買主側が対象会社の全株式を取得するためには，別途，後記 Ⅴ のキャッシュ・アウト等の手続を行う必要がある。

　この点，事業譲渡・会社分割の手法をとれば，買主側が当該事業を承継していく上で，少数株主の存在が問題となることはない。さらには，現金対価の吸収合併や株式交換の方法により，少数株主を排除した上で事業を承継させる方法もあり得る（詳細については，キャッシュ・アウトに関する後記 Ⅴ を参照）。

(c) 親族内承継における相続対策

親族内承継における相続対策として，オーナーの生前に，親族内の後継者に対して，オーナーの保有株式を譲渡することも考えられる。

オーナーの生前に，対象会社株式が後継者に移転する場合，原則として，後継者以外の相続人は当該譲渡を阻止できないため，円滑な事業承継が可能となる（なお，生前贈与による株式承継の手法については，第2章Ⅱ2参照）。

(3) 株式譲渡以外の手法

前記のとおり，事業承継の手法としては，株式譲渡の手法が最もシンプルかつ簡便であり，オーナーが金銭対価を直接取得することもできることから，中小企業の事業承継の場面においては最も利用される。

ただし，株式譲渡以外の手法が，株式譲渡と比べて有用である場面も存在するため，以下，株式譲渡以外の手法について説明する。

(a) 事業譲渡・会社分割

(ⅰ) 事業譲渡　事業譲渡とは，対象会社が，他社に対して，対象会社の事業の全部または一部を取引行為（特定承継）として譲渡することにより，当該事業を承継する手法をいう（会社467条1項）。

① 当事者

事業譲渡の場合，対象会社と買主（譲受会社）の二者間で事業譲渡契約を締結する。

② 対　価

買主は，事業譲渡の対価を対象会社に支払う。そのため，オーナーは，事業譲渡により，買主から直接対価を取得することができない。

オーナーが，事業譲渡により対価を取得するためには，対象会社から配当を受ける，対象会社を清算し残余財産の分配を受ける，オーナーが対象会社の役員を退任する際に退職慰労金の交付を受ける等の方法により，対象会社から対価の交付を受けることが必要となる。

③ 対価の内容

法律上特段限定されていないが，金銭が支払われることが一般的である。

④ 事業主体

事業譲渡により，承継対象事業の事業主体は，対象会社から買主に変化する。

【吸収分割】

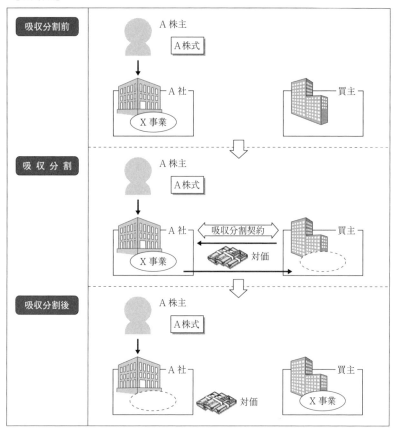

⑤ 承継対象
　　対象会社の事業の一部のみを承継することが可能であり、簿外債務・偶発債務を承継対象から除外することも可能である。
⑥ その他
　　譲渡資産等について、個別の承継手続が必要となる。たとえば、承継したい取引先・従業員の同意を得ることができないと、契約関係・雇用契約等を承継できない。

(ⅱ) 会社分割　会社分割とは、対象会社が、当該事業に関して有する権利義務の全部または一部を、分割後、他の会社または分割により設立する会社に承継することをいう（会社2条29号・30号）。

IV 事業承継実行時の各手法について

【新設分割】

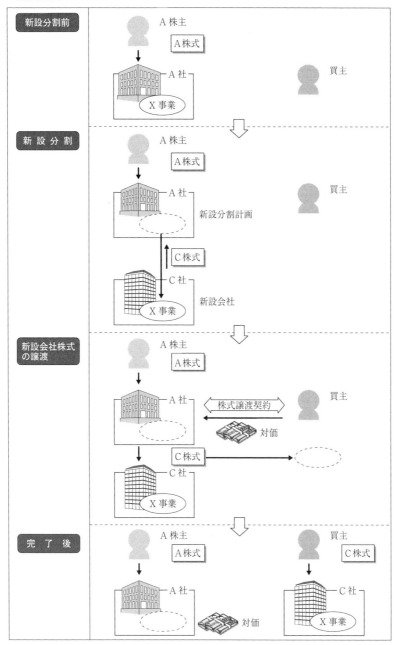

会社分割は，対象会社の当該事業を既存の他の会社に承継させる吸収分割と，新たに分割により設立する新設会社に承継させる新設分割に分けられる。

① 当事者

吸収分割の場合，対象会社と買主（承継会社）の二者間で，吸収分割契約を締結する。

新設分割の場合，対象会社が，新設分割計画を策定し，同計画に基づき設立される新設会社に，事業が承継される。そのうえで，新設分割後に新設会社株式を買主に株式譲渡することにより，当該事業の支配権を買主に移転させることとなる。

② 対　価

吸収分割・新設分割のいずれの場合であっても，分割対価は，対象会社に対して交付される。そのため，対象会社のオーナーは，会社分割により，買主から直接対価を得ることができない。

オーナーが対価を取得するためには，対象会社から配当を受ける，対象会社を清算し残余財産の分配を受ける，オーナーが対象会社の役員から退く際に退職慰労金の交付を受ける等の方法により，対象会社から別途対価の交付を受けることが必要となる。

③ 対価の内容

会社分割の対価の内容については，金銭その他の財産とされており，金銭を対価とすることが可能である。

④ 事業主体

会社分割により，承継対象事業の事業主体は，分割会社から買主（承継会社）に変化する。

⑤ 承継対象

対象会社の事業の一部のみ承継することが可能であり，簿外債務・偶発債務を承継対象から除外することも可能となる。

(ⅲ) 活用事例

(ア) 簿外債務・偶発債務の取扱い　　対象会社に簿外債務・偶発債務が存在する可能性があり（多額の損害賠償請求訴訟を提起されている場合，DD〔デュー・ディリジェンス〕の結果，未払賃金・時間外労働手当等の隠れた債務が生じている可能性がある場合等），当該簿外債務・偶発債務を承継したくないとのニーズが買主側にある場合があり得る。

この点，事業譲渡・会社分割では，承継対象事業を限定することができるた

Ⅳ　事業承継実行時の各手法について

	事業譲渡	会社分割
承継対象	事業に限るが（会社467条），必ずしも譲渡対象事業に関する権利義務のすべてを譲渡する必要はない 事業を構成しない財産の譲渡は，単なる資産の譲渡となる	事業に関して有する権利義務の全部または一部（会社2条29号・30号） 事業を構成しない財産のみを承継させることも可能
当事者	特段の制限はなく，会社以外の法人や個人を相手方とする事業譲渡も可能 譲受会社は事業譲渡契約締結前に必ず存在している必要がある	譲渡側は会社（株式会社・合名会社・合同会社・合資会社）に限定される 新設分割の場合，分割と同時に譲受側の会社を設立することが可能
対　価	金銭○ （金銭以外の財産や譲受会社の株式を対価とすることも可能であるが，譲受会社の株式を対価とする場合，譲受会社側に現物出資規制（検査役調査等）が課される（会社207条））	金銭○ （金銭その他の財産を対価とすることも可能）
株主総会決議の要否（譲渡／分割会社側）	略式要件または簡易要件に該当する場合（会社468条1項・2項）を除き，株主総会の特別決議が必要（会社467条1項）	略式要件または簡易要件に該当する場合を除き，株主総会の特別決議が必要（会社783条・804条）
債権者保護手続	各契約や債権・債務の移転には個別同意が必要となるため，債権者保護手続は規定されていない	分割後，分割会社に対して債務の履行を請求することができなくなる分割会社の債権者および承継会社のすべての債権者について債権者保護手続を行う必要がある
事前・事後の備置書類の備置き	備置不要	備置必要
資産の移転	個別承継であり，個々の資産の移転について対抗要件の具備が必要	包括承継
債務の承継	民法の一般原則どおり，重畳的債務の引受けの場合を除き，債権者の個別の承諾が必要	債権者保護手続を行うことにより，異議を述べなかった債権者については，個別の承諾をしたものとみなされるため，個別の承諾を取得する必要はない
従業員の承継	通常の転籍の手続と同様，従業員（労働契約）の承継には従業員の個別同意が必要となる（民625条） 承継対象となる従業員は，事業譲渡契約の記載により，譲渡会社と譲受会社が選別可能であり，事業譲渡契約に記載されない限り，従業員が望んでも，労働契約は承継されない	労働契約承継法に基づく手続が必要となる 労働契約承継法に基づく手続を行えば，従業員（労働契約）の承継に関する従業員の個別同意は不要 承継される事業に主として従事する従業員については，当該従業員本人が望む限り，分割契約または分割計画の記載（分割会社・承継会社の意向）にかかわらず従業員（労働契約）が承継される（後記3(2)(d)(i)(ク)参照）

め，対象会社の簿外債務・偶発債務を承継対象から除外することが可能である。

　そのため，買主側の上記ニーズに対応するためには，株式譲渡ではなく，事業譲渡・会社分割により簿外債務・偶発債務を除外する手法が有用である。

　(イ)　対象会社事業の一部の承継　　事業譲渡・会社分割の場合，対象会社事業の一部のみの承継が可能であるため，対象会社が複数の事業を営んでいる

場合において，対象会社が営む事業の一部のみを第三者に売却することや各事業を別々の後継者に承継させることが可能となる。

　また，将来の事業承継に備え，対象会社の事業の一部（ノンコア事業等）を第三者に事業譲渡・会社分割により承継し，対象会社の事業規模を縮小・適正化することも可能である（将来の事業遂行のためには経営資源の集中が必要であるといった場合等）。

　(iv)　事業譲渡と会社分割の相違点　　事業譲渡と会社分割は，事業の一部の承継が可能という共通点があるが，両者の間では，以下の相違点がある。

　(b)　**株式交換**

　(i)　株式交換とは，対象会社（完全子会社）が他の株式会社（完全親会社）との合意により，個別の取得手続なく，その発行済株式の全部を完全親会社に取得させることをいう（会社2条31号）。

　①　当事者
　　　対象会社と買主（完全親会社）の二者間で株式交換契約を締結する。
　②　対　価
　　　株式交換の対価は，対象会社の旧株主が取得する。
　③　対価の内容
　　　株式交換の対価の内容については，金銭その他の財産とされており，買主の株式や金銭を対価とすることが可能である。中小企業の事業承継においては，売主側の意向により，現金対価とされることが多いといえる。
　④　事業主体
　　　株式交換の場合，会社の支配者（株主構成）が変化するのみであり，事業主体に変化は生じない。そのため，株式譲渡と同様，取引先との関係・雇用・商号，従業員の労働契約，事業継続に必要となる許認可等は従前通り維持される。
　⑤　承継対象
　　　事業主体に変更はないため，対象会社の全事業がそのまま承継される（対象会社の簿外債務・偶発債務もそのまま承継される）。
　⑥　その他
　　　対象会社を買主の100％子会社とすること（対象会社の持株会社化）が可能である。

　(ii)　活用事例

　(ア)　第三者に対する事業承継の場面　　株式交換により，対象会社の法人

IV 事業承継実行時の各手法について

【株式交換】

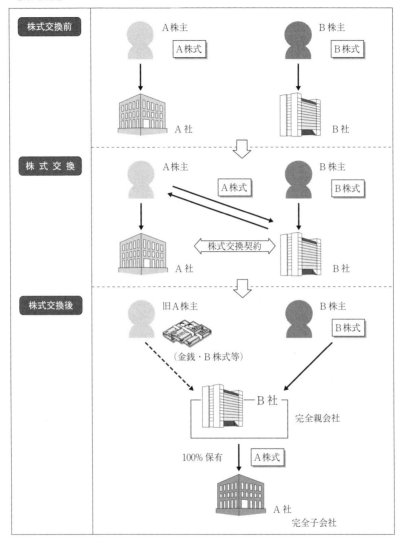

格を維持したまま，対象会社を買主の完全子会社とすることが可能である。

　そのため，買主が様々な事業会社を子会社とする企業グループであり，対象会社を買主の企業グループに取り込む形で承継したいとのニーズが買主側にある場合には，株式交換が有用である。

(イ) 親族内承継における相続対策　親族外の第三者に対して事業を譲渡する場合以外にも，株式交換により，対象会社を持株会社化することにより，オーナーが所有する株式の評価額が下がる可能性があり（持株会社化による株式評価額への影響については，後記(c)(iii)の株式移転による株式評価額への影響と同様），将来の相続対策として有用な場合がある。具体的には，オーナーが複数の会社株式を保有している場合において，そのうち1社を完全親会社とする株式交換を行うことにより，オーナーが保有する株式の評価額が下がる場合（株式交換後の完全親会社株式評価額＜株式交換前のオーナー保有株式の合計評価額）がある。

(c) 株 式 移 転

(i)　株式移転とは，1または2以上の株式会社がその発行済株式の全部を新たに設立する株式会社に取得させることをいう（会社2条32号）。

対象会社（完全子会社）の株式の全部を取得する会社（完全親会社）が設立手続を経ることなく設立され，個別の取得手続なく，完全親会社が完全子会社の全株式を取得する。

(ii)　株式移転の特色　株式移転の場合，対象会社が株式移転計画を策定・実行することにより，前頁の図のとおり，対象会社が持株会社化される（対象会社の旧株主は，持株会社の株主となる）。

株式移転は，その他の手法とは異なり，第三者への事業承継の効果を生じさせるものではない。

(iii)　株式移転の活用事例　株式移転は，第三者への事業承継の効果を生じさせるものではないため，第三者に対する親族外承継の場面で用いられることはほとんどない。

他方，株式移転によって対象会社を持株会社化することにより，オーナーが所有する株式（株式移転前は対象会社株式なのに対し，株式移転後は対象会社の完全親会社株式）の評価額を引き下げることが可能となる場合がある。

ここでは，株式移転による株式評価額の引下げ効果の概要を説明する。

株式移転により設立された完全親会社は一般的に株式保有特定会社に該当するため，株式の評価は純資産価額評価方式が適用され，対象会社の評価がそのまま完全親会社に反映される。上記純資産価額評価方式においては，対象会社が利益を上げることによって生じる完全親会社の含み益は，法人税等相当額の38％を控除して算出される。すなわち，株式移転により，株式移転前（オーナ

Ⅳ 事業承継実行時の各手法について

【株式移転】

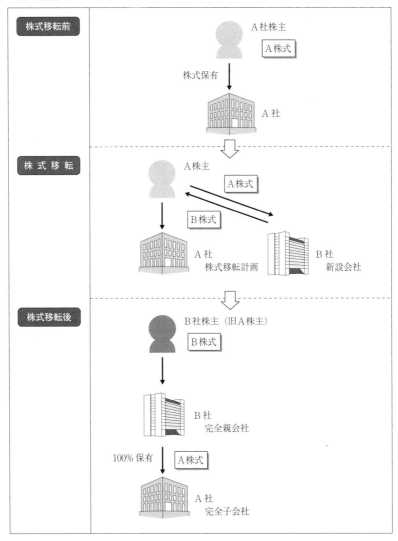

ーが対象会社株式を直接保有している場合）と比較し，対象会社の事業利益によるオーナー保有株式の株価上昇を抑制することが可能となる。したがって，特に，対象会社事業について将来的に安定した収益が見込まれているような場合には，株式移転の活用は，長期的な相続税対策として有効であるといえる。

なお，完全親会社が株式保有特定会社（相続税評価額ベースの総資産に占める株式等の割合が50％以上の会社）に該当する場合，純資産価額評価方式により株価が評価される。これに対し，完全親会社が，「株式保有特定会社」に該当しない場合には，類似業種比準価額方式により株価が評価されることとなる。一般的には，類似業種比準価額方式の方が，純資産価額評価方式よりも株式評価額が低く評価され，将来的な相続税対策としてはより有利といえる。そのため，株式移転を実行するに当たっては，完全親会社に事業を営ませることやオーナー一族の資産管理会社としても活用することなどにより，類似業種比準価額方式が適用され得るスキームを検討しておくことが有用である。

(d) 合　　併

(i) 合併とは，2つ以上の会社（当事会社）が契約を締結して行う行為であって，合併により一方当事会社が消滅する吸収合併（会社2条27号）と，合併により既存の両当事会社が消滅し，新しい会社を設立する新設合併（会社2条28号）に分けられる。

合併は，対象会社の一部（吸収合併）または全部（新設合併）が解散し，解散会社（消滅会社）の権利義務の全部が清算手続を経ることなく存続会社（吸収合併）または新設会社（新設合併）に一般承継（包括承継）される効果を有する（会社2条27号・28号）。

① 当事者

吸収合併の場合，対象会社と買主（存続会社）の二者間で，吸収合併契約を締結する。

新設合併の場合，対象会社が，新設合併計画を策定し，同計画に基づき設立される新設会社に，事業が承継される。

② 対　価

合併の対価は，対象会社の株主が取得する。

③ 対価の内容

合併の対価の内容は，金銭その他の財産とされており，買主の株式や金銭を対価とすることが可能である。中小企業の事業承継においては，売主側の意向により，現金対価とされる場合が多いといえる。

④ 事業主体

合併により，事業主体は承継会社または新設会社に承継され，対象会社は消滅する。そのため，消滅会社の社名等は残らず，オーナーや対象会社

Ⅳ 事業承継実行時の各手法について

【吸収合併】

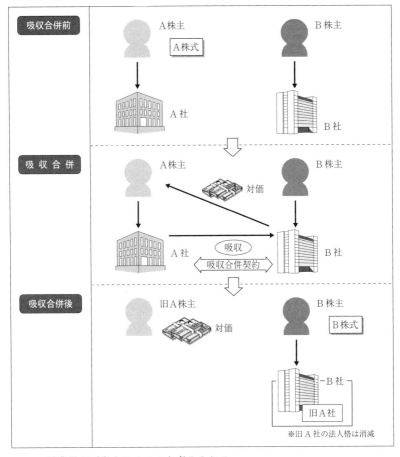

　　　従業員が反発するリスクも考えられる。
　⑤　承継対象
　　　対象会社の全事業が承継される（対象会社の簿外債務・偶発債務がそのまま承継される）。

（ⅱ）　合併の活用事例　　合併が第三者に対する事業承継の場面に用いられることはほとんどない。

　他方，上場会社がグループ会社を再編する場合等に合併が用いられることは多々あり，中小企業においても，細分化した同族会社を整理する場合等に用いられることがあり得る。なお，合併によって対象会社の事業規模が大きくなる

第3章 会社法

【新設合併】

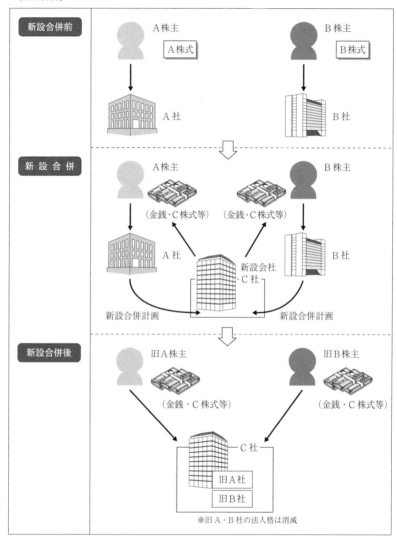

ことにより、オーナーの保有株式の評価額が引き下げられる場合があり、将来的な相続対策として合併の手法が利用される場合もあり得る。

3 各手法の具体的なプロセス
(1) 概　　要

　売主が買主候補と交渉を開始してから事業承継に関する契約・計画を締結・作成するまでの大きな流れは，概要，以下のとおりである。

　各プロセスをどの程度行うか（行うか否かも含め）・どのようなスケジュール感で行うかは，承継対象事業の規模・業種・内容，買主候補の規模，承継実行までのスケジュール感，さらには対象会社と買主候補の関係性に応じて異なる。

　また，事業承継の対価は，承継対象事業の内容，売主の売却の必要性・緊急性，買主候補の資金力など様々な要因が絡み合い，最終的には売主と買主の合意で決定することとなるが，各プロセスの内容・スケジュール感も対価の価格に影響を与える。

　たとえば，売主側が事業承継後にリタイアするつもりであり，できるだけ早く対価を得たい・事業承継後のリスク（解除や損害賠償請求を受けるリスク）をできる限り軽減したいと希望する場合には，本格的なデュー・ディリジェンス（DD）は行わず，承継対象事業の潜在リスクも含めて事業を買い受けてくれる候補が望ましい。買主側の上記ニーズは，迅速な事業承継の実行が可能となる反面，本格的な調査を行わないまま潜在リスクを加味して価格を算定することとなるため，DDにより潜在リスクの内容・程度・有無を精査する場合と比べると，価格の引き下げ要素となり得る。

(a) 秘密保持契約の締結

　秘密保持契約とは，事業承継に向けた協議を行うに当たり，対象会社および買主が同協議の過程で知った相手方の秘密情報等を，第三者に開示しない旨を定めるものである。

　事業承継に向けた協議を行うに当たっては，対象会社が買主候補に対し，非

公開情報を含めた情報を開示する必要が生じる（買主の信用状況等を把握するため，対象会社が買主の非公開情報を入手することもある）。

そこで，買主候補に開示する情報の機密性を確保するため，契約交渉が本格化する前段階で，秘密保持契約を締結することが一般的である。

秘密保持契約では，一般的に，秘密情報の特定，秘密情報の取扱い，秘密情報の第三者への開示が許される場合等が定められることが多い。

(b) **基本合意書の締結**

基本合意書とは，最終合意（契約締結）に至るまでの協議の過程で締結される合意書をいう。

基本合意書を締結する場合，前記(a)の秘密保持契約を締結した上で，当該事業承継について相手方と協議を行い，当該事業承継に関する基本的事項についてある程度の合意に至った段階で締結することとなる。基本合意書の記載内容は，対象会社と買主の規模，関係性，両社の協議の状況に応じて様々であるが，承継対象となる事業，当該事業承継の手法，対価の金額，事業承継に向けたスケジュール感などが記載されることが多い。

売主側としては，基本合意書を締結することにより，買主候補を確保したいというニーズがある。そのため，事業承継の対価の金額も記載した法的拘束力のある基本合意書を締結することが望ましい。

これに対し，買主候補側も，同候補以外にも複数の候補が当該事業に関心を示しているような状況においては，当該事業に関する優先権を得るため，当該事業に関する独占交渉権（一定期間については，対象会社が当該候補以外の候補との間で事業承継に向けた協議を行うことを禁じ，当該候補1社だけが交渉できるようにする権利）を含む法的拘束力のある基本合意書を締結したいというニーズもあり得る。

ただし，上記のように売主・買主候補双方に法的拘束力を付した基本合意書を締結したいというニーズがある場合を除くと，基本合意書は，本格的な交渉開始に先立ち，事業承継スキーム等の大枠を定めるという意味合いが強く（その場合は法的拘束力も付されない），事業承継を簡易かつ迅速に進めたい場合には，省略しても問題ない。

(c) **デュー・ディリジェンス（DD）**

デュー・ディリジェンス（DD）とは，組織再編等を行うに際して，対象会社の事業，財務等についての情報を収集，調査，検討等することをいう。

Ⅳ 事業承継実行時の各手法について

　DDは，対象会社に偏在していた対象会社に関する情報を買主候補と共有し，情報の非対称性を解消する機能を有している。
　中小企業の事業承継の場面では，上場企業同士のM&A等とは異なり，詳細な財務・事業・法務についてのDD等が行われることは多くないものの，DDにおいて，どの程度の資料が開示され，どの程度の労力・時間をかけて対象会社の事業等が調査されるのかは，承継対象事業の規模・業種・内容，買主候補の規模，事業承継実行までのスケジュール感，対象会社と買主候補の関係性等に応じて異なる。
　中小企業の事業承継においては，売主側が事業承継後にリタイアする場合も多く，売主側には，できるだけ早く対価を得たい・承継対象事業の潜在リスクも含めて事業を買い受けてもらいたいとのニーズが強い。そのため，売主側としては，潜在リスクも含めて買い受けてもらうという前提で，詳細なDDは行わず，できるだけ速やかに事業承継を実行してもらうことが望ましい。
　これに対し，買主候補としては，DDの結果を踏まえ，当該取引を行うか否か，当該事例に即した事業承継の手法は何か，適切な取引対価はどの程度かといった諸々の条件を検討・決定していくこととなり，当該取引により過度な潜在リスクを負担しないためにも，DDは重要である（たとえば，簿外債務・偶発債務の存否，具体的には時間外労働による未払賃金等や隠れた環境・土壌汚染等のリスクの調査・検討が重要）。上記のとおり，潜在リスクも含めて対象事業を承継することは価格の引き下げ要素になる。

　(d)　契約締結
　(i)　株式譲渡契約書の記載事項　　株式譲渡契約については，会社法において規定されている法定記載事項はなく，私的自治の原則によりその内容が決定される。株式譲渡契約書においては，一般的に，以下のような事項が規定される。
　特に買主側と売主側のニーズが相反する下記(ウ)表明保証条項などの条項については，各条項の定め方（買主側がどこまで当該事業の潜在リスクを受忍するか等）が，譲渡価格を決定するうえで重要となる。
　(ア)　譲渡対象となる株式の特定　　譲渡対象となる株式の種類や株式数等を契約書に明記し，譲渡対象株式およびそれらの譲渡価額を特定する必要がある。

(イ)　**株式譲渡の実行（クロージング）方法に関する事項**　株式譲渡の具体的な方法や譲渡対価の支払方法といったクロージングの具体的方法を規定する必要がある。

　株式譲渡の具体的な方法については，株式について株券が発行されている場合とされていない場合で異なる（前記 Ⅱ 2 (1)(b)参照）。

　株券が発行されている株式については，株券を交付しなければ株式譲渡の効力を生じないことから（会社128条），株券の交付について契約書に規定する必要がある。これに対し，株券が発行されていない株式については，当事者の意思表示のみで株式譲渡は完了するものの，株式譲渡を他の株主等の第三者に対抗するためには，株式名簿の変更手続をとる必要があるため，当該変更手続を実施する旨も定める必要がある。

　(ウ)　**表明保証**　株式譲渡契約書においては，クロージング後に，相手方当事者にとって不利な事態が判明した場合に備えて，一定事項を「表明し，保証する」表明保証条項を定めることがある。後記(キ)(ク)のとおり，表明保証違反が生じた場合には損害賠償請求や契約解除の問題となり得る。

　中小企業の事業承継の場面においては，売主側が事業承継後にリタイアする場合も多く，売主側としては，表明保証条項を定めるとしても表明保証の対象を限定する等の方法により，事業承継後のリスクを軽減させたいとのニーズが強い。たとえば，売主側としては，簿外債務・偶発債務が事後的に判明することにより，株式譲渡後に表明保証違反責任を負うリスクを軽減させるため，表明保証条項を設ける場合であっても，「売主の知る限り，簿外債務・偶発債務は存在しない」といった限定を加えることが望ましい。

　これに対し，買主側としては，当然，広く表明保証条項を設け，株式譲渡後に表明保証違反が判明した場合のリスクを軽減させたいというニーズがあるが，中小企業の事業承継においては，株式譲渡後に売主側（元オーナー）に対して損害賠償請求を行い，当該損害を補填することは現実的ではない場合が多い。そのため，買主側としては，契約交渉段階で，表明保証違反の発生リスクを加味した上で譲渡対価を設定していくことが重要となる。

　(エ)　**クロージングの前提条件**　株式譲渡契約書においては，クロージングの前提条件として，クロージング日までに実現しておくべき条件が定められることがある。たとえば，譲渡対象株式が譲渡制限株式である場合，対象会社

の取締役会決議による譲渡承認（取締役会非設置会社では，株主総会決議が必要となる）が前提条件とされる。

クロージングの前提条件は，個別事案に応じて様々である。

たとえば，特定の従業員が対象会社の運営には不可欠なキーパーソンである場合，買主側としては，株式譲渡後の対象会社への残留に当該従業員が同意することをクロージングの前提条件とするニーズがある。これに対し，売主側としては，当事者以外の第三者の意向により，事業承継の可否が左右されるという不安定な事態が生じることは避けたいことから，「売主は，上記同意を得られるよう最大限努力する」等の努力義務にとどめることが望ましい。

(オ) 従業員の処遇　　後記(2)(b)(ⅲ)記載のとおり，株式譲渡の場合，事業主体は変わらないため，株式譲渡後も，法的には，対象会社の従業員の地位（雇用条件等）は変わらない。ただし，株式譲渡後に，買主が対象会社の従業員の給与を引き下げたり，リストラを実施する可能性はある。

売主側としては，従業員の処遇は大きな関心事であるため，買主側に対して，株式譲渡後一定期間は，従業員の雇用条件を維持するよう希望するのが一般的である。

これに対し，買主側には，承継事業の業績等に応じて雇用条件を調整する余地を残したいというニーズがある。

契約書の定め方は，当事者間の協議次第であるが，折衷案として，「買主側は，従前と同一の雇用条件にて，売主側の従業員を承継するよう最大限努力する」旨の努力義務を買主に課す方法もある。

(カ) 競業避止義務　　事業譲渡とは異なり（後記(ⅱ)(オ)参照），株式譲渡の売主側には，法律上は，競業避止義務は課されていない。

買主側としては，売主側が新たな事業を行うと，売主側の新事業と対象会社の事業が競合してしまう可能性があるので，そのような不測の事態が生じないよう，売主側に競業避止義務を負わせる旨の特約を定めるニーズがある。

中小企業の事業承継の場面においては，売主側は事業承継後にリタイアする場合が多い（少なくとも株式譲渡後に競業事業を行うことは想定しにくい）ため，競業避止義務を定めたとしても売主側が不利益を被る事態は基本的には生じない。

(キ) 損害賠償請求　　株式譲渡契約書においては，表明保証違反や契約違反行為が生じた場合の損害賠償請求について定められることがある。

中小企業の事業承継の場面においては，売主側が事業承継後にリタイアする場合も多いため，売主側としては，株式譲渡後に損害賠償請求を受けるリスクをできるだけ軽減させたいというニーズが強い。そのため，売主側としては，表明保証違反や契約違反等が生じた場合の損害賠償請求を規定するとしても，損害賠償額に上限を定める条項や損害賠償を請求できる期間を制限する条項を設けることが望ましい。

これに対し，買主側としては，契約交渉段階で，契約違反等が発生するリスクを加味した上で譲渡対価を設定していくことが重要となる。

　(ク) 契約解除事由　株式譲渡契約書においては，契約解除事由として，表明保証違反や契約違反行為が生じた場合，当事者に不測の事態（相手方当事者が破産手続開始申立てを行った場合等）が生じた場合等が定められることがある。

中小企業の事業承継の場面においては，売主側が事業承継後にリタイアする場合も多いため，売主側としては，契約解除が可能な期間を契約締結後クロージング日までに限定する方法や，契約解除事由を「重大な表明保証違反」や「重大な契約違反」に限定する方法により，契約解除のリスクを軽減させることが望ましい。

これに対し，買主側としては，契約交渉段階で，契約解除事由や契約解除期間を限定することによるリスクを加味した上で譲渡対価を設定していくことが重要となる。

　(ii) 事業譲渡契約書の記載事項　事業譲渡契約についても，株式譲渡契約と同様，会社法において規定されている法定記載事項はなく，私的自治の原則によりその内容が決定される。

事業譲渡契約書において規定される一般的な条項は，基本的には前記(i)の株式譲渡契約書の記載事項と同様である。そこで，以下では，事業譲渡契約書特有の事項について説明することとする。

　(ア) 譲渡対象の特定　事業譲渡は，対象会社の事業の全部または一部の譲渡であるため，承継対象に疑義が生じないよう，契約書において譲渡対象を特定する必要がある。

そのため，事業譲渡契約書においては，「当該譲渡の対象となる事業が対象会社事業の全部なのか一部なのか」，「一部である場合にはどの部門の事業なのか」を客観的に特定できる程度の記載が必要となり，事業の一部の譲渡である

場合には，事業譲渡の対象となる不動産・動産・負債・契約等を個別に特定する必要がある。

　ただし，中小企業の事業承継においては，対象会社の全事業が譲渡される場合が多く，そのような場合には，「対象会社の全事業」といった包括的な記載で足りる。

　また，対象会社事業の一部のみ譲渡する場合であっても，承継対象の契約・動産・負債などについては，特定が可能であれば，一定程度概括的に記載することも許容される（たとえば，承継対象契約を「当該事業に関する買主の指定する契約」と定める方法がある）。

　(イ)　クロージングおよび承継対象資産の承継手続に関する事項　　事業譲渡契約においては，事業譲渡のクロージング方法（譲渡対価の支払方法・時期，譲渡対象資産の引渡方法・時期等）を明確にする必要がある。

　また，事業譲渡の場合には，会社分割とは異なり，譲渡対象資産の移転に当たり，譲渡資産ごとに個別の承継手続（第三者対抗要件の具備等）を完了させる必要がある。このような個別の承継手続については，実務上，買主側が，クロージング後に，自らの費用負担により行うことが一般的である。

　なお，買主側としては，売主側も，登記に要する資料の提供等，買主による上記承継手続に協力しなければならない旨を規定しておくことが望ましい。

　(ウ)　クロージングの前提条件　　クロージングの前提条件については，株式譲渡契約書の場合と基本的には同様であるが，たとえば，事業譲渡の場合，契約相手が承諾しなければ取引契約が承継されないことから，買主側としては，重要な取引先との契約について，当該相手方から契約上の地位の移転に関する承諾書を取得することをクロージングの前提条件とするニーズがある。

　これに対し，売主側としては，当事者以外の第三者の意向により，事業譲渡の可否が左右されるという不安定な事態が生じることは避けたいことから，「売主は，上記承諾を得られるよう最大限努力する」等の努力義務にとどめることが望ましい。

　(エ)　従業員の承継　　事業譲渡においては，従業員の雇用関係も譲渡対象となり得ることから，承継対象となる従業員の範囲や承継後の従業員の待遇が定められることがある。

　ただし，事業譲渡においては，会社分割とは異なり，事業譲渡契約上で合意

しただけでは従業員は承継されず，通常の転籍の手続と同様，従業員の承継には従業員の個別の同意が必要となる。

売主側としては，従業員の処遇は大きな関心事であることから，従業員の雇用を最大限確保するべく，買主側が対象会社の従業員全員を雇用すること，事業譲渡前と同一の雇用条件を維持することを契約書に明記したいという強いニーズがある。

これに対して，買主側としては，従業員の能力，雇用条件等にかかわらず，事業譲渡前と同一の雇用条件にて全員雇用するとなると，買主側の既存の給与体系との乖離が生まれ，元々の従業員の就業意欲等に悪影響が出る可能性もある。そのため，買主側としては，「買主の指定した従業員のみ承継する」，「雇用条件については，買主の雇用体系により別途決定する」といった限定を付したいと希望することもある。

事業譲渡契約書の内容は，当事者間の協議次第だが，折衷案として，「買主側は，従前と同一の雇用条件にて，売主側の従業員を承継するよう最大限努力」する旨の努力義務を売主側に課す方法もある。

(オ) 競業避止義務　事業譲渡については，後記(2)(c)(v)記載のとおり，会社法上，譲渡人（売主）の競業避止義務が規定されているが，中小企業の事業承継の場面においては，売主側は事業承継後にリタイアする場合が多い（少なくとも事業譲渡後に競業事業を行うことは想定しにくい）ため，競業避止義務により売主側が不利益を被る事態は基本的には生じない。

(ⅲ) 組織再編契約書・計画書の記載事項　会社法上，組織再編に関する契約書および計画書には，必ず記載しなければならない法定記載事項が定められている。

以下では，中小企業の事業承継の場面で用いられることが比較的多い会社分割（吸収分割）および株式交換について，会社法上の法定記載事項を整理している。

なお，法定記載事項以外であっても，強行法規に反しない範囲で，当事者が自由に条項を定めることが可能である。

Ⅳ 事業承継実行時の各手法について

(ア) 吸収分割契約書

【法定記載事項】

ア 吸収分割会社および吸収分割承継会社の商号および住所（会社758条1号）
イ 吸収分割承継会社が吸収分割により承継する資産，債務，雇用契約その他の権利義務に関する事項（会社758条2号）
ウ 吸収分割により吸収分割会社または吸収分割承継会社の株式を買主に承継させる場合には，当該株式に関する事項（会社758条3号）
エ 分割対価に関する事項
　承継対象権利義務の対価として金銭等を交付する場合には，下記表記載の事項を規定する必要がある（会社758条4号）。

対価の種類	定めるべき事項
吸収分割承継会社の株式	その株式の数およびその算定方法並びに吸収分割承継会社の資本金および準備金の額に関する事項
吸収分割承継会社の社債	社債の種類および種類ごとの合計金額等
吸収分割承継会社の新株予約権	新株予約権の内容および数等
吸収分割承継会社の新株予約権付社債	新株引受権付社債の種類および種類ごとの合計金額等
これら以外の財産	その財産内容および数等

オ 吸収分割会社が新株予約権を発行している場合において，当該新株予約権に代わる吸収分割承継会社の新株予約権を交付する場合には，次に掲げる事項を定める必要がある（会社758条5号・6号）。
　(ア)吸収分割会社の新株予約権者（吸収分割承継会社の新株予約権を交付されるもの）が有する吸収分割会社の新株予約権（吸収分割契約新株予約権）の内容
　(イ)吸収分割会社の新株予約権者（吸収分割承継会社の新株予約権を交付されるもの）に交付される吸収分割承継会社の新株予約権の内容および数等
　(ウ)吸収分割契約新株予約権が新株予約権付社債に付された新株予約権である場合には，吸収分割承継会社が当該新株予約権付社債に係る債務を承継する旨並びにその承継に係る社債の種類および種類ごとの各社債の金額の合計額またはその算定方法
カ オの場合において，吸収分割会社の新株予約権者に交付するオに規定する吸収分割承継会社の新株予約権の割当てに関する事項
キ 吸収分割の効力発生日（会社758条7号）
ク 吸収分割会社が効力発生日に次の事項を行う場合には，その旨（会社758条8号）
　(ア)全部取得条項付種類株式の取得
　(イ)剰余金の配当

(イ) 株式交換契約書

【法定記載事項】

ア 完全子会社および完全親会社の商号および住所（会社768条1項1号）
イ 交付金銭等に関する事項（会社768条1項2号）
　(ア)交付金銭等が完全親会社の株式であるときは，その株式の数またはその数の算定方法並びに完全親会社の資本金および資本準備金の額

第3章　会　社　法

　　　　(ｲ)交付金銭等が完全親会社の社債であるときは、その社債の種類および種類ごとの各社債の金額の合計額またはその算定方法
　　　　(ｳ)交付金銭等が完全親会社の新株予約権であるときは、その新株予約権の内容および数またはその算定方法
　　　　(ｴ)交付金銭等が完全親会社の新株予約権付社債であるときは、その新株予約権付社債の種類および種類ごとの各社債の金額の合計またはその算定方法およびその新株予約権付社債に付された新株予約権の内容および数またはその算定方法
　　ウ　交付金銭等の割当てに関する事項（会社768条1項3号）
　　エ　完全子会社の新株予約権に対して、完全親会社の新株予約権を交付する場合には次の事項（会社768条1項4号）
　　　　(ｱ)完全子会社の新株予約権者の有する新株予約権の内容
　　　　(ｲ)交付する完全親会社の新株予約権の内容および数またはその算定方法
　　　　(ｳ)交付されるのが新株予約権付社債に付された新株予約権であるときは、完全親会社が社債に係る債務を承継する旨並びにその承継に係る社債の種類および種類ごとの各社債の金額の合計額またはその算定方法
　　オ　上記エの割当てに関する事項（会社768条1項5号）
　　カ　株式交換の効力発生日（会社768条1項6号）

(2) 組織再編に関する契約締結・計画作成後のプロセス

(a) 売主側に求められる法定手続の概要

　売主が主体的に行う事業承継の場面において、売主側に求められる法定手続は、下記①〜⑩に分類される。

　ただし、中小企業の事業承継の場面では、なるべく作業負担を減らしたい、事業承継を可及的速やかに進めたいといったニーズがあることから、下記法定手続を簡略化する方法についても、適宜紹介する。

【事業承継の各手法において売主側に必要とされる具体的な手続】

① 【事前備置手続】
（事業承継に関係する事項を記載した書類を事前備置書類として作成・備置する手続）
② 【株主総会の承認】
（株主総会決議による契約書または計画書の承認手続）
③ 【債権者保護手続】
（対象会社の債権者に対して、当該事業承継を行う旨を知らせ、一定の要件を満たす場合には弁済等の措置をとる手続）
④ 【株式買取請求手続】
（事業承継に反対する株主が、対象会社に対して、自己の有する株式を公正な価格で買い取ることを請求する手続）
⑤ 【新株予約権買取請求手続】
（事業承継によって他の会社に新株予約権が承継される場合において、一定の要件を満たす新株予約権者が、対象会社に対して、自己の有する新株予約権を公正な価格で買い取ることを請求する手続）

IV 事業承継実行時の各手法について

⑥【株券等提出手続】
（事業承継により対象会社株主の保有する株式に代えて対価が交付される場合において，対象会社が，対象会社株主に対して，対価の交付に先立ち，株券または新株予約権証券を提出させる手続）
⑦【事後備置手続】
（事業承継の効力発生後において，事業承継に関係する事項を記載した書面を事後備置書類として作成・備置する手続）
⑧【株式譲渡承認手続】
（対象会社株式の譲渡に関する承認手続）
⑨【労働者承継手続】
（対象会社の従業員を買主に承継させるための法定手続）
⑩【登記手続】
（権利関係等の変動に関する登記申請手続。登記が事業承継の効力発生要件となるものと対抗要件となるものに分かれる。）

(b) 株 式 譲 渡

(i) **効力発生要件および対抗要件** 株式譲渡の効力発生要件・対抗要件は，下記(ア)・(イ)のとおり，株券不発行会社と株券発行会社とで異なる。

なお，会社法の平成17年改正において，株券不発行が原則とされたが，同改正以前から存在する株式会社の中で，株券の発行の有無について特段定款に定めのない場合には，株券を発行する旨が定款に定められているとみなされる（会社法の施行に伴う関係法律の整備等に関する法律76条4項）。そのため，同法改正以降も，依然として，株券発行会社として取り扱われる会社が多数存在する。

(ア) **株券不発行会社** 民法の一般原則に基づき，当事者の意思表示のみで株式譲渡の効力が発生する。

ただし，株式譲渡を会社その他の第三者に対抗するためには，譲受人の氏名等を株主名簿に記載・記録する必要がある（株主名簿の名義書換。会社130条1項）。

(イ) **株券発行会社** 株券の交付により，株式譲渡の効力が発生する（会社128条1項）。

ただし，株式譲渡を株式会社に対抗するためには，株主名簿の名義書換が必要となる（会社130条2項）。

なお，株券発行会社において，株主が株券を紛失している場合や登記簿上は株券発行会社であるものの実際には株券を発行していない場合，株式譲渡の効力が発生しないリスクがある。これに対し，対象会社としては，株式譲渡前に定款変更を行い，対象会社を株券不発行会社としておく方法があり得る。

(ii) **株式の譲渡承認** 対象会社が非公開会社である場合（定款において株式

第3章　会　社　法

【手続一覧表】

	株式譲渡	事業譲渡	会社分割		株式交換	合併		株式移転
			新設	吸収		新設	吸収	
事前備置手続	×	×	○	○	○	○	○	○
株主総会の承認	×	○	○	○	○	○	○	○
債権者保護手続	×	×	○	○	△	○	○	△
株式買取請求手続	×	○	○	○	○	○	○	○
新株予約権買取請求手続	×	×	○	○	○	○	○	○
株券等提出手続	×	×	×	×	○	○	○	○
事後備置手続	×	×	○	○	○	○	○	○
株式譲渡承認手続	○	×	×	×	×	×	×	×
労働者承継手続	×	×	○	○	×	×	×	×
登記手続	×	対抗要件	効力発生要件	対抗要件	対抗要件	効力発生要件	対抗要件	効力発生要件

※1：譲渡対象資産ごとに対抗要件を具備する必要がある。
※2：株式交換，株式移転の場合には，通常は債権が移転しないため，債権者保護手続を要しない場合が多い。

譲渡制限を定めている場合），原則として，取締役会決議による譲渡承認（取締役会非設置会社では，株主総会決議）が必要となる。

　(ⅲ)　従業員の地位　　株式譲渡の場合，会社の所有者（株主構成）が変化するにすぎず，事業主体は変わらないため，株式譲渡後も，対象会社の従業員の地位（雇用条件等）は変わらない。

　(c)　事　業　譲　渡
　(ⅰ)　株主総会決議による承認

　(ア)　原則　　事業の全部または重要な一部の譲渡については，株主総会の特別決議による承認が必要となる（会社309条2項11号・467条1項）。当該決議のない事業譲渡契約は，原則として無効である[35]。

　(イ)　株主総会決議による承認を省略できる場合（簡易事業譲渡・略式事業譲渡）　　会社法上の簡易事業譲渡，略式事業譲渡に該当する場合には，株主総会決議による承認を省略することができる。

　(a)　簡易事業譲渡　　事業譲渡のうち，譲渡対象の規模の観点から，譲渡人に及ぼす影響が比較的少ないものについて，事業譲渡契約についての株主総

---

35)　江頭・前掲注1）952頁。

会決議による承認を要することなく，事業譲渡の効力を生じさせることが認められている（簡易事業譲渡）。

具体的には，対象会社が事業の一部を譲渡する場合において，譲渡対象資産の帳簿価額が，対象会社の総資産額の5分の1を越えないときは，対象会社における株主総会決議による承認を省略することができる（会社467条1項2号括弧書，会社則134条）。

なお，簡易事業譲渡においては，平成26年会社法改正により，反対株主による株式買取請求は認められないこととされた（会社469条1項2号）。

(β) 略式事業譲渡　事業譲渡のうち，譲渡人・譲受人間の議決権の保有状況（特別支配関係）から，株主総会を開催しなくても決議の結果が明らかであるものとして，事業譲渡契約についての株主総会決議による承認を要することなく，事業譲渡の効力を生じさせることが認められている（略式事業譲渡）。

具体的には，事業譲渡の相手方が対象会社の総株主の議決権の90％（それを上回る割合を定款で定めた場合にはその割合）以上を有するとき（特別支配会社。会社則136条）は，対象会社の株主総会決議による承認を省略することができる（会社467条1項1号〜3号・468条1項）。

なお，略式事業譲渡においては，平成26年会社法改正により，特別支配会社による株式買取請求は認められないこととされた（会社469条2項・3項）。

(ii) 反対株主の株式買取請求　対象会社の反対株主は，対象会社に対して，自己の有する対象会社株式を「公正な価格」で買い取るよう請求することができる場合がある（会社469条1項）。なお，株式買取請求に係る株式の買取りの効力については，平成26年会社法改正により，事業譲渡の効力発生日に生じるものとされた（会社470条6項）。

(ア) 株式買取請求権が認められる「反対株主」の範囲　株式買取請求権を有する株主は，当該事業譲渡に対する「反対株主」（会社469条1項・2項）である。当該事業譲渡に係る株主総会の決議に議決権を有しない株式や単元未満株式の株主も含まれる（会社469条2項1号ロ）。

なお，事業譲渡について，株主総会決議が不要である場合には，特別支配株主を除く全株主に株式買取請求権が認められている（会社469条2項2号）。

ただし，対象会社が，すべての事業を譲渡し，事業譲渡に関する承認決議と同時に解散決議がなされる場合には，株式買取請求権は認められない（会社469

条1項1号)。

　(イ)　対象会社による通知・公告　　株式会社が事業譲渡を行う場合には，事業譲渡等の効力発生日の20日前までに，対象会社の株主に対して，事業譲渡をする旨を通知(株主総会に係る招集通知による通知でも可)しなければならない(会社469条3項)。なお，特別支配会社(会社則136条)は株式買取請求権を有していないため，通知は不要である(会社469条3項)。

　ただし，事業譲渡会社が公開会社の場合や株主総会決議による承認がなされている場合には，公告によって，個別通知に代えることができる(会社469条4項)。

　(ウ)　株式買取請求権の行使要件　　議決権を有する株主が株式買取請求権を行使するためには，株主総会に先立って事業譲渡に反対する旨を対象会社に通知し，かつ，当該株主総会において事業譲渡に反対の議決権を行使することが必要である(会社469条2項1号イ)。株主総会前の反対通知の方法は法定されておらず，書面・電磁的方法による議決権行使が可能である株主が，当該事業譲渡に反対である旨を示す議決権行使書面の提出・電子方法により反対通知を行うことも可能である。

　これに対し，議決権制限株式の株主は，事前に事業譲渡について反対の意思表示を行う必要はない(会社469条2項1号ロ)。

　なお，平成26年会社法改正により，株券が発行されている株式について株式買取請求権を行使しようとするときは，対象会社に対して，当該株式に係る株券を提出しなければならないものとされた(会社469条6項)。

　(エ)　株式買取請求権の行使期間　　株式買取請求は，効力発生日の20日前から効力発生日の前日までの間に，株式買取請求に係る株式の数を明らかにして行わなければならない(会社469条5項)。

　(オ)　買取価格の決定手続　　株式の買取価格については，株主と対象会社との間で，事業譲渡の効力発生日から30日以内に協議が整えばその価格が買取価格となる。協議が整わない場合には，対象会社または反対株主が，当該協議期間満了日後30日以内に，裁判所に対して，価格決定の申立てを行うことができ(会社470条2項)，かかる申立てが行われた場合には，裁判所がその価格を決定する。

　株式買取請求を行った反対株主は，原則として，買取対象会社の承諾を得た

Ⅳ 事業承継実行時の各手法について

場合(会社469条7項)でなければ,株式買取請求を撤回することはできない。ただし,裁判所に対する価格決定の申立てが行われない場合には,申立期間満了後は撤回可能となる。

　なお,平成26年会社法改正により,対象会社は,株式買取請求があった場合,裁判所による公正な価格の決定があるまで,反対株主に対し,同株主の同意を要することなく,対象会社が公正な価格と認める額を支払うことができるとされた(会社470条5項)。会社法においては,株式買取請求に係る株式について,裁判所に買取価格決定の申立てが行われた場合,対象会社は,裁判所の決定した価格に対する事業譲渡の効力発生日から60日の期間満了後の年6分の利息を支払わなければならないとされているところ(会社470条4項),上記の事前支払(会社470条5項)をした場合,当該事前支払部分の額について利息が生じなくなるため,対象会社は,当該支払後の利息を支払う義務を負わないこととなる。

　　(カ) 株式買取の効力発生日　　従来の会社法においては,株式買取請求に係る株式買取の効力発生日は,事業譲渡の効力発生日ではなく,買取価格について合意が成立ないし裁判所の決定がなされ,買取対象となる株式の代金が実際に支払われた時とされていたが,平成26年会社法改正により,株式買取請求に係る株式買取の効力発生日は,買取代金の支払時期にかかわらず,事業譲渡の効力発生日とされた(会社470条6項)。

　(ⅲ) 譲渡対象資産・負債の承継手続　　事業譲渡の場合,会社分割とは異なり,譲渡対象資産・負債ごとに個別の承継手続が必要となる。たとえば,事業を構成する債務・契約上の地位等を移転しようとすれば,個別に契約相手の同意を取得する必要があり,不動産を承継する場合には個別の移転登記手続が必要となる[36]。

　個別の承継手続が必要である点では会社分割よりも煩雑ではあるが,会社分割とは異なり,契約の事前備置・事後備置手続や債権者保護手続に相当する手続は不要である[37]。

　(ⅳ) 従業員の地位　　事業譲渡の場合,会社分割とは異なり,譲渡人の従業員を譲受人に承継させるためには,譲渡人・譲受人間の合意のみならず,従業

---

[36]　江頭・前掲注1) 948〜949頁。
[37]　江頭・前掲注1) 948〜949頁。

員本人の同意が必要となる（民625条1項）。そのため，譲渡人・譲受人で承継対象となる従業員の範囲・雇用条件について合意した上で，個別の従業員に対する説明を行い，従業員本人の同意を得る必要がある。

　上記のとおり，従業員の個別同意を得る必要はあるものの，会社分割とは異なり，労働組合や従業員との事前協議義務や事前通知義務（労働契約の承継等に関する法律参照）は発生しない。

　(v)　競業避止義務　　事業譲渡の場合，会社分割とは異なり，会社法上，譲渡人の競業避止義務が規定されている。

　　(ア)　譲渡人は，特段の定めがない限り，同一市町村および隣接市町村で20年間同一の事業を営むことができない（会社21条1項）。

　　(イ)　当事者の合意により，上記競業禁止期間は30年間に，同地域は同一都道府県および隣接都道府県に拡大できる（会社21条2項）。

　　(ウ)　譲渡会社は，競業避止義務の地域制限にかかわらず，また，特約の有無にかかわらず，不正な競争の目的で競業をすることは許されない（会社21条3項）。

　契約当事者は，別途特約を締結し，譲渡会社の競業避止義務を免除・軽減・加重することが可能であるが，譲渡会社の事業を過度に制限する事態が生じないよう，競業避止義務を加重する場合には，上記(イ)のとおり，一定の上限が設けられている。

　ただし，中小企業の事業承継の場面においては，譲渡人（対象会社）が事業譲渡後に同種の事業を行うことはほとんどなく，譲渡人にとって当該競業避止義務が問題となる場面はほぼないといえる。

　(vi)　手続を簡略化する方法　　事業譲渡に関する上記(i)～(v)の法定手続については，以下のとおり，簡略化が可能である。

　　(ア)　株主総会決議の承認手続　　前記(i)の株主総会決議による承認手続は，以下のとおり，簡略化が可能である。

①　総株主の同意を得て，株主総会の招集手続を省略することが可能である（会社300条）。
②　事業譲渡の承認について議決権を行使できる株主全員の書面または電磁的記録による同意を得て，株主総会決議自体を省略することが可能である（会社319条）。

Ⅳ　事業承継実行時の各手法について

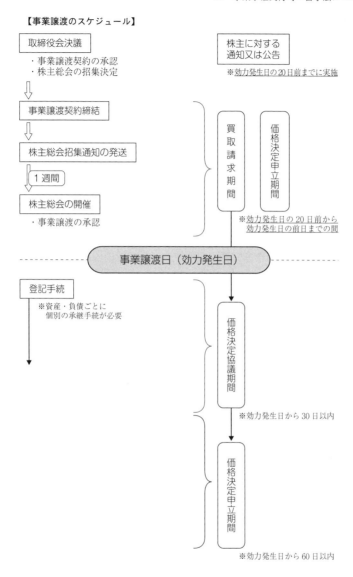

(イ)　株式買取請求手続　　前記(ⅱ)の株式買取請求手続は，株式買取請求権を行使できる全株主の同意を得ることにより，20日間と法定されている株式買取請求期間を短縮することが可能である（「商業登記実務Q&A (4)」登記情報554号（2008）104頁）。

(ウ) 公告　　対象会社による公告については，複数の手続に関する公告をまとめて行うことが可能である。具体的には，株式買取請求の通知に代わる公告，新株予約権買取請求の通知に代わる公告，株券等提供公告をまとめて行うことが可能である。

また，公告を，譲受人・譲渡人の連名で行うことも可能である。

(エ) スケジュール　　事業譲渡に関する通常スケジュールは，次頁のとおりである

(d) 組織再編

(i) 手続の概要　　組織再編の各手法において当事会社に求められる手続の概要は，以下の通りである。

(ア) 事前備置手続　　組織再編は，既存株主や会社債権者に影響を与えるため，会社法には，債権者保護手続や株式・新株予約権買取請求などの利害関係者の保護手続が定められている。

当事会社は，これらの保護手続の実効性を高めるため，権利行使の判断に必要となる情報を記載した事前備置書類（またはそれに代わる電磁的記録）を，事前備置開始日から効力発生日後6か月が経過するまでの間，本店に備え置かなければならない（会社782条1項・794条1項・803条1項）。

事前備置開始日は，下記のいずれか早い日となる（会社782条2項・794条2項・803条2項）。

- 組織再編契約・計画に関する株主総会決議による承認の2週間前の日
- 株式買取請求に関する通知または公告の日
- 新株予約権買取請求に関する通知または公告の日
- 債権者保護手続に関する公告または個別催告の日

(イ) 株主総会決議による承認手続

(α) 原則　　組織再編契約または組織再編計画については，原則として，当事会社の株主総会決議による承認が必要となる。

(β) 簡易組織再編および略式組織再編　　簡易組織再編および略式組織再編に該当する場合においては，株主総会決議による承認を省略することが可能となる。

- 簡易組織再編

　組織再編のうち，承継財産の規模または承継財産の対価として交付される財

産の規模の観点から，組織再編当事会社およびその株主に及ぼす影響が比較的少ないものについては，組織再編契約・計画についての株主総会決議による承認を要することなく，組織再編の効力を生じさせることが認められている（簡易組織再編。会社784条2項・796条2項・805条）。具体的には，下記要件が充足される場合には，株主総会決議の省略が可能となる。

なお，簡易組織再編においては，平成26年会社法改正により，株主による株式買取請求は認められないこととされた（会社785条1項2号・797条1項但書・806条1項2号）。

① 承継財産の対価として交付される財産の規模に関する要件（会社796条2項）
吸収合併・吸収分割・株式交換において，存続会社等（吸収合併存続会社，吸収分割承継会社，株式交換完全親会社）が吸収型組織再編の対価として交付する対価に関する下記割合が5分の1を超えないこと ・（対価として交付する存続会社等の株式数÷存続会社等の発行済株式総数）の割合 ・（対価として交付する存続会社等の株式以外の財産÷存続会社の純資産額）の割合
② 組織再編により承継される財産の規模に関する要件（会社784条2項・805条）
吸収分割・新設分割において，分割会社の純資産額に対する承継対象資産の帳簿価格の合計額の割合が5分の1を超えないこと

・略式組織再編

　組織再編のうち，組織再編当事会社同士の議決権の保有状況（特別支配関係）から，株主総会を開催しなくても決議の結果が明らかであるものについては，組織再編契約についての株主総会決議による承認を要することなく，組織再編の効力を生じさせることが認められている（略式組織再編。会社784条1項・796条1項）。

　具体的には，組織再編の一方の当事会社が他方の当事会社の総株主の議決権の90％（それを上回る割合を定款で定めた場合にはその割合）以上を有するとき（特別支配会社。会社則136条）は，対象会社の株主総会決議による承認を省略することができる（会社784条1項・796条1項）。

　なお，略式組織再編においては，平成26年会社法改正により，特別支配会社による株式買取請求は認められないととされた（会社785条2項・3項・797条2項・3項）。

(ウ)　債権者保護手続

(α)　概要　　組織再編により組織再編当事会社の債権者の利害に影響が出る可能性があることから，会社法は，組織再編当事会社に対して，債権者保護手続を行うことを求めている。債権者保護手続の具体的な流れは後記(β)のとおりである。

会社法上，債権者保護手続の期間は最短でも1か月間としなければならないとされ（会社789条2項・799条2項・810条2項），同手続は，遅くとも効力発生日（新設型組織再編の場合は設立予定日）の1か月以上前に開始されなければならない。

すなわち，事業承継実行時の手法として組織再編を利用する場合，会社法上の手続期間として，最短でも1か月間以上（債権者保護手続期間）を要することとなる。

(β) 債権者保護手続の具体的な流れ

ⅰ 異議を述べることができる債権者の範囲　異議を述べることができる債権者の範囲は，以下のとおりである。

1　合併の場合
当事会社の全債権者が債権者保護手続の対象となる（会社789条1項1号・799条1項1号・810条1項1号）。
2　会社分割の場合
吸収分割・新設分割における分割会社の債権者のうち，下記①・②の債権者に限定される（会社789条1項2号・810条1項2号）。 　①　分割とともに剰余金の配当または全部取得条項付種類株式の取得をする場合（会社758条8号・760条7号） 　　→分割会社の全債権者 　②　分割とともに剰余金の配当または全部取得条項付種類株式の取得をしない場合 　　→吸収分割承継会社または新設会社に承継される債務の債権者のうち，分割後，分割会社に対して債務の履行（連帯保証債務の履行を含む）を請求できない債権者 吸収分割における承継会社の債権者は全員が債権者保護手続の対象となる（会社799条1項2号）。
3　株式交換および株式移転の場合
株式交換および株式移転の場合，原則として，完全親会社となる会社および完全子会社となる会社の財産状況には変動は生じないため，原則として，債権者保護手続の対象となる債権者は存在しない。 ただし，例外的に，新株予約権付社債が完全親会社となる会社に承継される場合（会社789条1項3号・799条1項3号・768条1項4号ハ・810条1項3号）や株式交換により完全子会社の株主に対して完全親会社の株式以外の財産を交付する場合（会社799条1項3号）には債権者保護手続が必要となる。

ⅱ 対象会社による公告・個別催告（債権者異議申述期間の開始）　対象会社は，対象債権者に対して，組織再編に異議があれば一定期間（最低1か月間）内に異議を述べるべき旨を公告し（会社789条2項・799条2項・810条2項），かつ，知れている債権者に対して個別に催告を行う必要がある（会社789条2項・799条2項・810条2項）。

公告および催告には，①組織再編に異議があればその旨を述べるべきこと，

②組織再編をすること，③他の組織再編当事会社の商号および住所，④公告を行う会社の計算書類に関する事項を記載する必要がある（会社789条2項，会社則188条，会社799条2項，会社則199条，会社810条2項，会社則208条）。

　　ⅲ　異議を述べた債権者の取扱い　　債権者が債権者異議申述期間内に異議を述べた場合，当該組織再編を行ったとしても当該債権者を害するおそれがない場合を除き，対象会社は，①弁済，②相当の担保（人的担保すなわち保証でも可）の提供，③当該債権者に弁済を受けさせることを目的とした相当の財産の信託のいずれかの措置を講じなければならない。弁済期の到来していない債権は弁済する必要はないが，担保供与または財産の信託は必要となる。

　なお，債権者保護手続の対象となる債権者のうち，個別催告や公告がなされたにもかかわらず，債権者異議申述期間内に異議を述べなかった債権者は，当該組織再編を承認したものとみなされる（会社789条4項・799条4項・810条4項）。

　　ⅳ　債権者保護手続を行わなかった場合について
　　①　吸収型組織再編（吸収分割，吸収合併，株式交換）の場合　　債権者保護手続を完了していない場合，組織再編の効力は生じない（会社750条6項・759条10項・769条6項）。

　また，吸収型組織再編契約における効力発生日は効力発生日前でなければ変更できないので，効力発生日を変更することなく，組織再編契約で定めた効力発生日までに債権者保護手続を完了していない場合，組織再編契約を改めて作成しなおすことが必要となり，すべての組織再編手続をやり直さなければならない。

　　②　新設型組織再編（新設分割，新設合併，株式移転）の場合　　新設型組織再編の効力発生要件となる登記は，債権者保護手続が終了した日以後でないと行うことができない（会社922条・924条・925条）。そのため，債権者保護手続の完了が当初の予定より遅れた場合，効力発生要件たる登記申請が可能となる日が遅れてしまう。

　しかし，吸収型組織再編とは異なり，新設型組織再編の効力発生日は，組織再編計画の法定記載事項ではないため，組織再編計画の作成し直しを含め，すべての組織再編手続をやり直す必要はない。

　　㋓　反対株主の株式買取請求　　組織再編手続における株式買取請求権とは，組織再編への「反対株主」が，対象会社に対して，自己の有する株式を

「公正な価格」で買い取ることを請求できる権利をいう。株式買取請求の具体的な流れは，以下のとおりである。

　　① 株式買取請求権が認められる「反対株主」の範囲　株式買取請求権を有する株主は，当該組織再編に対する「反対株主」（会社785条2項・797条2項・806条2項）である。組織再編行為に係る株主総会について議決権を有しない株式や単元未満株式の株主も含まれる（会社785条2項1号ロ・2号・797条2項1号ロ・2号・806条2項2号）。

　なお，前記(イ)(β)記載の簡易組織再編においては，平成26年会社法改正により，株式買取請求権は認められないこととされた（会社785条1項2号・797条1項但書・806条1項2号）。前記(イ)(β)記載の略式組織再編については，株主総会による承認が不要であることから，原則として，すべての株主が「反対株主」に含まれることとなるが（会社785条2項2号・797条2項2号），平成26年会社法改正により，特別支配会社（議決権の90％以上を保有する親会社）については，株式買取請求権を有しないこととされた。

　　② 対象会社による通知・公告　対象会社は，組織再編の効力発生日の20日前までに，株式買取請求の対象となる株式の株主（特別支配会社を除く）に対し，当該組織再編を行う旨を通知（株主総会に係る招集通知による通知でも可）し，または公告しなければならない（会社785条3項・4項・797条3項・4項・806条3項・4項）。

　　③ 株式買取請求権の行使要件　議決権を有する株主が株式買取請求権を行使するためには，株主総会に先立って組織再編に反対する旨を対象会社に通知し，かつ，当該株主総会において組織再編に反対の議決権を行使することが必要である。株主総会前の反対通知の方法は法定されておらず，書面・電磁的方法による議決権行使が可能である株主が，当該組織再編に反対である旨を示す議決権行使書面の提出・電子方法により反対通知を行うことも可能である。

　これに対し，議決権制限株式の株主は，事前に組織再編について反対の意思表示を行う必要はない。

　なお，平成26年会社法改正により，株券が発行されている株式について株式買取請求権を行使しようとするときは，組織再編を行う株式会社に対して，当該株式に係る株券を提出しなければならないものとされた（会社785条6項・797条6項・806条6項）。

ⓘⓥ　株式買取請求権の行使期間　　反対株主は，当該組織再編の効力発生日の 20 日前から効力発生日までの前日までの間に（新設合併等においては，上記通知または公告をした日から 20 日以内）に，株式買取請求に係る株式の数を明らかにして，買取請求をしなければならない（会社 785 条 1 項・5 項・797 条 1 項・5 項・806 条 1 項・5 項）。

ⓥ　株式価格の決定手続　　株式の買取価格については，株主と対象会社との間で，組織再編の効力発生日から 30 日以内に協議が整えばその価格が買取価格となり，協議が整わない場合には，対象会社または反対株主が，当該協議期間満了日後 30 日以内に，裁判所に対して，価格決定の申立てを行うことができる（会社 786 条 2 項・798 条 2 項・807 条 2 項）。価格決定の申立てがなされた場合，裁判所はその買取価格を決定することができる（非公開会社における株式の価格決定に関する近年の裁判例は本章末尾の**別表 1** のとおり）。

株式買取請求権を行使した反対株主（振替株式の発行者を除く）は，原則として，買取対象会社の承諾を得た場合（会社 785 条 7 項・797 条 6 項・806 条 6 項）でなければ，株式買取請求を撤回することはできない。ただし，裁判所に対する価格決定の申立てがない場合には，申立期間満了後は撤回可能となる。

なお，平成 26 年会社法改正により，対象会社は，株式買取請求があった場合，裁判所による買取価格の決定があるまで，反対株主に対して自らが公正な価格と認める額を支払うことができることとされた（会社 786 条 5 項・798 条 5 項・807 条 5 項）。会社法では，株式買取請求に係る株式について，裁判所に価格決定の申立てが行われた場合，対象会社は，裁判所の価格決定後，当該買取価格に対する組織再編の効力発生日から 60 日の期間満了後の年 6 分の利息を支払わなければならないとされているところ（会社 786 条 4 項・798 条 4 項・807 条 4 項），対象会社が上記の事前支払（会社 786 条 5 項・798 条 5 項・807 条 5 項）をした場合，その事前支払部分の額については，利息を支払う義務を負わないこととなる。

ⓥⓘ　株式買取の効力発生日　　従来の会社法においては，吸収合併存続会社，吸収分割承継会社および株式交換完全親会社（以下「存続会社等」という）と吸収合併消滅会社または株式交換完全子会社のそれぞれについて，株式買取請求に係る株式買取の効力発生日が異なっていた（前者は株式代金支払時，後者は組織再編の効力発生日）が，平成 26 年会社法改正により，株式買取請求の効力発生

日は，組織再編の効力発生日に統一された（会社786条6項・798条6項・807条6項）。

　(オ)　新株予約権買取請求　　組織再編手続における新株予約権買取請求権とは，組織再編に際して他の会社に新株予約権が承継される場合などにおいて，一定の要件を満たす新株予約権者が，対象会社に対して，自己の有する新株予約権を公正な価格で買い取ることを請求できる権利をいう。新株予約権買取請求の手続は，原則として，前記(エ)の株式買取請求と同様である。

　(カ)　株券等提出手続　　合併（自社が合併消滅会社になる場合のみ），株式交換および株式移転を行う場合について，自社が株券発行会社である場合には，株券の提出手続を行わなければならない（会社219条1項6号～8号）。具体的には，株券提出日の1か月前までに，組織再編の効力発生日までに，対象会社に対し株券を提出しなければならない旨を公告し，かつ，当該株式の株主および登録株式質権者に対して個別通知する必要がある。

　また，合併（自社が合併消滅会社になる場合のみ），吸収分割，新設分割，株式交換および株式移転を行う場合について，自社が特定の新株予約権証券を発行している場合には，当該証券の提出手続を行わなければならない（会社293条1項3号～7号）。

　存続会社等は，株券または新株予約権証券が提出されるまで，組織再編の対価の交付を拒むことができる（会社219条2項・293条2項）。

　(キ)　事後備置手続　　組織再編について，株主等は，組織再編の効力発生日後6か月以内に限り，当該組織再編の無効の訴えを提起することができる（会社828条1項7号～12号）。

　対象会社は，株主等が当該権利を行使するか否かを判断するための前提となる情報を得ることができるよう，効力発生日後遅滞なく，組織再編に関係する事項を記載した事後備置書類（またはそれに代わる電磁的記録）を作成し（会社791条1項・801条1項・811条1項），効力発生日後6か月が経過するまでの間，本店に備え置かなければならない（会社791条2項・801条2項・811条2項）。

　(ク)　労働者保護手続
　(a)　株式交換および株式移転　　株式交換，株式移転については，対象会社における会社財産の変動は生じず，その株主構成が変化するにすぎないため，対象会社と同社の労働者との間の雇用契約にも変更は生じない。

(β) 合併　　合併については，消滅会社の権利義務すべてを存続会社にそのまま包括承継させるため，原則として，消滅会社と同社の労働者との間の雇用契約も従前の雇用条件のまま存続会社等に承継される。そのため，労働者承継のための特段の手続は存在しない。

　(γ) 会社分割　　会社分割については，会社法上は，分割会社と同社の労働者との間の雇用契約は，分割会社の労働者の個別の同意を得なくとも，分割契約・分割計画の定めに従い，承継会社・新設会社に承継されるか，分割会社に残されることとなる。

　しかし，会社分割が行われる場合，分割会社および承継会社・新設会社の営む事業の内容や会社財産の状況等に変動が生ずるため，労働者の権利を保護するため，次頁の表のとおり，別途，「会社分割に伴う労働契約の承継等に関する法律（以下「労働承継法」という），会社分割に伴う労働契約の承継等に関する法律施行規則（平成12年労働省令48）（以下「労働承継法規則」という），商法改正附則5条1項（平成12年法律90）が定める手続を行う必要がある。

　(ケ) 登記手続　　組織再編を利用して事業承継を実行する場合，適法に登記手続を完了させることが不可欠である。

　組織再編に関する登記申請手続に必要となる添付書面は，182～184頁のとおりである。

　(ii) 手続を簡略化する方法　　組織再編に関する前記(i)の各法定手続については，以下のとおり簡略化が可能である。

　(ア) 株主総会決議の承認手続　　前記(i)(イ)の株主総会決議による承認手続は，以下のとおり，簡略化が可能である。

① 総株主の同意を得て，株主総会の招集手続を省略することが可能である（会社300条）。
② 組織再編の承認について議決権を行使できる株主全員の書面または電磁的記録による同意を得て，株主総会決議自体を省略することが可能である（会社319条）。

　(イ) 債権者保護手続　　前記(i)(ウ)の債権者保護手続については，株式買取請求手続とは異なり，債権者の同意によって債権者保護手続の期間を短縮することは許されない。ただし，以下の場合には，そもそも債権者保護手続が必要となる債権者がいないとして，同手続が不要となる。

第 3 章　会　社　法

【労働者保護手続】

手　　続	法 定 期 間
1　労働者の理解と協力を得るための努力（労働承継 7 条）（※ 1）	2 の「労働者との個別協議」の開始前までには開始しなければならない。 （労働承継 7 条，労働承継規則 4 条）
2　労働者との個別協議 （商法改正附則 5 条 1 項）	3・4 の労働者および労働組合への通知期限までに実施しなければならない（商法改正附則 5 条 1 項）。
3　労働者への通知（労働承継 2 条 1 項）（※ 2）	（株主総会決議の承認を要する場合） ・株主総会の日の 2 週間前の日の前日まで（労働承継 2 条 3 項 1 号） （株主総会決議の承認を要しない場合） ・吸収分割契約締結日または新設分割計画作成日から起算して 2 週間経過日まで（労働承継 2 条 3 項 2 号）
4　労働組合への通知（労働承継 2 条 2 項）	同上
5　3 の通知対象の労働者による異議申出期間	3 の通知日から異議申出期限日との間に中 13 日間 （株主総会決議の承認を要する場合） ・3 の通知日以降，通知期限日の翌日から株主総会の日の前日までの期間の範囲内で分割会社が定める日までの期間（中 13 日以上） （株主総会決議の承認を要しない場合） ・3 の通知日以降，分割の効力が生ずる日の前日までの間で分割会社が定める日までの期間（中 13 日以上）（労働承継 4 条）

※ 1：労働承継法 7 条および労働承継法規則 4 条は，①すべての事業場において，当該事業場に，労働者の過半数で組織する労働組合がある場合には当該労働組合，②労働組合がない場合においては，労働者の過半数を代表する者との協議その他これに準ずる方法によって，その雇用する労働者の理解と協力を得るよう努めることを求めている。
※ 2：通知の対象となる労働者および通知に対して 5 の異議申出を行うことのできる労働者は下記表の通り区分される。

【労働者の区分】

労働者の種別		労働者に対する通知	異議申立権
分割による承継対象事業に主として従事する労働者	分割契約・分割計画に承継される旨の記載あり	必要	なし
	分割契約・分割計画に承継される旨の記載なし		あり
分割による承継対象事業に主として従事する労働者以外の労働者	分割契約・分割計画に承継される旨の記載あり		あり
	分割契約・分割計画に承継される旨の記載なし	不要	なし

Ⅳ 事業承継実行時の各手法について

組織再編の種類	添付書面 ※上記(ア)〜(ク)各手続に関する書面には下線部を付している。
吸収合併	① 吸収合併契約書（商登80条1号） ② 存続会社の手続に関する下記書面 　・合併契約の承認に関する書面（同法46条）【(イ)株主総会決議】 　・略式合併または簡易合併の場合には、その要件を満たすことを証する書面（同法80条2号）【(イ)株主総会決議の省略】 　・債権者保護手続のための公告および催告をしたことを証する書面、ならびに、異議を述べた債権者があるときは、当該債権者に弁済を受けさせることを目的として相当の財産を信託したことまたは当該債権者を害するおそれがないことを証する書面（同法80条3号。以下総称して「債権者保護手続関係書面」という）【(ウ)債権者保護手続】 　・資本金の額が会社法の規定に従って計上されたことを証する書面（同法80条4号） ③ 消滅会社の手続に関する下記書面 　・消滅会社の登記事項証明書（同法80条5号） 　・合併契約の承認機関に応じ、株主総会もしくは種類株主総会の議事録または総株主もしくは種類株主の全員の同意があったことを証する書面（同法80条6号）【(イ)株主総会決議】 　・債権者保護手続関係書面（同法80条8号）【(ウ)債権者保護手続】 　・消滅会社が株券発行会社であるときは、株券提供公告をしたことを証する書面（同法80条9号）【(カ)株券等提出手続】 　・消滅会社が新株予約権を発行しているときは、新株予約権証券提供公告をしたことを証する書面（同法80条10号）【(カ)株券等提出手続】 ④ 合併につき主務官庁の認可が効力要件となる場合には、主務官庁の認可書または認証がある謄本（同法19条） ⑤ 登税規則12条5項の規定に関する証明書（登録免許税の算定根拠を明らかにする資料）
吸収分割	① 吸収分割契約書（商登85条1号） ② 承継会社の手続に関する下記書面 　・分割契約の承認に関する書面（同法46条）【(イ)株主総会決議】 　・略式分割または簡易分割の場合には、その要件を満たすことを証する書面（同法85条2号）【(イ)株主総会決議の省略】 　・債権者保護手続関係書面（同法85条3号）【(ウ)債権者保護手続】 　・資本金の額が会社法の規定に従って計上されたことを証する書面（同法85条4号） ③ 分割会社の手続に関する下記書面 　・分割会社の登記事項証明書（同法85条5号） 　・分割契約の承認機関に応じ、株主総会もしくは種類株主総会の議事録または総株主もしくは種類株主の全員の同意があったことを証する書面（同法85条6号）【(イ)株主総会決議】 　・債権者保護手続関係書面（同法85条8号）【(ウ)債権者保護手続】 　・分割会社が新株予約権を発行しているときは、新株予約権証券提供公告をしたことを証する書面（同法85条9号）【(カ)株券等提出手続】 ④ 分割につき主務官庁の認可が効力要件となる場合には、主務官庁の認可書または認証がある謄本（同法19条）
株式交換	① 株式交換契約書（商登89条1号）

	②	完全親会社の手続に関する下記書面 ・株式交換契約の承認に関する書面（同法46条）【(イ)株主総会決議】 ・略式株式交換または簡易株式交換の場合には、その要件を満たすことを証する書面（同法89条2号）【(イ)株主総会決議の省略】 ・債権者保護手続関係書面（同法89条3号）【(ウ)債権者保護手続】 ・資本金の額が会社法の規定に従って計上されたことを証する書面（同法89条4号）
	③	完全子会社の手続に関する下記書面 ・完全子会社の登記事項証明書（同法89条5号） ・株式交換契約の承認機関に応じ、株主総会もしくは種類株主総会の議事録または総株主もしくは種類株主の全員の同意があったことを証する書面（同法89条6号）【(イ)株主総会決議】 ・債権者保護手続関係書面（同法89条7号）【(ウ)債権者保護手続】 ・完全子会社が株券発行会社であるときは、株券提供公告をしたことを証する書面（同法89条8号）【(カ)株券等提出手続】 ・完全子会社が新株予約権を発行しているときは、新株予約権証券提供公告をしたことを証する書面（同法89条9号）
新設合併	①	新設合併契約書（商登81条1号）
	②	設立会社に関する下記書面 ・定款（同法81条2号） ・株主名簿管理人を置いた時は、その者との契約を証する書面（同法81条3号） ・設立時取締役が設立時代表取締役を選定したときは、これに関する書面（同法81条3号） ・新設合併設立株式会社が委員会設置会社であるときは、設立時執行役の選任並びに設立時委員および設立時代表執行役の選定に関する書面（同法81条3号） ・設立時取締役、設立時監査役および設立時代表取締役（委員会設置会社にあっては、設立時取締役、設立時委員、設立時執行役および設立時代表執行役）が就任を承諾したことを証する書面（同法81条3号） ・設立時会計参与または設立時会計監査人を選任したときは、次に掲げる書面（同法81条3号） 　(1) 就任を承諾したことを証する書面 　(2) これらの者が法人であるときは、当該法人の登記事項証明書 　(3) これらの者が法人でないときは、資格者であることを証する書面 ・特別取締役による議決の定めがあるときは、特別取締役の選定およびその選定された者が就任を承諾したことを証する書面（同法81条3号） ・資本金の額が会社法の規定に従って計上されたことを証する書面（同法81条4号）
	③	消滅会社の手続に関する下記書面 ・消滅会社の登記事項証明書（同法81条5号） ・合併契約の承認機関に応じ、株主総会もしくは種類株主総会の議事録または総株主もしくは種類株主の議事録または総株主もしくは種類株主の全員の同意があったことを証する書面（同法81条6号）【(イ)株主総会決議】 ・債権者保護手続関係書面（同法81条8号）【(ウ)債権者保護手続】 ・消滅会社が株券発行会社であるときは、株券提供公告をしたことを証する書面（同法81条9号）【(カ)株券等提出手続】 ・消滅会社が新株予約権を発行しているときは、新株予約権証券提供公告をしたことを証する書面（同法81条10号）【(カ)株券等提出手続】
	④	合併につき主務官庁の認可が効力要件となる場合には、主務官庁の認可書または認

Ⅳ 事業承継実行時の各手法について

	証がある謄本（同法 19 条） ⑤ 登税規則 12 条 3 項の規定に関する証明書（登録免許税の算定根拠を明らかにする資料）
新設分割	① 新設分割計画書（商登 86 条 1 号） ② 設立会社に関する書面 ・基本的には新設合併と同様 ・ただし，設立時取締役の就任承諾書に押印された印鑑についての市区村長の発行した印鑑証明書も必要となる（同法規則 61 条 2 号前段） ③ 分割会社の手続に関する下記書面 ・分割会社の登記事項証明書（同法 86 条 5 号） ・分割計画の承認機関に応じ，株主総会もしくは種類株主総会の議事録または総主もしくは種類株主の議事録または総株主もしくは種類株主の全員の同意があったことを証する書面（同法 86 条 6 号）【(イ)株主総会決議】 ・債権者保護手続関係書面（同法 86 条 8 号）【(ウ)債権者保護手続】 ・分割会社が新株予約権を発行しているときは，新株予約権証券提供公告をしたことを証する書面（同法 86 条 9 号）【(カ)株券等提出手続】 ④ 分割につき主務官庁の認可が効力要件となる場合には，主務官庁の認可書または認証がある謄本（同法 19 条）
株式移転	① 株式移転計画書（商登 90 条 1 号） ② 設立会社に関する書面 ・基本的には新設分割と同様 ③ 完全子会社の手続に関する下記書面 ・分割会社の登記事項証明書（同法 90 条 5 号） ・株式移転計画の承認機関に応じ，株主総会もしくは種類株主総会の議事録または総株主もしくは種類株主の議事録または総株主もしくは種類株主の全員の同意があったことを証する書面（同法 90 条 6 号）【(イ)株主総会決議】 ・債権者保護手続関係書面（同法 90 条 7 号）【(ウ)債権者保護手続】 ・完全子会社が株券発行会社であるときは，株券提供公告をしたことを証する書面（同法 90 条 8 号）【(カ)株券等提出手続】 ・分割会社が新株予約権を発行しているときは，新株予約権証券提供公告をしたことを証する書面（同法 90 条 9 号）【(カ)株券等提出手続】

1 会社分割の場合

　債権者保護手続の対象となる債権者の対象が限定されており，下記①・②の両方の要件を満たす債権者については，債権者保護手続が不要である（会社 789 条 1 項 2 号・810 条 1 項 2 号）。
① 分割とともに剰余金の配当または全部取得条項付種類株式の取得をしない。
② 承継会社または新設会社に承継される債務の債権者であり，分割後も，分割会社に対して債務の履行（連帯保証債務の履行を含む）を請求できる。

　すなわち，分割とともに剰余金の配当または全部取得条項付種類株式の取得を受ける株主がいない場合において，分割会社と承継会社（新設会社）の間で，旧債務について重畳的債務引受を行う（または分割会社が同債務について分割後に連帯保証する）ことにより，債権者保護手続を省略することが可能である。

2 株式交換および株式移転の場合

　株式交換および株式移転の場合，原則として，完全子会社となる会社の財産状況には変動は生じず，債権者保護手続が必要となる債権者はいないため，同手続は不要となる。

第3章 会 社 法

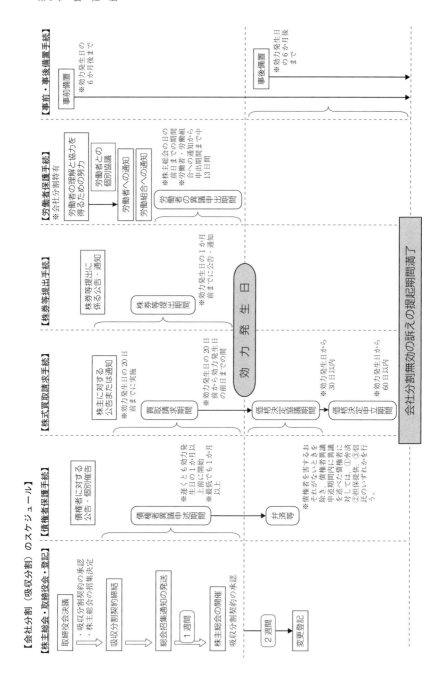

(ウ) 株式買取請求手続　　前記(i)(エ)の反対株主の株式買取請求手続については，株式買取請求を行うことができる全株主の同意を得ることにより，20日間と法定されている株式買取請求期間を短縮することが可能である（「商業登記実務Q&A（4）」登記情報554号（2008）104頁）。

(エ) 通知・公告手続　　対象会社による公告については，複数の手続に関する公告をまとめて行うことが可能である。具体的には，債権者保護手続の公告，株式買取請求の通知に代わる公告，新株予約権買取請求の通知に代わる公告，株券等提供公告をまとめて行うことが可能である。

また，吸収型組織再編（吸収分割，吸収分割，株式交換）の場合，存続会社（承継会社）と消滅会社（分割会社）が連名で公告を行うことも可能である。

(ⅲ) スケジュール　　次頁では，中小企業の事業承継の場面で用いられることの多い会社分割（吸収分割）について，会社法が規定する諸手続を整理している。

なお，会社分割（吸収分割）以外の組織再編の手法についても，会社分割特有の労働者承継手続を除くと，基本的には前頁のスケジュールと同様である。

Ⅴ　キャッシュ・アウト

1　キャッシュ・アウトとは

キャッシュ・アウトとは，少数株主に対して金銭などを対価として交付することにより，その株主の地位を強制的に失わせることをいう。

キャッシュ・アウトは，上場企業が非公開化する過程において利用されることが多いが，非上場の中小企業における事業承継の場面においても利用されることがある。

具体的には，オーナー経営者以外に他の株主が存在する会社の場合，事業承継の前提として，オーナー経営者が全株式を自らに集中させて100%株主となることを企図することが考えられる。この場合，オーナー経営者としては，まずは，他の株主との協議による株式の取得を目指すことになるが，何らかの事情により他の株主からの協力を得ることが困難な場合においては，キャッシュ・アウトを行って強制的に株式を集中させることが考えられる。また，相続

等を契機として株式が分散してしまい，後継者の下に株式を集中させることが困難になった場合の事後的な対応策として，キャッシュ・アウトを行うことも考えられる。

2 キャッシュ・アウトの手法（概要）

キャッシュ・アウトの手法は，①現金対価の組織再編（吸収合併，株式交換），②全部取得条項付種類株式の活用，③株式併合および④株式等売渡請求がある。

これまでの実務においては，②全部取得条項付種類株式を用いた手法を利用することが多かった。これに対し，①現金対価の組織再編は税務上のデメリットがあり，③株式併合は反対株主に株式買取請求権等が付与されておらず，株主の権利保護に欠けるとの理由で，事実上利用されていなかった。

しかしながら，平成26年の会社法改正により，キャッシュ・アウトに利用できる手法のバリエーションが増えた。新設された④株式等売渡請求制度は，議決権の90％以上となる株式を保有すれば，残りの株主が保有する残りの株式全部を強制的に買い取ることができる制度であり，非公開の中小企業においても利用可能な制度である。また，平成26年の会社法改正により，②全部取得条項付種類株式および③株式併合について，キャッシュ・アウトに利用することを前提とした株主の権利保護に関する規律の拡充等（特に③株式併合については，反対株主の株式買取請求制度や裁判所による価格決定制度の創設を含む）がなされた。そのため今後は，③株式併合もキャッシュ・アウトに利用することが実務上も可能となったと考えられる。

新たに創設された④株式等売渡請求制度においては，少数株主の有する株式が対象会社ではなく，キャッシュ・アウトを行う株主に直接移転し，当該株主から少数株主に対して対価としての金銭が交付される（直接移転型）。他方，②全部取得条項付種類株式の取得と③株式併合は，既存の普通株式を端数株式とした後，端数処理の手続における金銭交付という形で対象会社から少数株主に対して金銭対価を交付する（端数処理型）。それぞれの手法について，直接移転型か端数処理型か，また，対象となる証券，対象会社における意思決定手続，買収者の持株要件および反対株主の取り得る手段および登記申請の要否について整理したのが【キャッシュ・アウトの各手法の概要】である。

3 現金対価の組織再編を用いたキャッシュ・アウト

現金対価の組織再編を用いたキャッシュ・アウトは，買収会社（SPC）を設立し，買収会社に対象会社を吸収合併させたり，買収会社を完全親会社とし対象会社を完全子会社とする現金対価の株式交換を行う手法である。

現金対価の組織再編は，税制非適格とされ，対象会社に時価課税がなされるため，税務上のデメリットが大きい。そのため，現金対価の吸収合併・株式交換が実務上用いられることはほとんどない。

【キャッシュ・アウトの各手法の概要】（※（　）内は会社法の条数）

	現金対価の組織再編		全部取得条項付種類株式の取得	株式併合	株式等売渡請求
	通常型	略式型			
直接移転型／端数処理型	直接移転型→買収者が対象会社の全株式を取得		端数処理型→買収者または対象会社に端数売却	端数処理型→買収者または対象会社に端数売却	直接移転型→買収者が対象会社の全株式等を取得
対象となる証券	・株式（768条1項2号ホ・770条1項3号ロ）・新株予約権（合併の場合749条1項4号）・新株予約権付社債		株式（※）	株式	・株式・新株予約権・新株予約権付社債
対象会社における意思決定手続	株主総会特別決議（783条1項・309条2項12号）	取締役会決議（784条1項）	株主総会特別決議（171条1項・309条2項3号）	株主総会特別決議（180条2項・309条2項4号）	取締役会決議（179条の3第1項・3項）
買収者の持株要件	—	議決権の90%（784条1項）			議決権の90%
反対株主の取り得る手段 株式買取請求・価格決定の申立て	株式買取請求（785条1項）	株式買取請求（785条1項）	株式買取請求（116条・117条）取得価格決定の申立て（172条1項）	株式買取請求（182条の4第1項）	売買価格決定の申立（179条の8第1項）
反対株主の取り得る手段 差止請求（差止事由）	可能（784条の2第1号）・法令定款違反	可能（784条の2）・法令定款違反・対価が著しく不相当	可能（171条の3）・法令定款違反	可能（182条の3）・法令定款違反	可能（179条の7）・法令定款違反・対価が著しく不相当
反対株主の取り得る手段 株主総会決議の取消訴訟	可能	不可能	可能	可能	不可能
無効訴訟	可能（828条1項11号）	不可能	不可能	不可能	可能（846条の2）
登記申請の要否	必要	必要	必要	必要	不要

※　ストック・オプションとして発行される新株予約権には，実務上，全部取得条項付種類株式の取得の場合に対象会社が新株予約権を取得することができる旨の取得条項が付されていることがあるため，かかる取得条項を利用して新株予約権をキャッシュ・アウトの対象とすることはあり得る。

4 全部取得条項付種類株式を用いたキャッシュ・アウト

全部取得条項付種類株式とは，株主総会の特別決議によりその種類の株式の全部を取得することができるという内容の種類株式をいう（会社108条1項7号）。キャッシュ・アウトを行う場合，既発行の普通株式を全部取得条項付種類株式に変更して対象会社がこれを取得し，対価として少数株主に株式の端数部分を交付して，かかる端数部分の処理を通じて少数株主を排除することになる。

平成26年の会社法改正により株式等売渡請求が新設されたが，キャッシュ・アウトを実施するための議決権の保有割合をみると，株式等売渡請求は買収者が10分の9以上の議決権を保有する必要があるのに対し，全部取得条項付種類株式を取得する手法では，特別決議を可決させることができるだけの議決権，すなわち，3分の2以上の議決権を保有することで実施することが可能である（ただし，実務上は買収者が8割程度の議決権を保有しない限り，全部取得条項付種類株式を用いたキャッシュ・アウトも実施されない。）。また，株主総会決議が必要となるなど，手続上，煩雑な点はあるものの，これまでの利用実績が相当多数に上ることもあり，全部取得条項付種類株式は今後もキャッシュ・アウトの手法として相当程度活用されるものと思われる。

以下，全部取得条項付種類株式を用いたキャッシュ・アウトの手続について解説する。

(1) 手続の概要

全部取得条項付種類株式を用いたキャッシュ・アウトの手続の概要は，次頁の図【全部取得条項付種類株式を用いたキャッシュ・アウトの手続の概要】のとおりである。

(2) 株主総会の特別決議

普通株式のみを発行している株式会社を前提に，全部取得条項付種類株式を用いた手法によりキャッシュ・アウトを行う場合を想定すると，①種類株式発行会社になる旨の定款変更，②既発行の普通株式に全部取得条項を付する定款変更，および③全部取得条項付種類株式（②による定款変更後の株式）の取得について，それぞれ株主総会の特別決議を得ることが必要になる（なお，産業競争力強化法の特例（同法35条）を利用することにより株主総会決議を省略できる場合がある）。

V　キャッシュ・アウト

【全部取得条項付種類株式を用いたキャッシュ・アウトの手続の概要】

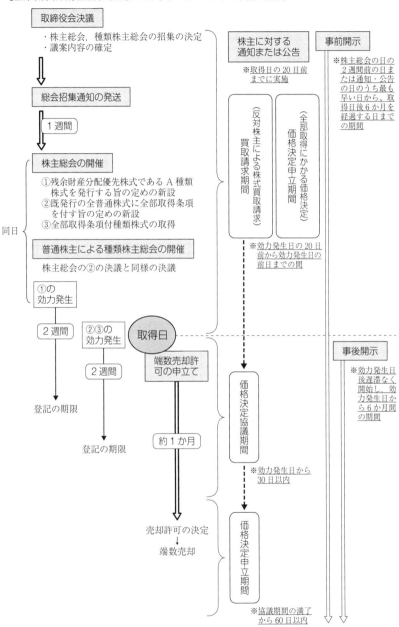

①②③については，通常，1回の株主総会でまとめてそれぞれの議案の決議を得ることが多い。また，②に関しては，通常の株主総会決議に加えて，普通株主による種類株主総会の特別決議も必要になるが（会社111条2項1号・324条2項1号），かかる種類株主総会も，通常，上記の株主総会と併せて同日に行われる。

(a) **種類株式発行会社になる旨の定款変更決議**

種類株式発行会社になる（2以上の種類の株式を発行できるようにする）旨の定款変更決議を行う。本決議は，特別決議による（会社309条2項11号）。

定款変更の議案の例は，以下のとおりである。

普通株式のほかに設ける種類の株式（A種株式）の内容について，議決権が必要になることを除けば他に制約はないが，会社法108条に定めるいずれかの権利について内容が異なることが必要である。実務上は，もっとも影響が少ない残余財産の分配についての内容が定められることが多い。

(b) **既発行の普通株式に全部取得条項を付する定款変更決議**

上記(a)の定款変更が効力を生じることを条件とする，既発行の普通株式に全部取得条項を付する定款変更を行う（会社111条2項）。定款変更には，株主総会の特別決議（会社309条2項11号）のほか，種類株主としての普通株主による種類株主総会の特別決議（会社111条2項・324条2項）が必要となる。

定款変更の議案の例は，以下のとおりである。

現行定款	変更案
（発行可能株式総数） 第○条　当会社の発行可能株式総数は○○株とする。	（発行可能株式総数および発行可能種類株式総数） 第○条　当会社の発行可能株式総数は○○株とし，当会社の普通株式の発行可能種類株式総数は○○株，当会社のA種株式の発行可能種類株式総数は○○株とする。
（新設）	(A種株式) 第○条　当会社は，残余財産の分配をするときは，A種株式を有する株主（以下「A種株主」という。）またはA種株式の登録株式質権者（以下「A種登録株式質権者」という。）に対し，普通株式を有する株主（以下「普通株主」という。）または普通株式の登録株式質権者（以下「普通登録株式質権者」という。）に先立ち，A種株式1株につき1円（以下「A種残余財産分配額」という。）を支払う。A種株主またはA種登録株式質権者に対してA種残余財産分配可能額の金額が分配された後，普通株主または普通登録株式質権者に対して残余財産の分配をするときは，A種株主またはA種登録株式質権者は，A種株式

	1株当たり，普通株式1株当たりの残余財産分配額と同額の残余財産の分配を受ける。
①による変更後の定款	追加変更案
（新設）	（全部取得条項） 第○条　当会社が発行する普通株式は，当会社が株主総会の決議によってその全部を取得できるものとする。当会社が普通株式を取得する場合には，普通株式の取得と引換えに，普通株式1株につきA種株式を○株の割合をもって交付する。

　なお，この定款変更について，反対株主は，株式買取請求権を行使することができる（会社116条1項2号）（後記(6)(a)）。

　全部取得条項付株式の取得対価については，財産の内容および数もしくは額またはこれらの算定方法および取得日等を定めることになる（会社171条1項）。キャッシュ・アウトの場合には，取得対価たるA種株式の交付割合について，①今後も対象会社を経営していく株主（残存株主）には1株以上の株式が，②その他の少数株主（排除したい株主）には1株に満たない端数が交付されるように設定するとともに，③少数株主に交付される端数の合計数が1株以上となるような割合で設定するのが通常である。端数が割り当てられる株主に対する最終的な金銭交付は，かかる端数を合計して1株以上となった株式を売却した対価が原資となるため，端数の合計数が1株に満たない場合には，その端数は切り捨てられてしまい，端数処理手続の際に残存株主等への売却の対象とならないため（会社234条1項），残存株主以外の少数株主にキャッシュ・アウトの対価（金銭）が交付されなくなってしまうからである。

　なお，平成26年改正により，価格決定の申立てをした株主に対しては，全部取得による対価としての株式の端数部分が交付されないこととされた（会社173条2項柱書）。そのため，全部取得に際して一定割合以上の株主から価格決定の申し立てがなされてしまった場合，意図せずに結果的に，対価としてその他の株主に交付される端数の合計数が1株未満となる事態が発生し得る。このことは，定款変更議案に対する反対株主による株式買取請求の場合にも同様に問題となる。自己株式に対しては，全部取得条項付種類株式の取得の対価は交付されないところ（会社171条2項），平成26年の会社法改正により，株式買取請求にかかる株式の取得は定款変更の効力発生日に生じるとされており（会社117条6項），これは同日の午前0時に定款変更の効力が発生する直前に取得の

効力が発生する意味と解されるため，株式買取請求にかかる株式は，全部取得条項付種類株式の取得の効力発生時点で自己株式になっており，やはり全部取得の対価となる株式の端数部分は交付されないためである。そのため，株式買取請求や価格決定の申立てがなされることが見込まれる株主の数も考慮した上で，取得の条件（対価の交付割合）を定める必要がある。

(c) 全部取得条項付種類株式の取得の決議

上記(a)および(b)の定款変更が効力を生じることを条件とする，全部取得条項付種類株式の取得の決議を行う。

本決議は，株主総会の特別決議によることが必要である（会社309条2項3号）。種類株主総会決議は不要である。

なお，本決議に関し，反対株主は，裁判所に対して取得価格決定の申立てを行うことができる（会社172条）（後記(6)(b)）。

(3) 端数処理

以上の株主総会の特別決議が完了し，全部取得の効力が生じたのち，株主に対して割り当てられた株式の端数部分の処理を行うことになる（会社234条1項2号）。

キャッシュ・アウトを目的として全部取得条項付種類株式を取得する場合は，割り当てられた株式の端数部分は，対象会社が，これを取りまとめて1株以上となった部分を，裁判所の許可を経て，競売以外の方法により残存株主に売却するか（会社234条2項），対象会社自らが買い取る（会社234条4項）ことになる。

この端数売却許可の申立ては，対象会社の取締役の全員の同意によってしなければならない（会社234条2項）。端数売却許可の管轄は，対象会社の本店所在地を管轄する地方裁判所である（会社868条1項）。申立ての趣旨は，「株式会社○○がその発行する別紙株式目録記載の株式を1株につき○○円で売却することを許可するとの決定を求める」等と記載する。裁判の審理は，売却価格の妥当性が中心となる。適切な取引事例があるときはそれを参考とするが，それがないときは，配当還元方式，収益還元方式，類似業種比準方式，純資産価額方式等の評価方法なども参考にされる。

株式の端数部分を対象会社自らが買い取る場合には，取締役会決議により，①買い取る株式の数，および②株式の買取りをするのと引換えに交付する金銭

の総額を定めることになる。買取りを行う場合，分配可能額の制限を受けることや（会社461条1項7号），財源規制に違反した場合の特別責任（会社462条1項5号），および期末に欠損が生じた場合の特別責任（会社465条1項9号）に留意する必要がある。会社が取得した端数部分の株式は，会社の自己株式として保有することになるため，必要に応じて消却する（会社178条）。

これらの結果，対象会社の唯一の株主となった残存株主は，A種株式の株主となっているため，必要に応じて再度定款変更を行い，A種株式を以前の普通株式と同様の内容にする変更等を行うことも考えられる。

(4) 事前・事後開示

株主に対する情報開示の観点から，平成26年の会社法改正により，全部取得条項付株式の取得に関する事項を記載した書面等の事前備置（会社171条の2）および事後備置（会社173条の2）が義務付けられた。

事前開示は，株主総会の日の2週間前の日または通知・公告の日のうち最も早い日から，取得日後6か月を経過する日までの期間において求められている（会社171条の2第1項）。

事前開示事項は，以下のとおりである。

内　容	条　文
取得対価の数・額またはその算定方法およびその割当て	会社171条1項1号・2号
取得日	会社171条1項3号
取得対価の相当性に関する事項 ①取得対価の総数または総額の相当性に関する事項 ②取得対価として当該種類の財産を選択した理由 ③親会社等がある場合には，それ以外の株主の利害を害さないように留意した事項 ④端数処理（会社234条）をすることが見込まれる場合における以下の事項 　・端数処理の方法に関する事項 　・端数処理により株主に交付することが見込まれる金銭の額および当該額の相当性に関する事項	会社則33条の2第1項1号・2項
取得対価について参考となるべき事項	会社則33条の2第1項2号・3項
計算書類等に関する事項	会社則33条の2第1項3号・4項
上記各項目について取得日までの間に生じた変更	会社則33条の2第1項4号

事後開示は，取得日後遅滞なく開始し，取得日から6か月間の期間の開示が求められている（会社173条の2第1項・2項）。

事後開示事項は，以下のとおりである。

内　容	条　文
株式会社が全部取得条項付種類株式の全部を取得した日	会社則33条の3第1号
差止請求に係る手続の経過	会社則33条の3第2号
取得価格決定申立手続の経過	会社則33条の3第3号
株式会社が取得した全部取得条項付種類株式の数	会社則33条の3第4号
上記のほか，全部取得条項付種類株式の取得に関する重要な事項	会社則33条の3第5号

(5) 株主に対する通知・公告

　株式会社がある種類の株式の内容として全部取得条項を付する旨の定款変更を行う場合，当該定款変更の効力発生の20日前までに，当該種類の株式の株主に対して，同定款変更を行う旨を通知するか，または公告しなければならない（会社116条3項・4項）。

　また，平成26年の会社法改正により，全部取得条項付種類株式の発行会社は，取得日の20日前までに，全部取得条項付種類株式の株主に対し，当該全部取得条項付種類株式の全部を取得する旨を通知するか，または公告しなければならないものとされた（会社172条2項・3項）。

　全部取得条項を付する旨の定款変更を行う旨の通知または公告と全部取得条項付種類株式を取得する旨の通知または公告は同時に実施することも可能である。以下は，両公告を同時に実施する場合の公告例である。

　　　　　　　　　　　　　　　　　　　　　　　　　　平成〇年〇月〇日

各位

　　　　　　　　　　　　　　　　　　　　　　　株式会社〇〇〇〇
　　　　　　　　　　　　　　　　　　　　　　　代表取締役　〇〇　〇〇

　　　全部取得条項に係る定款変更及び全部取得条項付種類株式の取得に関する公告

　当社は，平成〇年〇月〇日開催の臨時株主総会（以下「本臨時株主総会」といいます。）及び普通株式様による種類株主総会による特別決議に基づき，定款を一部変更して，当社普通株式につき当社が株主総会の決議によってその全部を取得する旨の定め（以下「全部取得条項」といいます。）を設けることとし，また，本臨時株主総会の決議に基づき，全部取得条項が付された当社普通株式の全部を取得することと致しましたので，公告致します。

以上

(6) 反対株主の取り得る手段
(a) 株式買取請求

既存の普通株式に全部取得条項を付する旨の定款変更に反対する株主は，会社に対し，公正な価格で株式を買い取ることを請求することができる（会社116条1項2号）。

ここでいう反対株主の範囲は，①株主総会に先立って反対する旨を会社に対して通知し，かつ，株主総会において反対した株主か，株主総会において議決権を行使することができない株主である（会社116条2項）。

反対株主は，定款変更の効力発生の20日前の日から効力発生日の前日までの間に，株式買取請求に係る株式の数（種類株式発行会社の場合は株式の種類および種類ごとの数）を明らかにして，買取請求を行う（会社116条5項）。買取請求があった場合において，定款変更の効力発生日から30日以内に株式価格について協議が整わないときは，反対株主または会社は，その期間の満了の日後30日以内に，裁判所に対して価格の決定を申し立てることができる（会社117条2項）。ここで裁判所により決定される価格は，当該株式の「公正な価格」であると解されているが，かかる「公正な価格」の意義や考慮要素は，会社法の条文からは明らかではなく，特に非上場会社においては，裁判例の方向性も必ずしも定まっているわけではない。ただし，近時は，DCF法によるものや，ゴードン・モデルと呼ばれる，これに類似する方法を用いる裁判例がある（非公開会社における株式の価格決定に関する近年の裁判例は本章末尾の**別表1**のとおりである）。

平成26年改正前会社法においては，反対株主が株式買取請求を行った場合の株式の買取りの効力発生時期が，代金の支払時とされていたため（平成26年改正前会社117条5項），通常は買取りの効力発生より前に全部取得条項付種類株式の取得の効力が発生してしまい，その結果，反対株主は株式買取請求に基づく価格決定の申立ての申立適格を欠くことになると解されていた。そのため，反対株主としては，株式買取請求に基づく価格決定の申立てではなく，全部取得条項付種類株式の取得価格決定の申立て（会社172条1項）を利用していた。

平成26年会社法改正により，株式買取請求に係る株式の買取りは，定款変更の効力発生日に効力を生ずるものとされた（会社117条6項）ため，定款変更の効力発生日の午前0時，すなわち，定款変更の効力が発生する直前に，株式の買取りの効力が生じる意味と解される。この改正により，株式買取請求に係る株式の買取りの効力発生が全部取得条項付種類株式の取得に先行することとなり，反対株主が株式買取請求に基づく価格決定の申立適格を失うことがなくなったことから，株式買取請求に基づく価格決定の申立ても現実に利用することができるようになった。両制度の相違点についての比較は，次頁の表のとおりである。

(b) **取得価格決定の申立て**

全部取得条項付種類株式の取得の決議に反対する株主は，裁判所に取得価格の決定の申立てを行うことができる（会社172条1項）。

平成26年改正前会社法においては，取得価格の決定の申立期間は，取得を決議した株主総会の日から20日以内とされていた（平成26年改正前会社172条1項柱書）。そのため，申立期間の満了前に取得日が到来することがあり得たが，取得日後に取得価格の決定の申立てがなされると，いったん交付された対価の返還が必要になってしまい，法律関係が複雑化するとの指摘がなされていた。かかる指摘をふまえ，平成26年会社法改正により，取得価格の決定の申立ては，取得日の20日前の日から取得日の前日までの間にしなければならないものとされた（会社172条1項柱書）。

会社法では，裁判所が価格を決定する場合の価格の決定基準について規定されていないが，株式買取請求権と制度の目的は同じであることから，裁判所が決定すべき価格は「公正な価格」であると解されている（東京高決平成20・9・12金判1301号28頁）。

株式買取請求に基づく価格決定の申立てとの相違点の比較は，以下のとおりである。

	株式買取請求に基づく価格決定の申立て	取得価格決定の申立て
利　息	定款変更の効力発生日後60日間の期間満了後から発生（会社117条1項・4項）。	取得日後から発生（会社172条4項）。
協議期間の定め	定款変更の効力発生日後30日以内に株主と対象会社の間に協議が整わない場合において，当該期間の満了後30日以内に行う（会社117条	協議期間の定めはなく，取得日前20日間の期間に申立てを行う（会社172条1項）。

	2項)。	
株主に対する課税	譲渡益課税に加えてみなし配当課税がなされる。	譲渡益課税のみ。

(c) 差止請求

　平成26年の会社法改正により，全部取得条項付株式の取得が法令または定款に違反する場合において，株主が不利益を受けるおそれがある場合の差止請求権が認められた（会社171条の3）。

　差止請求の要件は，「法令又は定款違反」と「株主が不利益を受けるおそれ」がある場合である。

　前者の「法令又は定款違反」は，会社の行為が法令または定款に違反していることを意味すると解され，取締役の善管注意義務違反，忠実義務違反は含まれない。また，キャッシュ・アウトの対価が不相当であることは「法令又は定款違反」に含まれないと解されているが[38]，全部取得条項付種類株式の取得にかかる株主総会決議の取消訴訟を本案とする差止仮処分の申立ての余地はあると解される。

　「株主が不利益を受けるおそれ」については，会社自体が損害や不利益を受けるおそれがあることは必要とされておらず，どのような場合が該当するかは具体的な場面に応じて個別に判断されることになる。

(d) 株主総会の決議取消訴訟

　株主等は，特別利害関係人による議決権行使によって著しく不当な決議がなされた場合，決議の日から3か月以内に株主総会決議取消訴訟を提起することができる（会社831条1項）。「著しく不当な決議」について，全部取得条項付種類株式を利用したキャッシュ・アウトとの関係では，「単に会社側に少数株主を排除する目的があるというだけでは足りず，同要件を満たすためには，少なくとも，少数株主に交付される予定の金員が，対象会社の株式の公正な価格に比して著しく低廉であることを必要とする」とする裁判例がある（東京地判平成22・9・6判タ1334号117頁）。

---

[38] 坂本三郎ほか「平成26年改正会社法の解説（Ⅸ・完）」商事法務2049号（2014）21頁。

(7) 登　　記

　全部取得条項付種類株式を発行する際，株主総会の特別決議により発行可能種類株式総数およびその株式の内容を定めた場合には，その効力発生から2週間以内に，変更の登記を申請しなければならない。登記申請に必要な添付書類は，定款変更にかかる株主総会議事録および種類株主総会議事録である。

　また，全部取得条項付種類株式の取得の対価として他の株式を交付した場合（発行済株式の総数および発行済種類株式の数が増加した場合）には，その効力発生から2週間以内に，変更の登記申請をしなければならない。登記申請に必要な添付書類は，全部取得条項付種類株式の全部を取得することを決定した株主総会議事録，および株券発行会社にあっては株券提出公告をしたことを証する書面（株券発行会社であっても株式の全部について株券を発行していない場合には，株券を発行していないことを証する書面）である。

5　株式併合を用いたキャッシュ・アウト

　株式併合とは，2株を1株にするなど，数個の株式をあわせてそれよりも少数の株式とする会社の行為をいう。株式併合を用いたキャッシュ・アウトは，少数株主の保有株式が1株未満の端数となるような割合をもって株式併合を行い，残存株主のみを株主として残し，少数株主に対しては株式の端数部分の売却代金を現金で交付することにより排除する手法である。

　平成26年の会社法改正以前は，株式併合をキャッシュ・アウト目的で利用することについては，明文で禁止されてはいなかったものの，消極的な見解が多かった。その理由は，反対株主の買取請求権が認められておらず，反対株主において対価の公正性を争う機会がないことにあった。

　平成26年の会社法改正により，多くの端数が生じる可能性のある株式併合（定款に単元株式数の定めがない場合にはすべての株式併合の場合をいい，定款に単元株式数の定めがある場合には，単元株式数に併合の割合を乗じて得た数に1に満たない端数が生じる場合[39]。会社182条の2第1項）については，端数株式の株主に対して適正な対価が交付されるための手続を充実させるため，反対株主の株式買取請求等が認め

---

39)　たとえば，100株1単元の会社が5：1の株式併合（5株を1株にする）を行う場合，100×5分の1＝20の整数となり，1株未満の端数は生じないが，この場合には規律の適用対象外になる。

られることとなった（会社182条の4）。

したがって，株式併合をキャッシュ・アウトに利用することについては，従前よりもハードルが低くなったと考えられる。今後の実務動向を注視する必要はあるが，全部取得条項付種類株式を用いた手法よりも手続が簡便であり，また，税務上，時価課税が発生しないことが明らかであることから，株式併合がキャッシュ・アウトに用いられるケースが今後増えると考えられる。

(1) 手続の概要

株式併合を用いたキャッシュ・アウトの手続の概要は，次頁の**【株式併合を用いたキャッシュ・アウトの手続の概要】**のとおりである。

(2) 株主総会決議

株式併合は，株主総会の特別決議により（会社180条2項・309条2項4号），同決議において，①株式の併合の割合，②効力発生日，③会社が種類株式発行会社である場合には併合する株式の種類，④効力発生日における発行可能株式総数を定めなければならない。全部取得条項付種類株式を用いた場合と異なり，対象会社が種類株式発行会社でない限り，種類株主総会の決議は不要である。

なお，④に関して，平成26年の会社法改正により，公開会社において，当該発行可能株式総数が効力発生日における発行済株式総数の4倍を超えることができないこととされたが，かかる規制は非公開会社には及ばない（会社180条3項）。

(3) 株式併合についての通知または公告等

株式併合を行う場合，効力発生日の2週間前までに，株主およびその登録株式質権者に対して通知または公告することが必要とされているところ（会社181条），平成26年会社法改正により，多くの端数が生じる可能性のある株式併合（定款に単元株式数の定めがない場合にはすべての株式併合の場合をいい，定款に単元株式数の定めがある場合には，単元株式数に併合の割合を乗じて得た数に1に満たない端数が生じる場合）については，かかる通知または公告の期限は，効力発生日の20日前と読み替えることとされた（会社182条の4第3項）。

なお，対象会社が株券発行会社である場合は，効力発生日の1か月前までに，

第3章 会 社 法

【株式併合を用いたキャッシュ・アウトの手続の概要】

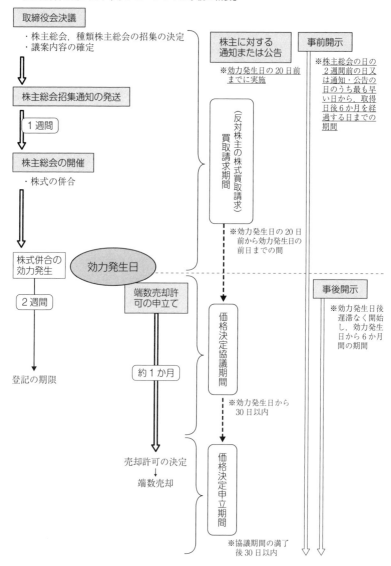

株式の併合に際して株券を提出しなければならない旨を公告し，かつ，株主に各別に通知しなければならない（会社219条1項2号）。

(4) 端数処理

株式併合により端数が生じるときは，会社法235条1項および2項により準用される234条2項から5項までに従い処理される。すなわち，全部取得条項付種類株式の場合と同様に処理される（前記4(3)）。

なお，株式併合の効力は自己株式にも生じると解され，株式買取請求がなされて自己株式となった株式も併合の効力が及び，端数処理の対象になる。併合の割合は，全部取得条項付種類株式を取得する場合と同様に，端数の合計数が1株以上になるように設定することになるが，株式併合の効力は自己株式にも生じるため，全部取得条項付種類株式を取得する場合と異なり，多数の株式買取請求がなされた場合に，結果的に端数の合計数が1株に満たなくなることがない。

(5) 事前・事後開示

平成26年会社法改正により，多くの端数が生じる可能性のある株式併合（定款に単元株式数の定めがない場合にはすべての株式併合の場合をいい，定款に単元株式数の定めがある場合には，単元株式数に併合の割合を乗じて得た数に1に満たない端数が生じる場合）について，組織再編の場合と同様の事前開示手続および事後開示手続が設けられた（会社182条の2・182条の6）。

事前開示は，株主総会の日の2週間前の日または通知・公告の日のうち最も早い日から，効力発生日後6か月を経過する日までの期間において求められている（会社182条2第1項）。

事前開示事項は以下のとおりである。

内　容	条　文
併合の割合	会社180条2項1号
効力発生日	会社180条2項2号
種類株式発行会社である場合には併合する株式の種類	会社180条2項3号
効力発生日における発行可能株式総数	会社180条2項4号
併合の割合および併合する株式の種類の相当性に関する事項 ①親会社等がある場合には，それ以外の株主の利益を害さないように留意した事項 ②端数処理（会社235条）をすることが見込まれる場合における以下の事項 　・端数処理の方法に関する事項	会社則33条の9第1号

・端数処理により株主に交付することが見込まれる金銭の額および当該額の相当性に関する事項	
株式の併合をする株式会社についての後発事象等	会社則33条の9第2号
上記各項目について効力発生日までの間に生じた変更	会社則33条の9第3号

　事後開示は，効力発生日後遅滞なく開始し，効力発生日から6か月間の期間の開示が求められている（会社173条の2第1項・2項）。

　事後開示事項は以下のとおりである。

内　容	条　文
効力発生日	会社則33条の10第1号
差止請求に係る手続の経過	会社則33条の10第2号
株式買取請求手続の経過	会社則33条の10第3号
株式の併合が効力を生じた時における発行済株式の総数	会社則33条の10第4号
上記のほか，株式の併合に関する重要な事項	会社則33条の10第5号

(6) 反対株主の取り得る手段
(a) 株式買取請求制度

　平成26年会社法改正により，多くの端数が生じる可能性のある株式併合（定款に単元株式数の定めがない場合にはすべての株式併合の場合をいい，定款に単元株式数の定めがある場合には，単元株式数に併合の割合を乗じて得た数に1に満たない端数が生じる場合）について，反対株主は株式買取請求権を行使し得るようになった（会社182条の4・182条の5）。株式買取請求権の概要は，全部取得条項付種類株式を取得する場合と同様である（前記4(6)(a)。なお，買取請求の対象となる株式は，反対株主の保有する全株式ではなく，反対株主の保有する株式のうち，併合により端数となる部分に相当する株式である）。

　なお，全部取得条項付種類株式を取得する場合の取得価格決定の申立て（会社172条）に相当する制度はない。

(b) 差止請求制度

　平成26年会社法改正により，株式の併合が法令または定款に違反する場合で株主が不利益を受けるおそれがあるときについて，株主による差止請求権が認められた（会社182条の3）。

　差止請求の概要は，全部取得条項付種類株式の取得による場合と同様である

（前記 4(6)(c)）。

(c) 株主総会の決議取消訴訟

株主等は，決議の日から3か月以内に株主総会決議取消訴訟を提起することができる（会社831条1項3号）。取消しが認められるための要件は，特別利害関係人による議決権行使によって著しく不当な決議がなされたことである。

(7) 登　記

株式の併合を行った場合，発行済株式の総数ならびにその種類および種類ごとの数に変更が生じるため，効力発生日から2週間以内に，変更の登記を申請しなければならない（会社915条1項）。

登記申請の際の添付書面は，株式併合を決定した株主総会の議事録，および株券発行会社にあっては株券提出公告をしたことを証する書面（株券発行会社であっても株式の全部について株券を発行していない場合には，株券を発行していないことを証する書面）である。

6　株式等売渡請求

(1)　株式等売渡請求とは

株式等売渡請求制度は，原則として総議決権数の10分の9以上を保有する特別支配株主が，当該株式会社の全株主に対し，株式の全部を特別支配株主に売り渡すこと等を請求できる制度である（会社179条1項）。平成26年の会社法改正によって新設されたキャッシュ・アウトを目的とする制度である。

全部取得条項付種類株式の取得や株式の併合の場合と異なり，対象会社の株主総会決議や端数処理手続を要しないため，キャッシュ・アウトの完了までのスケジュールを短縮することができる。また，株式等売渡請求では，株式のみならず，新株予約権も対象にすることができる。

(2)　株式等売渡請求の関連当事者

(a)　特別支配株主（株式等売渡請求の主体）

株式等売渡請求を行うことができるのは，特別支配株主である。特別支配株主は，対象会社の総株主の議決権の10分の9以上を保有する株主をいい，会社に限らず，会社以外の法人や自然人も含まれる。

10分の9という下限について，定款でこれを上回る割合を定めることは可能であるが，逆に，これを下回る割合を定めることはできない。なお，10分の9の計算に当たっては，株主が直接または間接に発行済株式その他の持分の全部を有する法人（特別支配株主完全子法人）が有する議決権の数も合算される（会社179条1項，会社則33条の4）。

10分の9という要件は，売渡株式等の取得日（会社179条の9第1項）のほか，対象会社への通知の時点（会社179条の3第1項）および対象会社の承認の時点（会社179条の3第1項）において満たしていなければならない。

(b) 対象会社

株式等売渡請求にかかる株式を発行している株式会社であり，その他の限定は付されていないため，非公開会社や非上場の公開会社を対象会社とすることも可能である（会社179条2項）。

(c) 売渡株主等

売渡の対象となる株式を「売渡株式」というが，後記のとおり，新株予約権も売渡の対象とすることができ，この場合の新株予約権を「売渡新株予約権」といい，売渡株式と併せて「売渡株式等」といわれる。売渡株式等請求により，株式を取得される株主を「売渡株主」，新株予約権を取得される新株予約権者を「売渡新株予約権者」といい，売渡株主と併せて「売渡株主等」といわれる。

(3) 手続の概要

株式等売渡請求を用いたキャッシュ・アウトの手続の概要は，後掲の**【株式等売渡請求を用いたキャッシュ・アウトの手続の概要】**のとおりである。

(a) 特別支配株主の対象会社に対する通知

特別支配株主は，売渡株式の対価として交付する金銭の額等一定の事項を定め，これを対象会社に通知しなければならない（会社179条の2・179条の3）。

売渡請求に際して特別支配株主が明らかにしなければならない事項（要決定事項）は，以下のとおりである。

内容	条文
株式売渡請求の場合	
特別支配株主完全子法人の除外	会社179条の2第1項1号

売渡株式の対価	会社179条の2第1項2号・3号
新株予約権売渡請求の場合	
特別支配株主完全子法人の除外	会社179条の2第1項4号イ
売渡新株予約権の対価	会社179条の2第1項4号ロ・ハ
共　通	
取得日	会社179条の2第1項5号
対価の支払のための資金を確保する方法	会社則33条の5第1項1号
その他株式等売渡請求に係る取引条件（※）	会社則33条の5第1項2号

※　取引条件として具体的にどのような事項を定めることができるかについては，会社法施行規則上は明記されていないが，たとえば，対価の支払期限を定めることが考えられる。

(b)　対象会社による承認

特別支配株主による株式等売渡請求が有効となるためには，対象会社による承認を受けることが必要であり，取締役会設置会社においては，承認の決定は取締役会の決議による（会社179の3第3項）。対象会社の取締役は，対象会社に対して善管注意義務を負っている立場として，株式等売渡請求が対象会社の企業価値向上に資するか否かを確認するほか，売渡株主等の利益にも配慮し，株式等売渡請求の条件等の適正性や対価の交付の見込み（資金の準備状況等）を判断することになると解されている[40]。

なお，対象会社による承認が，ある種類の株式の種類株主に損害を及ぼすおそれがある場合には，当該種類株主総会の決議を要する（会社322条1項1号の2）。

(c)　通知・公告

対象会社による承認後，取得日の20日前までに，対象会社は，売渡株主等に対し，当該承認をした旨等を通知しなければならない（会社179条の4第1項）。売渡株主以外の者への通知は，公告をもってこれに代えることができるが（会社179条の4第2項），売渡株主へは公告ではなく通知を行わなければならない。なお，通知・公告の費用は，特別支配株主が負担する（会社179条の4第4項）。

通知・公告事項は以下のとおりである（会社179条の4第1項，会社則33条の6）。

- ・　株式等売渡請求に係る承認をした者
- ・　特別支配株主の氏名または名称および住所

---

[40]　坂本三郎「立案担当者による平成26年改正会社法の解説」別冊商事法務393号（2015）186頁。

第3章 会 社 法

【株式等売渡請求を用いたキャッシュ・アウトの手続の概要】

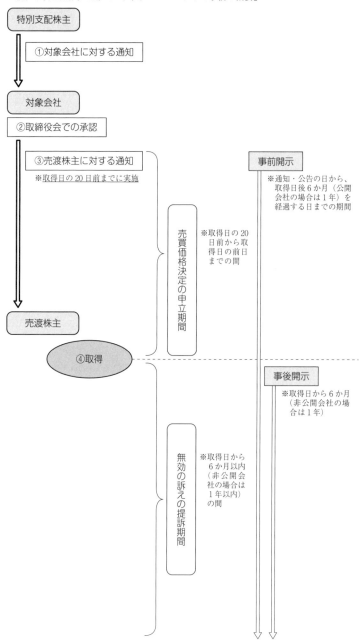

- 会社179条の2第1項，会社則33条の5第1項に定める要決定事項
  （対価の支払のための資金を確保する方法を除く）（前記6(3)(a)）

売渡株主に対する通知例は以下のとおりである。

平成〇年〇月〇日

売渡株主　各位

株式会社〇〇
代表取締役〇〇〇〇

株式売渡請求の承認に関するご通知

　当社は，当社の特別支配株主である〇〇（住所：〇〇）（以下「特別支配株主」といいます。）から平成〇年〇月〇日付で通知を受けた，当社の株式にかかる株式売渡請求につき，平成〇年〇月〇日開催の当社取締役会において承認いたしましたので，ご通知致します。

1. 売渡株主に対して売渡株式の対価として交付する金銭の額またはその算定方法およびその割当てに関する事項
　　特別支配株主は，売渡株主に対し，売渡株式の対価として，その有する売渡株式1株につき〇円の割合をもって金銭を割当交付致します。

2. 取得日
　　平成〇年〇月〇日

3. 株式売渡請求にかかる条件
　　支払期限
　　株式売渡対価の支払は，平成〇年〇月〇日までに実施されます。

以　上

(d) 事前・事後開示

　事前開示は，株主に対する通知の日または公告の日から取得日後6か月（対象会社が公開会社でない場合には1年）を経過する日までの期間において求められている（会社179条の5）。

　事前開示事項は以下のとおりである。

内　容	条　文
特別支配株主の氏名または名称および住所	会社179条の5第1項1号
株式等売渡請求に際して定めるべき事項（会社179条の2第1項各号）	会社179条の5第1項2号

株式等売渡請求の承認をした旨	会社179条の5第1項3号
対価の相当性に関する事項（当該相当性に関する対象会社の取締役会の判断およびその理由を含む）	会社179条の5第1項4号 会社則33条の7第1号
対価の交付の見込みに関する事項（当該見込みに関する対象会社の取締役会の判断およびその理由を含む）	会社179条の5第1項4号 会社則33条の7第2号
その他株式等売渡請求にかかる取引条件についての定めがあるときは，当該定めの相当性に関する事項（当該相当性に関する対象会社の取締役会の判断およびその理由を含む）	会社179条の5第1項4号 会社則33条の7第3号
対象会社についての後発事象等	会社179条の5第1項4号 会社則33条の7第4号
上記各項目について取得日までの間に生じた変更	会社179条の5第1項4号 会社則33条の7第5号

　事後開示は，取得日後遅滞なく開始し，取得日から6か月間（対象会社が公開会社でない場合には1年）の開示が求められている（会社179条の10第1項・2項）。

　事後開示事項は，以下のとおりである（会社179条の10第1項）。

内　容	条　文
特別支配株主が売渡株式等の全部を取得した日	会社則33条の8第1号
差止請求に係る手続の経過	会社則33条の8第2号
売買価格決定申立手続の経過	会社則33条の8第3号
特別支配株主が取得した売渡株式の数	会社則33条の8第4号
特別支配株主が取得した売渡新株予約権の数	会社則33条の8第5号
特別支配株主が取得した売渡新株予約権が付された新株予約権付社債についての各社債の金額の合計額	会社則33条の8第6号
上記のほか，株式等売渡請求に係る売渡株式等の取得に関する重要な事項	会社則33条の8第7号

(e)　**売渡株式等の取得と売渡株主等への対価の支払**

　株式等売渡請求をした特別支配株主は，取得日に，売渡株式等の全部を取得する（会社179条の9第1項）。

　なお，売渡株式等を目的とする質権が存在する場合，当該質権は対価について存在するものとされており（会社151条2項・272条4項），特別支配株主が取得した売渡株式等自体は，質権の対象から外れる（追及効がない）と解される。

　対価の支払は，取得日時点の株主に対して行うことになる。支払に一定の期間を要する場合には，対象会社への通知時に「取引条件」として支払期限を定めることが考えられる（会社則33条の5第1項2号）

(f) 反対株主の取り得る手段

(i) 売渡株式等の売買価格決定の申立て　売渡株主等は，取得日の20日前から取得日前日までの間，裁判所に売渡株式等の売買価格決定の申立てをすることができる（会社179条の8第1項）。

裁判所は，売買価格の決定の裁判をする場合，審問の期日を開き，申立人（売渡株主等）と特別支配株主の陳述を聞かなければならない（会社870条2項5号）。

管轄は，対象会社の本店所在地を管轄する地方裁判所である（会社868条3項）。

(ii) 差止請求　売渡株主等は，特別支配株主に対し，株式等売渡請求に係る売渡株式等の全部の取得をやめることを請求することができる（会社179条の7）。

差止事由は，以下のとおりである（会社179条の7第1項・2項）。

> ①②③のいずれかに該当する場合で，かつ，売渡株主等が不利益を受けるおそれがあるとき
> ① 株式等売渡請求が法令に違反する場合
> ② 対象会社が売渡株主等に対する通知に関する規定または事前備置手続に関する規定に違反した場合
> ③ 売渡株主等に対価として交付する金銭の額もしくは算定方法またはその割当てに関する事項が対象会社の財産の状況その他の事情に照らして著しく不当である場合

(iii) 売渡株式等の取得の無効の訴え　会社法846条の2以下において，売渡株式等の取得の無効の訴えが定められている。

提訴権者は，以下のとおりである。

> ・取得日において売渡株主等であった者
> ・取得日において対象会社の取締役，監査役または執行役であった者
> ・対象会社の取締役または清算人

提訴期間は，取得日から6か月以内（非公開会社は1年以内）である。

会社法上，無効事由は明示的には定められていないが，手続の瑕疵がある場

合は無効事由になり得るほか，対価が著しく不当であることについても無効事由になる可能性がある。

　管轄は，対象会社の本店の所在地を管轄する地方裁判所である（会社846条の4）。

Ⅵ　MBO

1　MBOとは

　経営者（management）による企業買収（buy-out）をMBOという。従業員（employee）による企業買収をEBOといい，経営者と従業員が共同で企業買収することをMEBOということもあるが，以下では原則としてまとめてMBOという。

　MBOは，株式譲渡や事業譲渡の方法等によって行われる点でM＆Aの一類型といえるが，会社の外部の第三者ではなく，会社が，経営陣や従業員といった会社内部の者と事業の売り買いを行うものである点で通常のM＆Aと異なる。

　MBOは，必ずしも上場企業や大企業に限られるものではなく，非上場企業や中小企業であっても実施されるものであり（非上場企業によるMBOの場合には，上場廃止およびそのための公開買付けという手続が不要になる），中小企業の事業承継にあたっては，MBOも選択肢になり得る。

　たとえば，現オーナーの親族に後継者として適切な者がおらず，株式の相続承継等による事業承継が困難な場合がある。会社の外部の第三者に事業を売却しようとしても，適切な第三者を見つけることが困難な場合も多い。また，仮に，会社の事業に関心を示す第三者が現れたとしても，もう一度，一から会社と信頼関係を築かなければならなくなる従業員や取引先等の会社の内外の関係者の理解を得られない可能性もある。このような場合，事業承継の手法としてMBOを選択することが考えられる。

　また，MBOは，これまで会社の事業をよく知っている現経営陣あるいは従業員が経営を行うことで，これをよく知らない親族や第三者が行う場合よりも，事業承継後の経営の見通しが立てやすいというメリットがある。事業承継後は，自らの裁量で経営を行うことができ，また，業績が上がった場合には持ってい

る株式の値上がりによるキャピタルゲインを得ることができるため，現経営陣あるいは従業員の士気が高まるといえる。

以下では，MBOにおける企業買収資金の調達および個人保証の承継の問題について解説する。

2 資金調達の方法（LBOとファンドの利用）
(1) MBOのスキーム

MBOは株式譲渡や事業譲渡等によって行われるが，その際の買収資金の調達が問題となる。

金融機関からの借入れによって対応することになるのが通常であると思われるが，その際に用いられる手法が，LBO（レバレッジド・バイ・アウト）という手法である。

LBOは，買収対象企業の資産価値や将来キャッシュ・フローを担保にする，買手が債務を負わないで借入金を調達する企業買収手法である。24億円で対象会社を買収する場合の例は，以下のとおりである。

---
① 承継先において自己資金4億円でSPCを設立する。
② 残りの20億円は，SPCが対象会社のキャッシュ・フローを担保に金融機関より調達する。
③ SPCが対象会社の株主から，総額24億円で株式を購入する。
④ SPCと対象会社が合併する（借入金は合併後の対象会社の債務となる）。

銀行からの借入は株主による出資額が一定額に達していることが前提となるため，上記①における現経営陣または現従業員による出資額が小さい場合には，追加のエクイティ・スポンサーとして，プライベート・エクイティ・ファンド等の参加を得ることも考えられる。

このように，LBOによる借入れ，あるいはファンドとの協調により，承継先は十分な自己資金がなくとも買収を行うことが可能となる。

(2) LBOを利用する場合の留意点

LBOを利用する場合，承継先となる受皿会社は，金融機関から融資を受けるに当たって金銭消費貸借契約を締結することになる。この融資に対する返済

は，受け皿会社が事業を買収した後に，事業収益から行うことになる（なお，受皿会社が株式を譲り受けた場合には，それだけでは受皿会社は買収対象会社の株式を保有するに過ぎないので，通常は，受皿会社は株式の譲受後に対象会社と合併して自らが事業を行う会社となる）。

金銭消費貸借契約書には，たとえば，以下のようなコベナンツ条項が設けられることになる。

- 一定額以上の財産の購入や処分，契約の締結など，経営の重要事項については金融機関の承諾を得ることを義務付ける（事前承諾は不要でも事前協議，あるいは事後報告事項とすることもあり得る）。
- 売上高や営業利益，経常利益，EBITDA などについて，一定の数値目標が設定される。

これらに違反し，あるいは達成できなかった場合に，金利が上昇する，あるいは期限の利益を喪失させるとすることで，経営の規律が高められることになる。

また，LBO を利用する場合，金利の支払が必要になる。本業で利益を確保できたとしても，金利の支払に費やされて十分な利益の留保や設備投資ができなくなることもあるため留意する必要がある。

(3) ファンドの利用の留意点

経営者とファンドが手を組み，それぞれが受皿会社の株主になる場合，まず，経営者とファンドとの出資比率が問題になる。

また，持ち分比率に関係なく，会社の組織や経営について，株主間契約や経営委任契約等を締結し，たとえば，以下のような条項を設けることがある。

(a) 取締役の選解任に関する事項

ファンドが議決権の過半数を有していれば，ファンドの一存で取締役を選解任できることになる。また，ファンドが3分の2以上の議決権を有していれば，ファンドの一存で監査役を解任することもできる。しかし，それでは経営者は取締役に選任してもらえるのか，選任されてもいつ解任されるかが分からない。そのため，株主間契約の中で，取締役の人数や構成，代表取締役・取締役を誰にするのか，どのような場合に解任できるか，報酬はどうするか，ということ等を定める場合がある。

ファンドとしても，経営者が勝手に取締役を辞めて他の会社に移ってしまっ

たりしては，MBOに参加した意味がなくなってしまう。そのため，株主間契約の中で，辞任できる場合を制限したり，専任義務を定めたり，退任後の競業禁止を定める場合がある。

(b) 株式の売却に関する事項

ファンドも経営者も，お互いの共同出資を前提にしており，相手が株式を第三者に売却してしまっては，投資の前提が崩れてしまう。そのため，株主間契約の中で，株式の売却について相手の同意を必要とする条項（同意条項）を設ける場合がある。

また，ファンドが株式を売却することを希望する場面において，経営者にファンドが保有している株式を優先して買い取る権利（先買権）を与えることがある。経営者からすれば，不本意な第三者に株式がわたるのを防止することができる。逆に，経営者もファンドと一緒に売却する権利（売却参加権）を与える場合もある。一部の株式だけを売却するよりも，100％の株式を売却した方が1株あたりでみてより高く売却できるからである。

その他，経営者にパートナーとしての信頼関係が破壊されるような一定の事由（たとえば破産など）が生じた場合には，ファンドが経営者の株式を強制的に買い取り，経営者を株主から排除する権利（売渡強制条項，コールオプション）や，反対に，ファンドが保有している株式を経営者に強制的に買い取らせ，ファンドがパートナーシップを解消して，投下資本を回収する権利（買取強制条項，プットオプション）を設けることもある。

(c) 業務に関する事項

一定額以上の借入，財産の処分，契約締結について，ファンドの事前承諾を得ることとしたり，事前の承諾までは不要であるが，事前に協議をしなければならない事項や事後的に報告しなければならない事項などを規定することがある。

また，売上高や営業利益，経常利益，EBITDAなどについて，一定の数値目標を設定し，達成できなかった場合にはファンドが取締役を解任することができるといった規定を設けることもあり得る。

3 保証債務の承継

(1) 従来の実務

従来の実務上，MBOにより新たに株主兼経営者になる場合，会社の金融機

関からの借入れについて，個人保証を求められることが通常であった。また，経営者が不動産を有している場合には，抵当権を設定するよう求められることもあった。この点，以下に述べる「経営者保証に関するガイドライン」の策定・公表により，MBO時の保証債務の実務にも一定の影響が生じるものと考えられる。

(2) 経営者保証ガイドラインの策定

日本商工会議所と一般社団法人全国銀行協会を共同事務局とする「経営者保証に関するガイドライン研究会」は，平成26年12月5日，経営者保証に関して中小企業等（主たる債務者）や経営者等（保証人），金融機関等（金融債権者）が果たすべき役割を具体化した「経営者保証に関するガイドライン」（以下「ガイドライン」という）を策定・公表した。

ガイドラインにおいては，すでに締結された保証契約について，事業承継時等において，保証契約の見直し等の対応が必要とされる（ガイドライン6項）。

ガイドラインには法的拘束力はなく，そもそも，経営者保証を徴求しないことまで義務付けているわけではないが，金融庁の監督指針等においてその遵守が求められていることから，MBOによる事業承継の場面においても一定の影響が生じるものと考えられる。

(a) 保証契約を締結するかどうかの検討

ガイドラインにおいては，金融機関等は，事業承継時に，機械的に前経営者の保証債務の承継を後継者に対して求めるのではなく，後継者に前経営者の保証債務を承継させる必要があるか否かを個別具体的に検討することが求められている。

具体的には，主債務者および後継者から必要な情報を入手し，法人個人の一体性の解消等が図られている（あるいは，解消等を図ろうとしている）こと，ガイドライン4項(2)イ〜ニの要件（下表【ガイドライン4項(2)】参照）が将来にわたって充足すると見込まれることを確認した上で，主債務者の経営状況，回収可能性等を総合的に勘案し，主債務者の意向も踏まえた上で，ABL等の代替的な融資手法を活用する可能性や保証契約の必要性等について改めて検討することが求められている（同6項(2)②イ・4項(2)）。

【ガイドライン4項(2)】

　以下の要件を満たす場合、金融機関等において経営者保証を徴求しない可能性を検討することを求めている。
①法人と経営者個人の資産・経理が明確に分離されている（イ）
②法人と経営者の間の資金のやりとりが、社会通念上適切な範囲を超えない（ロ）
③法人のみの資産・収益力で借入返済が可能と判断し得る（ハ）
④法人から適時適切に財務情報等が提供されている（ニ）
⑤経営者等から十分な物的担保の提供がある（ホ）

　後継者から経営者保証を徴求するか否かを検討するに当たり、金融機関等は、主債務者および後継者から、当該変更の目的および具体的内容、当該変更が主債務者の財務状況に及ぼす影響等について説明を求め、必要な情報を得た上で判断する必要がある。

　他方で、主債務者および後継者には、対象債権者からの情報開示に対して適時適切に対応すること、経営方針や事業計画に変更が生じる場合には、その点についてより誠実かつ丁寧に説明を行うことが求められている（同6項(2)①イ）。

(b) 保証契約を締結する場合の条件設定の検討

　金融機関等において、後継者からの経営者保証の徴求について検討した結果、新たに後継者との間で保証契約を締結することとなった場合も、ガイドライン5項に即して、適切な保証金額の設定に努めるとともに、保証契約の必要性等について主たる債務者および後継者に対して丁寧かつ具体的に説明することが求められている（ガイドライン6項(2)②イ）。

　すなわち、保証金額の設定に当たっては、形式的に前経営者の保証債務を承継させるのではなく、後継者の資産および収入の状況や、融資額、主たる債務者の信用状況、物的担保等の設定状況、主債務者および後継者の適時適切な情報開示姿勢等を総合的に勘案する必要がある。

　保証契約の締結に当たって主債務者および後継者に対して説明すべき事項としては、同4項(2)イ～ニの要件に掲げられている要素のどの部分が十分ではないために保証契約が必要なのか、どのような改善を図れば保証契約の変更・解除の可能性が高まるのかといった点があげられる。

第3章 会 社 法

【別表1 非公開会社の株式の売買価格・買取価格の算定方法（1つの評価方式のみを採用）】

	裁判例 関連条文	本件会社の概要	本件株式	原 審	当事者の主張	本件決定	本件決定の理由概要
①	大阪高決平成元・3・28判時1324号140頁 会社144条	環境衛生並びに清掃用資器材など多角的な事業を目的とする会社 資産額約460億円 直近3期の利益は21億円〜25億円（経常利益は47億円〜55億円） 株主数約2000名 発行済株式総数約375万株 支配的持株数の大株主がない（買取人が最大の株主で発行済株式総数の約21％を保有）	発行済株式総数に対する割合は、株主Aは約0.06％（238株）、株主Bは約0.2％（8725株）、株主Cは約3％（9771株）程度	配当還元方式 （1株2754円）	抗告人（株主側） 類似会社批准方式または国税庁通達による類似業種批准方式 相手方（買取人側） 配当還元方式のうちゴードン・モデル	ゴードン・モデル式 （1株4687円）	会社の経営支配力を有しない株式の評価は将来の配当利益を株価決定の原則的要素とすべき。 類似業種比準方式としての国税庁長官通達は、国家と国民の公権力の行使関係を律する基準であり、また、類似性の検証も不可能であるため、譲渡制限株式の売買価格決定の単純または併用方式における根拠方式とするには不適切である。 収益還元方式は、少なくとも配当政策等企業経営を自由になし得ない非支配株の株価算定には適当でない。 純資産価額方式は、株価の最下限値を認可する意義を有しており、収益を欠くとき、近く解散・清算ないしは遊休資産の売却が見込まれるときなどの特段の事情のある場合、二次的に算定要素として使用・併用すべき場合があるが、本件ではかかる特段の事情は認められない。 将来の配当利益を評価基礎として評価する方法が最適であるが、単純な配当還元方式は企業の成長予測が反映されず単純に過ぎるため、利益および配当の増加傾向を予測するゴードン・モデル式によるのが適当である。

218

別表1

②	東京高決平成20・4・4判タ1284号273頁 会社144条	デジタルコンテンツの配信を主たる業とするベンチャー企業 資産額約1億円（純資産額約8000万円） 直近2期の経常利益は、約1800万円、約900万円 配当を実施したことがない 発行済株式総数6000株 買取人は発行済株式総数の60％（3600株）を保有	収益還元方式 （1株1万2929円）	申立人・抗告人（株主側） 収益還元方式 （1株2万5000円） 相手方・抗告人兼被抗告人（買取人側） 収益還元方式と純資産方式の併用（1株6572円）	収益還元方式 ※原原決定を維持	本件株式は経営権の移動に準じて取り扱い、純資産方式、収益還元方式を検討すべきである。 配当を実施したことがなく、将来配当を採用する予定ではないので、配当還元方式を採用する基礎に欠けている。 本件会社は、創業してはほど年月が経過しておらず、資産に含み益がある不動産等は存しないこと、ベンチャー企業として成長力が大きく、今後も現状と同程度の利益が見込まれること等からすれば、純資産方式を採用すると株式価値を過小に評価するおそれがあり、純資産方式と併用することをも採用するのは相当ではない。
③	東京高決平成22・5・24金判1345号12頁 会社469条	東証一部上場であったが、過年度の粉飾決算等により上場廃止 各種繊維工業品、医薬品、化粧品および各種食品等の製造、加工および販売等を目的とする会社 議決権ある株式1億6641万5057株の1％未満（各申立人の持株数は100～145万3100株で合計約677万株）	継続企業としての価値評価という観点から、収益方式の代表的手法であるDCF法 （1株360円）	申立人・抗告人（株主側） DCF法を採用し、マイノリティ・ディスカウント、非流動性ディスカウントは行うべきでない 相手方・抗告人兼	DCF法 ※原原決定を維持	営業譲渡や合併、会社分割は、会社の財産処分としてとらえることができるから、会社が清算される場合と同様、会社の全財産に対する残余財産分配請求権を有すると観念し、その価値を観念し事業が一体として譲渡される場合と予想した事業価値、すなわち、その事業のキャッシュ・フローの割引現在価格に一致すると考えるのが合理的である。 配当還元方式は、将来予想される配当の割引

219

			申立人・抗告人（株主側）	被抗告人（買取人側）	
④	最決平成27・3・26民集69巻2号365頁 会社785条1項	酒類および飲食料品の卸売、小売等を目的とする会社 発行済株式総数338万7000株 最近5事業年度に発行済株式総数の約9.6％（32万5950株）	収益還元法を用いて株式の買取価格を決定する場合であっても非流動性ディスカウントを行うことができる。	発行済株式総数2億2641万5057株（普通株式5128万3557株、A種類株式3000万株、B種類株式3000万株、C種類株式1億1513万1500株） 取引事例法およびこれを補完・補充する配当還元法に（1株67円）。仮にDCF法を採用する場合、マイノリティ・ディスカウント、非流動性ディスカウントをすべき（1株41〜69円） →以上を総合考慮（1株162円）	現在価値にだけ着目していくもので、残余の部分は支配株主に帰属することになるから、相当性を欠く。本件会社は、産業再生機構の支援を受けていた事業譲渡の当時、産業再生途上の企業であって、配当を行うことができる状況にはないなど、配当還元方式を適切に適用していく前提が欠けている。 時価純資産方式は、清算には適するが、本件のように継続企業としての価値を評価するという場合には適当でない。 類似会社比準方式も、本件会社は最近まで産業再生機構の支援を受けていた事業再生途上の会社であって、このような状況には含まれない上場の会社との比較として位置付けられるものであるから、マイノリティ・ディスカウントや非流動性ディスカウントを本件株式価値の評価に当たって行うことは相当でない。 本件の株式買取請求権は、少数派の反対株主としては株式を手放したくないにもかかわらずそれ以上の不利益を被らないため株式を手放さざるを得ない事態に追い込まれることに対する補償措置としての事態として位置付けられるものであるから、マイノリティ・ディスカウントや非流動性ディスカウントを本件株式価値の評価に当たって行うことは相当でない。 非上場会社の株式の価格の算定については、様々な評価手法が存在し、どのような場合にどの評価手法を用いるかについては、裁判所の合理的な裁量に委ねられていると解すべきであるが、一定の評価手法を合理的であるとして、当該評価手法により株式の価格を決定することとした場合、その評価手法の内容、性格等からして、考慮することが不相当な要素を考慮して価格を決定するなど、非流動性ディ

別表2

…において安定して利益を計上。

吸収合併後も、本件会社が営んでいた卸売事業は存続会社の下で引き続き営まれている。

…イスカウントを行うことはできない。

非流動性ディスカウントは市場性がなく、上場株式に比べて流動性が低いことを理由として減価をするものであるところ、収益還元法は、当該会社において期待される純利益を一定の資本還元率で還元することにより株式の価格を算定するものであって、同評価手法には、類似会社比準法等とは異なり、市場における取引価格との比較という要素は含まれていない。
→非流動性ディスカウントを行わない収益還元法により買取価格を決定。

吸収合併に反対して会社からの退出を選択した株主には、吸収合併がされなかった場合と経済的に同等の状況を確保すべきところ、本件の株式の換価は困難であり、このことは株式の経済的価値自体に影響を与えているというべきであり、株式の評価の困難性を考慮することが、裁判所の合理的な裁量を超えるとはいえない。

吸収合併等の株主買取請求権が付与された趣旨が、吸収合併という会社組織の基礎的変更をもたらすはずの株主総会決議により可能とする反面、それに反対する株主からの退出の機会を与えるとともに、退出を選択した株主には企業価値を適切に分配するものであって算定に要素をも念頭に置くと、収益還元法によって算定された価格について、同評価手法には含まれていない市場における取引価格との比較により更に減価を行うことは、相当でない。

【別表2　非公開会社の株式の売買価格・買取価格の算定方法（複数の評価方式を採用）】

	裁判例／関連条文	本件会社の概要	本件株式	原審	当事者の主張	本件決定	本件決定の理由概要
①	東京高決平成元・5・23判時1318号125頁／会社144条	洋装雑貨の販売およびその附帯業務を目的とする会社／純資産額18億	発行済株式総数に対する割合は、株主Aは3.3%、株主BおよびCにおいて各2.8%	配当還元方式7、純資産価額方式および収益還元方式を各1.5の割合で併用	抗告人兼相手方（株主側）純資産方式／相手方兼抗告人	配当還元方式6、簿価純資産方式および収益還元方式各2の割合で併用（1株2775円）	会社の経営は順調で近い将来における解散は予想されないこと、本件株式の取得により会社の経営を支配することはないことが明らかであり、本件株式の取得者は、配当金の取得を主たる利益ないし目的とせざるを得ない

| | | | (買取人側) 配当還元方式 (1株657円) | 配当還元方式を採用するに当たって、将来の配当を的確に算定することは甚だ困難であり、結局過去の配当額に依拠せざるを得ず、必ずしも正確性は期し難い。配当額が比較的低く押さえられてきたことがあり、同族会社的色彩が濃厚で少数者により支配されていること等からすれば、過去の配当額に多くを依拠する配当還元方式のみによることは不十分。純資産価額方式および収益還元方式も併用するのが相当。株式を自由譲渡するに当たっては、譲受人の意思が譲渡価格の決定に大きく影響するものであり、本件株式数は少数株主権の行使も可能とするものであって、会社が相手方の譲渡予定者を忌避したこととは右譲渡予定者が単に配当利益の取得のみに関心を抱くものではないこと等が推認される。当該会社と類似する適切な会社を上場企業の中から選択することは困難であるから類似会社比準方式は相当でない。 |
| ② 東京高決平成2・6・15金判853号30頁 会社144条 | 電気計器並びに測定器の製造販売等を営む会社 直近決算上利益は約8000万円(当期利益金は約3000万円) 発行済株式総数の0.16%(300株) | 発行済株式総数21万株 発行済株式総数の80%以上は代表取締役およびその一族が保有 直近3期において年1割5分の配当を実施(約15年にわたり配当を継続) 直近5期の税引後当期利益は約2億〜9000万円(売上高の半分以上を占める紳士用装身具の割売業界では売上第1位) 円(合計で約9%)。 | 抗告人(株主側)類似会社比準方式または純資産価額方式もしくは両者の折衷 配当還元方式と時価純資産価額方式とを1対1の割合で併用(1株2548円) 配当還元方式と簿価純資産価額方式を7対3の割合で併用(1株1359円) 被抗告人(買取人側) 配当還元方式 | 鑑定によれば、本件株式の価格算定に関しては、比較の対象として適切な類似の会社あるいは類似業種の会社は見当たらないというのであるから、類似会社比準方式あるいは類似業種比準方式をとることは相当でない。本件売渡請求の約1年3か月後に2銀行が本件会社の株式3760株を同社グループ持株会社に売り渡したことが認められるが、当該価格が本件会社の客観的交換価値を適正に反映したものであるとまではいえない。 |

別表2

③ 千葉地決平成3・9・26判時1412号140頁	会社144条	貨物運送業を営んでおり、空港関係の運送業者としての地歩を高めている会社 純資産額 約1億5000万円 直近3年間の税込利益は4300万円、6000万円、8100万円と増加傾向	発行済株式総数の10％（1万400株）	申請人（株主側）再調達価格に基づく純資産価額方式（1株7735円～9532円） 被申請人（買入人側）清算価値による純資産価額方式（1株2603円）	配当還元方式による株式価格と再調達価格に基づく純資産価額方式による株式価格の平均値（1株5066円）
		発行済株式総数18万800株		方式の折衷により算出した価格と取引価格の平均値（1株960円）	

本件株式は発行済株式総数のわずか0.16％であり、本件株式の譲渡によって会社の経営支配権に消長はなく、株主は少数株主にとどまるから収益還元方式をとることはできない。

本件では名目資本と実質資本との乖離が著しいことが認められるので、簿価純資産方式によるのも妥当ではない。

売買当事者が配当のみを期待する一般投資家である場合には、基本的には配当還元方式に相当するものと見ることもできるが、株式は会社の資産を化体したものとも見るから、配当還元方式による時価ともに時価純資産方式（処分価格による時価純資産方式）をも加味して株式の価格を算定することが相当である。

本件会社は、空港に関係のある運送を業とする点で特殊性があり、類似会社比準方式によることは困難である。

本件会社の利益配当率は直近3年間で一定しており、会社の業績が伸長していることから、配当還元方式に適する場合であるが、本件株式数は発行済株式数の10％に相当し、譲受人（株主側）において会社の役員額として役員報酬を得られる可能性もあるため、配当のみを期待する一般投資家の場合とはやや異なる面がある。

発行済株式総数の10％では経営支配株主とはいえを認めるに足りる資料はなく、取引先例価格方式をとることはできない。

④	札幌高決平成17・4・26判タ1216号272頁	会社法144条	酸素ガス製造等を業とする会社 業績は順調で、ここ十数期の毎期、12%（1株当たり60円）の安定した低額配当を継続 発行済株式総数16万株 本件会社代表者および同族関係者および配当率は直近3年間はいずれも15%（1株につき75円） 発行済株式総数10万4000株	発行済株式総数の6％余（1万500株） 配当方式：純資産方式：収益方式＝25：25：50（1株1万387円）	抗告人（買取人側） 配当方式：純資産方式：収益方式＝25：25：50 配当還元方式を原則とすべき	配当方式：純資産方式：収益方式＝25：25：50 ※原決定を維持
				相手方（株主側） ※株主側の主張をほぼ認める	

なり得ないため、収益還元方式に適する場合ではない。

本件会社の株式を額面金額で譲渡した先例があるが、当該金額が本件会社の実質資産を考慮した上で決定されたなどの事情は窺われず、適切な取引先例であるかも疑わしく、取引先例方式によることはできない。

純資産価額方式は、株式の客観的価値を算定する方法として一定の合理性をもち、買取価格の決定に当たり会社の資産状態その他の一切の事情を斟酌して決定すべき（商204の4第4項）ものとされることからも、買取価格の決定に当たり第1に考慮されるべき方式である。本件会社のように土地の簿価と時価の乖離が著しい場合には、時価純資産価額による評価が適当である。事業継続を前提とする評価ではなく、残余財産分配額による評価時点における市場価額により、全資産の評価分配時点における市場価額により、全資産の評価時点における市場価額により、全資産の評価時点における市場価額により相当である。

本件のように指定した事案では、会社が自ら買受権者として指定した事案では、会社は自己株式の取得により当該株式についての配当を免れる立場にあり（商293条）、将来配当利益を受ける立場にはあり得ないから、配当還元方式にくよることはできない。

本件株式の買受手である抗告人（本件会社）の立場からすれば、本件株式の取得により配当を免れた利益を内部に留保し利益を活用して更なる利益を直接基準として、収益還元方式を基準とする本件株式の価格を評価するのが合理的である。

			申立人・相手方の主張	裁判所の評価	理由
⑤	広島地決平成21・4・22 金判1320号49頁 会社144条	競技用ボール、スポーツ用品および造船、製鉄、ポンプ業界向け工業用ゴム製品の製造および販売を行う会社。総資産額約120億円。直近3期の売上高は60億円前後を推移している。発行済株式総数240万株	合資会社A（本件会社代表者が同社株式の94％を保有）を通じて、本件会社の過半数（約54.4％）の株式を所有 発行済株式総数の約16％、議決権ベースでは約26％（38万1220株）	申立人兼相手方（株主側）DCF方式と純資産方式を1:1とした加重平均（1株4921円） 相手方兼申立人（買取人側）DCF方式とゴードン・モデル方式を1:1とした加重平均（1株1375円）	DCF方式とゴードン・モデル方式を1:1とした加重平均（1株1375円）	売手である相手方（株主側）の立場からすれば、本件株式を保有していても、配当利益を保有し得た配当段階に至った場合には残余財産の分配を受け得るにすぎないから、配当方式と純資産方式を基準として本件株式の価格を評価するのが合理的である。抗告人（本件会社）がこれまで高い利益率を確保しながら、利益配当を定額に抑えてきたことなどを考慮すれば、売手である相手方（株主側）の立場からすると、本件株式の価格の評価は、配当還元方式による配当方式と純資産方式の中間値を採用するのが相当である。 買手の立場からの評価と売手の立場からの評価のいずれかを重視するのが相当であるというような事情は見当たらない。 会社が継続企業であり、DCF方式を用いていることから、株主側と買受人側の間に特段の評価による著しい評価としての価値の代表的方式であるDCF方式である。 配当還元方式は、いずれの方式も企業のフローとしての配当に着目する方式であって、継続企業の価値を評価する方法の1つである。特にゴードン・モデル方式は、他の方式と比較し、収益の内部留保による将来の配当の増加をも計算の基礎に加えている点で、より優れている。 純資産方式は、一時点の純資産に基づいた価値評価を前提とするため、将来の収益獲得力または市場での取引環境の反映が難しく、企業の有する将来の収益獲得能力を適正に評価し

225

第3章　会　社　法

⑥	福岡高決平成21・5・15金判1320号20頁 会社144条	訪問介護、通所介護等を目的とする会社 発行済株式総数200株	相手方（指定買取人）が発行済株式総数の51％を保有	直前2期の決算に基づく純資産価額法による本件株式の1株当たりの価額、過去の取引事例、DCF法は事業収支計画の予測や投資資利益率の決定が困難で正確性に欠けるため重きを置けないこと等を総合考慮（1株	抗告人（株主側） 類似業種比準価額方式（1株90万2100円） 相手方（買取人側） 原決定を支持	DCF方式とゴードン・モデル方式を3:7で併用（1株10万3261円）

①会社は相応の規模を有する企業であって、②会社が相当程度の遊休資産を有しており、これを売却するような事情も窺われないこと、③株主側は、会社の解散決議を行うだけの議決権を有するものではなく、過去の経緯からうかがわれる株主側が会社の経営支配力を有するものとはおよそ言い難いという事情からすれば、純資産方式にはよって株価を算定し、また、その算定に当たって同方式を考慮することは相当ではない。

売手の立場から最も合理的な評価方式、配当還元方式、買手の立場からは、継続企業の動的価値を現す最も理論的な方法であるDCF方式によるべき。
売手の立場と買手の立場からの相当な評価方法を総合的に勘案する評価方式を1対1で評価価格に反映させるのが相当である。

マーケットアプローチ（市場株価法、類似上場会社法、類似取引法）は、本件会社と類似する適切な会社を上場企業の中から見出すことはできないので採用しない。
抗告人（株主）は、売買差益を得ようとしていることから、インカムアプローチ（DCF法、収益還元法、配当還元法）の手法を重視する必要があるが、配当実績がないので配当還元方式は採用し難いし、残る2方式のうちDCF法では、キャッシュ・フローに着目しているが、当該事業収支計画の予測や

別表2

⑦	大阪地決平成25・1・31判時2185号142頁 会社144条	不動産賃貸を主たる業とする会社 発行済株式総数192万株 単独で支配可能な保有割合を有する株主(親族グループ)なし	発行済株式総数の約19%(36万2900株)	申立人(株主側) 再調達時価純資産法(1株3149円) 相手方(買取人側) ①本件会社 DCF法(1株1903円ないし2326円) ②指定買取人 DCF法(1株2067円)	収益還元法を80%、配当還元法を20%の割合で加重平均した価格(1株2460円) ※甲鑑定(裁判所)の結果に従う。

当たり7万5000円)

ネットアセットアプローチ(純資産価額法)は、特定の一時点における個々の資産価値に基礎を置く静的な評価方法で、一般には、会社が近い将来解散する可能性が高いなどの特段の事情のない限り採用すべきではないといわれるが、他の評価方式に依存することに少なくない危険性がある場合には、むしろ、同方法を基本にして算定するのが相当である。投資利益率の決定には困難が伴うというマイナス要因がある。

以上のほか、本件会社の株の取引に関する各事情や、相手方(買取指定人)が、すでに本件会社に対する支配権を確立しているとはいえ、本件株式を取得することによってほぼ完全に本件会社を自己の子会社にしてしまうメリット等を総合考慮する。

甲鑑定(裁判所鑑定)は、収益還元法といっても単にキャッシュ・フローに基づいて事業価値を算定するのではなく、本件会社が事業管理会社としての特徴を持ち不動産賃貸の双方をバランスよく配当している点で合理的である。申立人(株主側)の主張である当該鑑定で十分に考慮済みであり、さらに時価純資産法を採用する必要性はない。

甲鑑定(裁判所鑑定)は、少数株主の企業価値に対する支配は基本的に配当というかたちでしか及ぶことはないから、その株式価値の評価に当たり、配当に着目した配当還元方式がある程度考慮することは合理的である。

甲鑑定は、本件不動産を収益力の観点から評

価した価格に、本社コストを考慮するほか非事業資産を加えるなどの調整をしており、本件株式の価格を算定しており、資産の価値と収益力の双方をバランスよく配慮した評価方法であって、合理的である。

本件株式は発行済株式総数の約19％に当たるが、申立人が経営に影響を与える可能性がないとはいえず、支配株としての側面を否定することはできない。また、甲鑑定の総合評価の結果は、各当事者が依頼した鑑定による価格のレンジ内に入っている。したがって、収益還元法に80％のウェイトを置いた甲鑑定は合理性を欠いていない。

第4章
信 託

I 信託とは

> SとTは，SがTにA株式100万株の所有権を移転すること，当該株式については10年後に受益者に交付すること，および，それまでの間は，当該株式の配当による収益を毎年受益者に交付すること，ならびに，そのために当該株式を保有し議決権および配当請求権を行使すべきものとする信託を設定し，受益者としてBを指名した。

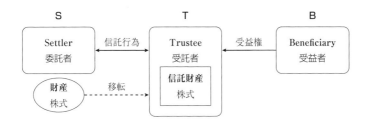

　信託とは，受託者（T）が，委託者（S）から移転を受けた信託財産を，委託者の定めるところに従って，管理または処分し，受益者（B）に給付することを目的として設定される法律関係である。

　信託財産は，受益者への給付や信託の事務処理に関することだけに使われること（受託者の一般財産とはならないこと），受託者は，信託目的達成のための信託事務処理遂行について厳格な義務と責任を負うことが特徴である。

1 信託行為

　信託を設定する法律行為のことを信託行為という。信託行為としては，信託契約（信託3条1号），遺言（同条2号）および書面による自己信託の意思表示（同

条3号）が定められているが，信託契約が通常である（以下，信託契約について述べる）。

　信託契約とは，委託者が，受託者との間で締結する契約であり，その内容として，(a)委託者が受託者に対し財産の譲渡，担保権の設定その他の財産の処分をする旨[1]，および(b)受託者が一定の目的に従い財産の管理または処分およびその他の当該目的の達成のために必要な行為をすべき旨を定めるものである。

　設例でいえば，S（委託者）が，T（受託者）との間で締結する契約であり，その内容として，(a)SはTに対しA株式100万株の所有権を移転する旨，および(b)Tは，期限到来時に，当該株式を，また，期限が到来するまでの間は配当による収益を受益者に交付することを目的として，当該株式を保有し，議決権および配当請求権等を行使すべき旨を定めるものである。

2　受益者

　受益者は設定された信託において，信託財産による給付等の利益を受ける法的な地位（受益権）を有する者である。

(1)　受益者の指定

　受益者は，受益権を有する者であり（信託2条6項），受益者となるべき者として指定された者が受益権を取得するとされている（信託88条1項）。

　受益者となるべき者の指定には，(a)信託契約の定めにより指定される場合（信託88条1項）と，(b)信託契約には受益者を指定する権利をもつ者（受益者指定権者）が定められ，当該受益者指定権者により指定される場合（信託89条1項）とがある。

　受益者の指定においては，受益者となるべき者は特定されなければならない。指定される者も現に存する必要はなく，特定のための要件を未だ充足していないことや，未だ出生していないことなどにより，指定される者が未存在であっても特定可能であれば有効とされる（胎児である必要もない）。たとえば，「誕生したばかりの子に最初に生まれた子」なども可能と解される。

---

[1] 信託財産は，委託者からの譲渡により所有権の移転を受けた財産が通常であるが，地上権または賃借権，あるいは抵当権などの担保権を信託財産とするときは，新たに設定することもある。このため，信託法では「財産の譲渡，担保権の設定その他の処分」（信託3条1号・2号）とされている。

受益者となるべき者として信託契約の定めあるいは受益者指定権の行使によって指定された者は，当然に受益権を取得して受益者となるとされており，受益の意思表示は不要である。ただし，信託契約の定めにより，受益者となるべき者としての指定に，受益の意思表示その他の停止条件あるいは解除条件，または始期を定めることができるとされている（信託88条1項ただし書）。また，委託者の死亡の時以後に受益者が信託財産に係る給付を受ける旨の定めのある信託（信託90条1項2号）の場合は，委託者が死亡するまでは，受益者としての権利を有しない（信託契約に別段の定めがあるときは，その定めるところによる）とされている（同条2項）。なお，指定された時は未存在であっても，出生または特定のための要件を充足することにより受益者となると考えられる。

このように信託契約に，受益者を指定する権利をもつ者（受益者指定権者）が定められている場合は，信託契約のときに受益者が確定している必要はない。

(2) 受益者の変更

受益者が存在する場合でも，信託契約に定められた条件等によって，あるいは信託契約に，受益者を変更する権利をもつ者（受益者変更権者）が定められ，当該受益者変更権者によって，変更後の受益者となるべき者が指定された者が，受益権を取得し（受益の意思表示は不要）受益者となる。受益者の変更は，従前の受益者に替わり新たに受益者となる者を指定するものである。従前の受益者の受益権は消滅するとされている。

信託契約による受益者の変更としては，「受益者の死亡により，当該受益者の有する受益権が消滅し，他の者が新たな受益権を取得する旨の定め」（信託91条）のほか，受益者の年齢や婚姻などを条件とする受益者変更や，一定の期間の経過を条件とする受益者変更などが考えられる。

(3) 受益者指定権等の行使方法

受益者指定権ならびに受益者変更権（以下「受益者指定権等」という）を有する者として，委託者が就くことが通常であろうが，第三者を定めることもできる。また受託者が受益者指定権等を持つとすることもできる（信託88条）。

受益者指定権等は，受託者に対する意思表示で行使される（同条1項）。

受託者が受益者指定権等を有するときは，受益者となるべき者に対する意思

表示で行使される (同条6項)。

受益者指定権等は, 遺言によって行使することもできるとされている (同条2項)。

(4) 受益者指定権等の相続承継

受益者指定権者等に相続が開始したときには, 受益者指定権等はその相続人に承継されないとされているが (信託89条5項), 信託契約の別段の定めにより, 相続その他により承継されるとすることも可能である (同項但書)。

また, 信託契約における受益者指定権等を有する者を定める際の方法については, 特段の規定はないことから, 当該定めにおいて, 受益者指定権者等が欠けたときの新たな受益者指定権者等を定めることも可能と考えられる。

3 受益権

信託は, 信託契約に基づき, 一定の目的 (信託目的) を, 委託者から受託者に移転された財産 (信託財産) により, 達成する法律関係であり, 信託目的の具体的な内容は, 信託契約の定めに基づいて受託者が負う, 信託財産に属する財産の引渡しその他の信託財産に係る給付をすべき債務, に係る債権 (受益債権) ということになる。

受益権は, 受益債権と受益債権を確保するために信託法に基づいて受託者等に対し一定の行為を求める権利とからなるものであるとされている。

4 受益者の異動

受益者が, 従前の者から, 別の者に変わることである。受益者の異動の事態は, 受益者変更のほか, 譲渡や相続などに基づく受益権の承継によっても生じる。

受益者変更の場合には, 従前の受益者の受益権は消滅し, 変更後の受益者は新たに受益権を取得することで, 受益者が変わるのに対して, 受益権の承継の場合は, 受益権が, その同一性を保ったまま移転することにより, 受益者が変わることとなる。

受益権の譲渡は, 民法の債権譲渡ではなく, 信託法93条に基づくものとされている。

なお，受益権の承継には，受益権の譲渡（特定承継）と受益権の相続（包括承継。受益者が法人の場合は，合併または分割など）があり，前者は対抗要件を具備しなければ受託者その他の第三者に対抗できない。（信託94条）また，受益権の譲渡禁止特約があるときは，受益権の譲渡は無効となる（信託93条2項）。

Ⅱ 遺言の代わりとなる信託

　信託は，委託者の財産の利益が，受託者を通して，最終的には受益者に渡されるものという性格を有している。受益者についても，信託契約により委託者が指定し，あるいは変更することができるとされている。

　英米では，遺言について probate と呼ばれる裁判所での手続に時間がかかるうえ，遺言が公開されるなどの事情を背景として，遺言による財産承継ではなく，信託による財産承継を行うことが広く行われている。

　わが国では，遺言書の検認は相続人が当事者となる遺言書の保全手続にすぎず，また，公正証書遺言には検認もないため，遺言による相続に英米のような特段の支障があるわけではないが，迅速に相続財産を移転し，また承継の方法を自由に指定するために，被相続人の遺言に代えて，被相続人を委託者とし相続人を受益者とする信託について関心が高まっている。

1　遺言代用信託
(1)　遺言代用信託の特例（信託90条）

　典型的な遺言代用信託は，委託者の死亡の時に，指定された者が受益権を取得する旨の定めのある信託（同条1項1号），ならびに，委託者の死亡の時以後に受益者が信託財産に係る給付を受ける旨の定めのある信託（同条1項2号）である。

(a)　委託者の死亡の時に，指定された者が受益権を取得する旨の定めのある信託

　信託契約における受益者となるべき者の指定に，「委託者死亡の時」との始期を付したものである。

　信託契約により指定された受益者となるべき者は，委託者死亡の時に受益者

となる。

　(b)　委託者の死亡の時以後に受益者が信託財産に係る給付を受ける旨の定めのある信託

　受益債権について，委託者の死亡の時以後の履行期を付したものである。

　信託契約により受益者として指定されてはいるが，受益債権の履行期は委託者の生前には到来しない。そして，このような信託の受益者は，信託契約に別段の定めがない限り，委託者が死亡するまでの間は，受益者としての権利を有しないとされている（同条2項）。

(2)　遺言代用信託における受益者の変更

　遺言代用信託においては，委託者は，信託契約に変更権の定めはなくても，当該契約において指定された受益者を変更する権利を有するとされている（信託90条1項）。

　ただし，信託契約に別段の定めが許される（同項ただし書）ため，信託契約の定めにより，変更権を制限することには問題はないと考える。

　ところで，この受益者変更権についての信託法89条各項の適用の有無が問題となり得る。

　受益者変更権が受託者に対する意思表示によって行使されること（信託89条1項）は適用があると考えられる。

　しかし，委託者による生前の行使を前提とすると考えられることから，遺言による行使（同条2項）の適用の有無については，見解が分かれ得る。

　適用があるとした場合に，受益者変更の遺言書の作成後の，受益者変更の意思表示は，当該遺言の撤回となると解さざるを得ないことや，受益者変更の通知についても信託行為の別段の定めにより省略できることなどからは，遺言による変更権の行使の重要性は必ずしも高くないと考えられる。実務的には，信託契約において行使の方法を定めて，遺言による行使を排除することが望ましい。

　なお，遺言代用信託において信託契約により，委託者以外の者を受益者変更権を有する者とする旨の定めを設けることについても，特段の問題はないと考える。

2 後継ぎ遺贈型信託の特例（信託91条）
(1) 後継ぎ遺贈型信託

　受益者の死亡により当該受益者の有する受益権が消滅し，他の者が新たな受益権を取得する（当該新受益者の死亡により，他の者がさらに順次受益権を取得する）旨の受益者変更の定めを有する信託も可能とされた。

　この信託により，委託者は，受益者の死後においても，次々と自ら指定する者に事実上信託の利益を承継させることができることとなる。

　しかし，「死者の手の拘束」であることから，最長でも，信託がされた時から30年を経過したときに受益者となるべき者が現に存して，当該定めにより受益権を取得した受益者が死亡するまで，または当該受益権が消滅するまでとされている。

(2) 相続法（強行法規）との関係
(a) 後継ぎ遺贈の禁止

　遺言では，受遺者の相続を定める後継ぎ遺贈はできないと解されている。

　しかし，信託での，受益者の死亡を条件とする当該受益者の受益権消滅と新たな受益者の受益権取得は，「相続」による承継ではなく，受益者の変更による受益権の原始的取得であるとされ，後継ぎ遺贈の禁止に抵触しないとされている。

　ただし民法の相続ではないが，このような受益者変更については，相続税は，受益者の変更毎に課税されることとされている。

(b) 遺留分

　信託の設定および受益者の指定等による委託者の財産の承継は，相続ではないが，委託者の相続人の遺留分の対象となると考えられている。

　もっとも，さらに，後継ぎ遺贈型信託において死亡した受益者の相続人の遺留分の対象となるか否かについては，明確ではない。

　また，仮に遺留分の対象となった場合に遺留分減殺請求の行使の効果としては，受益権の一部が遺留分権者に帰属するのか，信託財産の一部が遺留分権者に帰属するのかなどについても明確ではない。

第4章 信　託

III 信託の基本的な仕組み

1　信託の効力の発生

①信託契約による信託の効力は，信託契約の締結のときに生じるとされている（信託4条1項）。

ただし，信託契約に停止条件，始期が定められているときは，条件の成就，始期の到来のときに効力を生じるとされている（同条4項）。

②信託の効力発生により受託者の任務が開始する。

受託者は，信託に関する取引を行う権限を取得するとともに，善管注意義務，忠実義務などの義務を負担する。

③信託契約に定められる信託財産の処分の効果も生じる（民176条）が，現実の引渡し等を受ける必要がある[2]。

2　受　託　者

(1)　信託目的を達成する義務

受託者は，信託契約の定めに従い，信託財産に属する財産の管理または処分およびその他の信託の目的の達成のために必要な行為をすべき義務を負う（信託2条5項）。

(2)　信託事務処理の権限

(a)　信託の目的達成に必要な行為の権限

受託者は，信託目的に従った信託財産に属する財産の管理または処分およびその他の信託の目的の達成のために必要な行為をする権限を有する（信託26条）。

権限内の行為の効果が信託財産に及ぶとの趣旨であり，具体的には当該行為により信託財産の処分の効果が生じ，あるいは当該行為の費用や債務について信託財産が責任を負担する効果が生じる。

---

[2]　受託者が委託者に対して信託財産の引渡し等を請求することの可否，ならびに引渡しを受ける義務の存否については，見解が分かれている（旧信託法では要物契約とされていたが，信託法では諾成契約とされている）。

(b) 信託契約による受託者の権限の制限

信託契約により，受託者の権限について，信託財産に属する財産の管理・処分の方法・内容について指定をすることや，処分の禁止などの制限を設けることができる（信託26条但書）。

また，信託契約により，受託者は，信託財産に属する財産の管理・処分その他の行為を，a）信託契約に定めた特定の内容で行うこと，あるいはb）委託者（または委託者が指定する第三者）が，指図する内容に基づいて行うこととすることもできる。

(c) 受益者による権限違反の行為の取消し

信託目的に照らして「信託目的の達成に必要」でないと判断される行為，または信託契約による受託者の権限の制限に抵触する行為については，権限の違反として，受益者が取り消すことができる。

(i) 信託財産のためにした行為の取消し（信託27条1項）　相手方が行為の当時，信託財産のためにされた行為であることを知っており，かつ相手方が行為の当時，受託者の権限に属しないことに悪意重過失であったときは，受益者が取り消すことができる。

信託財産のためにした行為とは，a）受託者が信託の事務処理であるとの意思で行った行為，b）受託者が信託の事務処理であることを明示して行った行為，またはc）特定の信託財産に関する行為（当該信託財産の修理など）などの費用，債務履行の責任を信託財産に負担させる行為とされている。

(ii) 信託財産に属する財産について権利を設定しまたは移転した行為の取消し（同条2項）　行為の当時，当該財産に信託の登記または登録がされており，かつ相手方が行為の当時，受託者の権限に属しないことに悪意重過失であったときは，受益者が取り消すことができる。

(iii) 取消権の時効等（同条4項）　取消権は，3か月間の消滅時効および1年間の除斥期間がある。

(3) 信託事務処理を遂行する上での義務

(a) 善管注意義務

受託者は，信託の本旨に従って信託事務を処理すべきものとされ，信託事務を処理するに当たっては，善良な管理者の注意をもってしなければならないと

されている（信託29条2項）。ただし，信託契約の別段の定めにより，注意義務の軽減・加重ができる（同項但書）。

(b) **忠実義務**

忠実義務とは，もっぱら信託財産（受益者）の利益のためにのみ行動する受託者の義務であり，a）信託財産の利益と受託者個人の利益とが衝突するような地位に身を置いてはならないこと，b）信託事務の処理に際して自ら利益を得てはならないこと，ならびにc）信託事務の処理に際して第三者の利益を図ってはならないこととされ，善管注意義務とは別の義務とされているのが特徴である。

信託法には一般的忠実義務（信託30条），利益相反行為の禁止（信託31条）および競合行為の禁止（信託32条）の規定がある。

一般的な忠実義務については，抽象的規定であって，利益相反行為の禁止，競合行為の禁止がその具体的内容であるとする考え方と，包括的に忠実義務を定めた独立の規範であって，一般的忠実義務違反に対しても信託違反等の責任を負うとする考え方とがあり，見解が分かれている。

(i) 利益相反行為の禁止（信託31条1項）

(ア) 信託財産と固有財産との間の財産（権利を含む）の移転（同項1号），信託財産と他の信託の信託財産との間の財産（権利を含む）の移転（同項2号）は無効とされる（同条4項）。

受益者が追認したときは，当該行為の時にさかのぼってその効力を生ずる（同条5項）。

当該財産が第三者に処分された場合，第三者（転得者）が悪意または重過失のときは，受益者が第三者への処分を取り消すことができる（同条6項）。

受託者が，第三者との間において信託財産のためにする行為を，当該第三者の代理人となって行う場合（同条1項3号），あるいは，第三者との信託財産のためにする行為が受託者と受益者との利益相反行為となる場合（同項4号），第三者が悪意または重過失のときは，受益者が第三者との行為を取り消すことができる（同条7項）。

受益者の取消権には，3か月間の消滅時効と1年間の除斥期間の適用がある（信託31条6項および7項による27条4項の準用）。

(イ) 信託契約に定めがあるとき（信託31条2項1号），受益者の承認がある

とき（同項2号），相続その他の包括承継の場合（同項3号），信託の目的の達成のために合理的に必要と認められる場合であって，受益者の利益を害しないことが明らかであるとき（同項4号前段）または当該行為の信託財産に与える影響，当該行為の目的および態様，受託者の受益者との実質的な利害関係の状況その他の事情に照らして正当な理由があるとき（同項4号後段）には，利益相反行為禁止の対象とはならない（信託31条2項）。

 (ⅱ) 競合行為の禁止（信託32条1項）

  (ア) 受託者として有する権限に基づいて信託事務の処理としてすることができる行為について，信託事務として行わないことが受益者の利益に反するときは，当該行為を固有財産または受託者の利害関係人の計算で行うことが禁止されている。

 受益者は，競合行為は信託財産のためにされたものとみなすことができる（介入権。信託32条4項）。ただし，第三者の権利を害することはできない（同条4項但書）。

  (イ) 信託契約に定めがあるとき（信託32条2項1号），受益者の承認があるとき（同項2号）には，競合行為禁止の対象とはならない（同条2項）。

 競合行為の禁止においては，利益相反行為における信託法31条2項4号に相当する除外規定がないため，受託者の正当な行為についても，競合行為としての禁止の対象とならないようにするためには，信託契約に定める必要がある。

 (c) **公平義務**（信託33条）

 受益者が複数の場合，受益者を公平に取り扱うべき義務とされる。

 「公平」の意義については，まったく同じでなければならないとするか，正当な理由があるときには異なることもあるとするかで，また，公平な受益権とするか，公平な信託事務処理とするかなどで，見解は分かれる。

 (d) **分別管理義務**

 分別管理は，信託財産を受託者の固有財産から分離すること，信託財産を他の信託財産から分離することおよび特定の信託財産である旨の表示をすることであるとされている。

 財産の区分に応じた方法による分別管理が定められている（信託34条1項）。

  (ア) 信託の登記または登録をすることができる財産（1号）

    当該信託の登記または登録

(イ) 信託の登記および登録のいずれもすることができない財産 (2号)
　　　動　産　　　　　　外形上区別することができる状態で保管する方法
　　　金銭・債権など　　計算を明らかにする方法
　(ウ) 法務省令で定める財産 (3号)
　　　社債，株式等の振替に関する法律の対象となる有価証券（株式，国債など）は，振替口座簿に信託財産に属する旨の記載等をし，かつ，計算を明らかにする方法とされている（信託法施行規則4条，社債，株式等の振替に関する法律75条・100条・142条など）。また，株券が発行されていない株式については，株主名簿に信託財産に属する旨を記載等することとされている（会社154条の2第1項）。なお株券が発行されている場合は動産(イ)として取り扱われる。

(e)　信託事務の処理の第三者への委託

　伝統的には，信託は個人的信頼関係に基づくものとして，自己執行義務が求められるとされていたが，現在は，信託事務処理の複雑化，機能分化による経済性の観点から，信託契約の定めがある場合，信託契約の定めがなくても信託目的に照らして相当である場合，あるいは信託契約に委託を禁じる定めがあっても信託目的に照らしてやむを得ない事由がある場合は，信託事務の第三者への委託が認められている（信託28条）。

　受託者は，信託事務の委託先についての選任・監督責任を負う（信託35条1項・2項）。委託者が選任した信託事務の委託先の場合，受託者は選任・監督責任を負わないが，その場合でも，委託先が不適切であることを知ったときは必要な措置をとる義務を負う（同条3項）。

(f)　情報に関する義務

　受託者は，信託事務が適正に行われることを担保するため信託事務処理の書類・帳簿等の作成義務（信託37条1項・2項），および保存義務（同条4項〜6項），一定範囲で信託の状況を受益者等に計算書類等で積極的に報告をする義務（同条3項），受益者等からの信託事務処理の説明請求，書類等閲覧請求に応じる義務（信託38条），利益相反行為の事態についての報告義務（信託31条3項）などを負っている。

(4) 受託者の責任
(a) 受託者の損失補てん，原状回復責任
　法令，信託契約および信託財産の管理・処分その他の行為についての委託者（またはその指定する第三者）の指図などに対する違反，信託事務処理遂行上の善管注意義務，忠実義務，分別管理義務その他の義務の違反など，受託者が任務を怠ったことにより，信託財産に生じた相当因果関係がある損害あるいは変更については，受託者は，信託財産に対し，損失のてん補，または原状の回復を行う義務を負う。

　損失のてん補および原状の回復は，受託者が固有財産で負担する。
(b) 受益者の損失てん補，原状回復請求権
　受益者は，受託者に対して損失てん補，または原状回復を請求することができる（信託40条）。

　受益者は，受託者に対し，信託財産への損失てん補等を請求するものであり，受益者に対する賠償の履行を請求できるものではない。
(c) 忠実義務違反の損失の推定（信託40条3項）
　忠実義務違反の場合は，違反行為によって受託者が得た利益の額が信託財産に生じた損失額と推定される。
(d) 事務の委託に関する違反および分別管理義務違反の損失等に対する責任
　信託事務の第三者委託が認められる場合でないにもかかわらず委託した場合において，信託財産に損失または変更を生じたときは，受託者は，第三者に委託をしなかったとしても損失または変更が生じたことを証明しなければ，損失てん補等の責任を免れることができないとされ（信託40条2項），また，受託者が分別管理義務に違反した場合において，信託財産に損失または変更を生じたときは，受託者は，分別して管理をしたとしても損失または変更が生じたことを証明しなければ，損失てん補等の責任を免れることができないとされている（同条4項）。

(5) 信託財産の責任
(a) 信託財産責任負担債務
(i) 受託者の債務のうち，信託財産が責任財産となる債務は，信託財産責任負担債務に限られるのが信託の特徴である。

なお，信託財産責任負担債務も受託者が負担する債務であることから，原則として，信託財産責任負担債務については，信託財産と受託者の固有財産の双方が責任財産となる。しかし，信託財産だけが責任を負担することが信託法に定められている債務，または債務に関する契約によって信託財産だけに責任限定がなされた債務もある（信託21条2項）。

(ii) 信託財産責任負担債務となる債務は，受益債権の債務（信託21条1項1号）のほか，信託事務の処理について生じた権利（同項9号），信託財産のためにした受託者の権限に属する行為によって生じた権利（同項5号），信託財産に属する財産について信託前の原因によって生じた権利（同項2号）にかかる債務などである。なお，信託前に生じた委託者が負担する債務のうち信託契約で定めたもの（同項3号）や，受託者が信託事務を処理するについてした不法行為によって生じた債務（同項8号）も含まれている。

(b) 強制執行等の制限

(i) 強制執行の制限　受託者の債権者は，信託財産責任負担債務に係る債権または信託財産に属する財産について生じた権利に基づく場合を除いて，信託財産に対して強制執行等をすることができない（信託23条1項）。

違反してされた強制執行等に対する，受託者または受益者の第三者異議類似の異議が認められており（同条3項），また，違反してされた強制執行等については，債権者に対する不当利得返還を請求できる。

(ii) 相殺の制限　信託財産である債権と信託財産が責任を負担しない債務との相殺は，信託財産による信託財産が責任を負担しない債務の消滅となるため，禁止される（信託22条1項）。

同様に，固有財産である債権と信託財産だけが責任を負担する債務との相殺も，固有財産による信託財産限定責任負担債務の消滅となるため，禁止されている（同条3項）。

ただし，相殺の制限の対象であることについて善意無過失であるとき（同条1項但書・3項但書）や，受託者の承認があるときは，相殺は有効とされる（同条2項・4項）。

(c) 信託財産についての倒産隔離

(i) 受託者が破産手続開始の決定を受けた場合，信託財産は破産財団に属しない（信託25条1項）。

受託者の破産手続による免責により、信託財産責任負担債務は免責されない（同条3項）ことから、倒産隔離があるとされている。

固有財産も履行の責任を負う信託債権は全額が破産債権となる（破104条）が、信託財産のみが履行責任を負う債権は破産債権とならない（信託25条2項）。

その他の法的整理手続についても同様である。

(ii) 委託者および受益者が委託者の債権者を害することを知って信託を行った場合、委託者の債権者は当該信託を詐害信託として、取り消すことができる（信託11条1項）。

受託者の悪意・善意は要件とされていない。

しかし、受益者のうち一人でも善意である場合は取り消すことができないとされている（同条ただし書）。

もっとも、この場合悪意の受益者に対しては、委託者への財産権の移転を請求できる（同条5項）。

委託者の法的整理手続の否認権についても、同様の規定がある（信託12条）。

詐害信託の取消権には、債権者が取消しの原因を知った時から2年間、行為の時から20年間の消滅時効がある（信託11条6項、民426条の準用）。

(6) 信託の終了

(a) 信託は、信託の目的を達成したとき、または信託の目的を達成することができなくなったとき、信託契約において定めた事由が生じたとき、または、委託者および受益者が信託を終了する合意をしたときなどに終了するとされている（信託164条1項）。

また、信託契約の当時予見することのできなかった特別の事情が生じたときは、委託者、受託者または受益者の申立てにより、信託の終了を命ずる裁判（信託165条）により終了させることができる。

(b) 信託が終了した場合には、信託の清算をしなければならないとされ（信託175条）、信託は清算が結了するまではなお存続するものとみなされる（信託176条）。

受託者は、①現務の結了、②信託財産に属する債権の取立ておよび信託財産責任負担債務の弁済、③受益債権に係る債務の弁済ならびに④残余財産の給付などの職務を行う（信託177条）。清算受託者は、信託の清算のために必要な一

切の行為をする権限を有するが，信託契約に別段の定めがあるときは，定めるところによるとされる（信託178条）。

(c) 受託者の清算職務の終了により，清算は結了する。

受託者は職務を終了したときは，遅滞なく，信託事務に関する最終の計算を行って，信託終了時の受益者等に最終計算の承認請求を行う。

計算承認を求められた時から1か月以内に異議を述べない場合は，承認とみなされる（信託184条3項）。最終計算を承認した場合，清算受託者の責任は，免除されたものとみなされる（信託184条2項）。

ただし，清算受託者の職務の執行に不正の行為があったときは，免責されない（信託184条2項但書）。

Ⅳ 事業承継信託の実務——中小企業のための事業承継の仕組み

中小企業[3]の事業内容・規模は様々であり，その形態も個人事業，（特例）有限会社・合同会社等の持分会社から株式会社まで多様である。また，会社と経営者との関係も，いわゆるオーナー（創業者等）が代表者として現に経営を行っている会社，オーナー一族が経営の支配権を握り，実際の業務執行はオーナー等から指名された第三者が代表者として行っている会社，オーナーの所有株式を管理する資産管理会社によって支配されている会社，などがある。

現在，中小企業は深刻な後継者不足に直面しているといわれており，現経営者から後継者への事業承継を円滑に行う仕組みが求められている。もっとも，中小企業における事業承継ニーズは，それぞれの経営者や会社ごとに異なり，定形化された事業承継の方式がすべてにあてはまるというものではない。そのため，個別の事業承継ニーズに柔軟かつ的確に対応できる信託がその機能を発揮できる分野とされ，実際にも多様なニーズに対応する信託商品が開発されている。ここでは，主として株式会社で譲渡制限株式を発行している非公開会社

---

3) 中小企業基本法によれば，中小企業とは，①資本金等の総額が3億円以下の会社ならびに常時使用する従業員の数が300人以下の会社および個人，②小売業・サービス業の場合，資本金等の総額が5千万円以下の会社ならびに常時使用する従業員の数がサービス業で100人以下，小売業で50人以下の会社および個人，③卸売業の場合，資本金等の総額が1億円以下の会社ならびに常時使用する従業員の数が100人以下の会社および個人とされている。

形態の中小企業（以下「中小企業」という）の事業承継について，信託を活用した仕組みとその設計上の検討事項について述べることとする。

V 中小企業における事業承継ニーズ

1 支配株式の承継——支配株式の分散化と集中

　中小企業の事業承継とは，通常は，オーナー経営者等（以下「経営者」という）が後継者を指名し，親から子・祖父母から孫といった世代間または兄弟姉妹・親族間で会社の経営権（会社経営の支配権）を承継することである。会社によっては，その事業の運営に不可欠とされる工場や店舗等の営業用不動産，ノウハウや特許権等の知的財産権，顧客名簿といった事業の中核となる資産を承継することが事業承継そのものであるといった場合もあるが，株式会社形態をとった通常の中小企業では，会社の経営権とは，経営者自らが代表者として経営の任に当たるとともに，株主総会で支配的な株主として取締役の選任や会社の運営方針に係る議案について意思決定を行って，会社運営の主導権を握ることであるから，事業承継とは，会社の経営権を握ることを可能とする経営者所有の発行済株式の過半数ないし3分の2以上の株式あるいはそれに近い数の株式（以下「支配株式」という）を後継者に承継させることにほかならない。したがって，事業承継の仕組みには支配株式を確保し，それを後継者に円滑に承継させるという機能が求められることになる。

　ところで，そのような支配株式は，経営者の生前贈与や相続によって家族や親族に分散化する傾向がある。特に，中小企業では，経営者の主たる個人資産が経営する会社の株式だけということが普通なので，経営者から家族や親族に対する財産分与・相続や世代交代があるとどうしても経営権を握るために必要な支配株式が分散化することになりやすい。一方，事業承継を実現するためには，株式の分散化を防止して後継者が支配株式を確保することが必要である。このため，事業承継の仕組みとしては，相続・財産分与による支配株式の分散化の回避と後継者への集中という相反するニーズを調和させる仕組みが必要となる。

　中小企業の事業承継に関しては，特別法である中小企業事業承継法や関連税

制が整備され，会社法においても「種類株式」(会社108条1項)に加え，全株式譲渡制限会社(非公開会社)における「属人的定め」の特例(会社109条2項)が用意されているが，定款変更を必要とするなどのハードルが高い。このため，最近では，より柔軟に関係当事者による合意(契約)によって支配株式の分散化と集中という対立する経営者のニーズに的確に対処できる仕組みとして信託が使われることも多くなってきた。

2　支配株式の分散化と株式管理の必要性

事業承継の検討に当たって，中小企業では，まず株式自体の所有や管理の状況を確認することが極めて重要である。株券発行会社であるにもかかわらず，株券が未発行の場合があり，また株券が発行されていても株主名簿が未整備のため，相続等により実際は誰が株主か把握できていない場合もある。また，会社は無配を継続しているが，株主は役員を兼ねているため，配当金の代わりに役員報酬を得ており，株主自身が株式について無関心ということもある。このため，経営者が健在なうちは，支配株式を誰が所有しているのか，またどのように管理されているのかが把握されているが，世代交代が進み相続が重ねて行われていくうちに，親族関係の希薄化などにより，株式所有の分散化が進行し，後継者として指名された者が改めて支配株式を取得して経営権を確保することが困難となっていることもあるので注意が必要である。

VI　株式管理信託の活用

1　株式管理信託とは

中小企業の事業承継を成功させるには，支配株式を自ら所有ないし管理したうえで，それを後継者に円滑に承継することが必要である。しかし，現在は経営者が支配株式を管理できているとしても，将来相続が生じれば，それによって支配株式が家族や親族に分散し，管理できなくなるおそれがある。そのような将来における支配株式すなわち議決権の分散化を防止する仕組みを提供するのが「株式管理信託」である。

事業承継で使われる株式管理信託は，経営者が委託者兼受益者となって自ら

が所有ないし管理する支配株式の一元的管理を目的に設定する自益信託であり，株式を信託財産とするいわゆる「物の信託」である。また，委託者である経営者が信託契約に基づき設定する生前信託である。

信託の設定により，株式の所有は名義とともに委託者から受託者である信託銀行等に移転するが[4]，通常，株式の議決権行使指図権（以下「指図権」という）は，委託者である経営者に留保され，経営者は生存する限り，指図権を行使して，会社経営の支配を継続することができる。

現在一般的に行われている株式管理信託は，信託銀行等の信託兼営金融機関を受託者とする営業信託として行われている[5]。

【株式管理信託（自益信託）】

```
                   株式管理信託契約
  委託者兼受益者  ←――――――――――→   受託者
   （経営者）      株式の移転（信託譲渡）  （信託銀行等）
                 ←――――――――――
                   受益権の取得

   信託契約に基づく                    議決権行使の指図
   指図権の付与    →   指図権者    →
```

2　株式管理信託の機能

株式管理信託の設定により，経営者の所有する支配株式は受託者に移転し，その後は，信託の終了まで受託者が株主として議決権を含む株主権を行使し，

---

[4]　株券発行会社については，委託者である経営者から受託者である信託銀行等に株券が信託される。株券不発行会社については，委託者と受託者の合意によって株式が移転（譲渡）され，株主名簿に受託者が株主として記載されるとともに，当該株式が信託財産に属する旨が記載される。この信託財産に属する旨の記載をしなければ，受託者は当該株式が信託財産であることを会社その他の第三者に対抗することができない（会社154条の2）。

[5]　株式管理信託は，信託銀行等を受託者とする営業信託だけでなく，家族や親族または弁護士等を受託者とするいわゆる民事信託としても行うことが可能と考えられる。しかし，家族や親族または弁護士等の個人を受託者とする場合，受託者に株式管理事務に関するノウハウが十分ではないこと，受託者の死亡によって管理が中断したり，分別管理が不十分で，信託財産である株式が受託者の固有財産や相続財産に混入したりするなどのリスクがあると思われる。また，株式管理信託を反復継続して受託することは「業」に該当するため，信託業の免許が必要となる（信託業2条1項・3条，信託業法施行令1条の2，なお，信託業を営む者は，信託会社等の法人とされ，個人が信託業の免許・登録を取得することはできない）。

配当金等を受領する[6]。一方，委託者は信託財産からの給付を受ける受益権を取得し，議決権行使の指図を行うとともに，信託決算の都度，受託者から信託収益として税引き後の配当金相当額等の分配を受ける。また，信託の終了時には，信託財産である株式の交付を受ける。

このような株式管理信託の設定によって，経営者の所有する支配株式は受益権という新たな財産（権利）に転換したことになる。経営者の死亡によって相続が開始されたとしても，相続財産として相続の対象となるのは経営者が所有していた受益権であって，信託財産に属する株式ではない。このため，相続によって受益権は経営者から家族や親族に移転するが，新たな受益者は受益権を通じて支配株式をいわば間接的に所有するにとどまり，依然として受託者が支配株式を信託財産として管理する。また，受益権を譲渡することも可能であるから，生前贈与等による家族や親族への財産分与に当たっても，受益権を譲渡すればよい。相続や財産分与があっても，株主は受託者に固定されているという構造は変わらないから，支配株式の一元的管理は引き続き維持されることになる。

なお，受益権の譲渡に当たって信託法では受託者の承諾は要件とされていないが（信託93条），信託契約で受託者の承認を必要とすると定めることができ，それによって敵対的買収者等の後継者にとって不都合な者に受益権が譲渡されることを防止し，また誰が譲渡後の受益者となったのか受託者を通じて把握することができる[7]。

3 株式管理信託における議決権の行使

株式管理信託では，経営者は信託した株式（以下「信託株式」という）の指図権を信託契約の定めによって自らに留保し，受託者に対し議決権行使の指図を行う。受託者は信託の本旨に従って信託事務を処理すべき義務を負っているから（信託29条1項），その指図に従った議決権行使をする義務を負う。それによって，経営者は会社支配を実現することができる。

---

[6] 実際は，受託者が会社から配当金等を受け取る都度，受益者に配当金相当額を支払う仕組みとすることが多い。

[7] 信託法上，受益権の譲渡に受託者の承認（同意）は要件とされていないが，受託者としては誰が受益者か把握する必要があり，通常は信託契約の定めによって受益権の譲渡には受託者の承認が必要としている。

指図権は委託者が留保するだけでなく，信託契約において指名した者（以下「指図権者」という）に与えることができるので，経営者が会社経営を第三者に任せる仕組みとしても使うことができる。指名された者は，その指図権を行使して株主総会での意思決定を行い，会社経営を行うことになる。このような指図権者について，信託法は特段の規定を設けていないが，委託者と委託者から指名された指図権者との関係は一種の委任と考えられ，指図権者が指図権を行使するに当たっては，委託者（および信託の利益を享受する受益者）に対し善管注意義務を負うものと考えられる。また，委任（および信託）の本旨に従って，指図権者は受益者の利益を図って議決権行使の指図をする必要がある。なお，信託業法は信託財産の管理または処分の方法について指図を行う業を営む者（信託業法ではこれを「指図権者」という）について特別な規定[8]を置いているが，株式管理信託における指図権者は，委託者が自ら留保した指図権を委託者からの委任に基づき行使する者であり，しかも信託財産に関して取引の指図をする者ではないから，信託業法上の指図権者には該当しないものと考えられる。

　なお，指図権を第三者に付与することは，委託者が信託契約とは別に第三者との間で委任契約を締結することでも実現できるが，この場合は，委託者が死亡したときに，委任が終了するので，改めて後継者と委任契約を締結することが必要となる。

　さらに，経営者が議決権を自分に集中させる目的で他の株主に働きかけて，その所有する株式をもって株式管理信託を設定させ，その信託株式に係る指図権者を自分とさせることもできる。それによって，他の株主の議決権についても自らの議決権行使と同じ内容での行使が可能となるとともに，他の株主の所有する株式の更なる分散を防止することが可能となる。また，自分ではなく，自らが指名する第三者に指図権を集中させることもできる。このように家族や親族間での株式所有パターンに応じて，複数株主による共同委託や複数の株式管理信託を同時に設定することで，支配株式の管理強化を図ることができる。

　これらの場合，経営者は他の株主との間の議決権行使に関する合意内容について，株主間で協定等[9]を締結することで，協力関係を明確化しておくこと

　8）信託業65条・66条。信託業法の指図権者は，信託財産の運用等の指図を業として行う者であるから，同法は，信託会社と同様に忠実義務を課すとともに受益者保護を図るための行為規制を定めている。

　9）このような株主間の合意（契約）を株主間協定または議決権拘束契約といい，会社法上は，

が有効と考えられる。こうした株主間協定と株式管理信託の併用によって、議決権の統一行使の確実性が増すことになり、ひいては会社経営の支配が確保できることになる。

ところで、このような株式管理信託は、信託法上認められないとされているいわゆる「議決権信託」ではない。すなわち、株式（株主権）の一体性から、株主権のうち議決権（共益権）だけを取り出して信託することはできないとするのが通説・判例であるが、株式管理信託は株式を信託財産として引き受けるものであるから、議決権信託には該当しないと考えられている。あくまでも株式を信託財産とする物の信託であり、信託事務処理として信託株式の議決権を受託者が行使するに当たって、信託契約に基づいて指名された指図権者の議決権行使の指図を受けるものである。

4　株式管理信託の活用

株式管理信託は、経営者が委託者となって自益信託として設定し、株主を受託者に固定化するとともに、指図権を自らに留保または第三者に与えることで、議決権の集中化を図ることができる仕組み（議決権集中型）である。さらに、その発展形として、後継者を受益者または委託者死亡後の第二受益者（以下「第二受益者」という。「死亡後受益者」ということもある）とする他益信託として設定し、指図権を自らに留保することで、委託者である経営者が生存中は自ら経営を行い、委託者の死亡の時以後は受益者または第二受益者として指定された後継者が指図権を行使して経営を承継するという事業承継のための仕組み（事業承継型）として使うことができる。

5　自己信託による設定

株式管理信託は、経営者自身が委託者兼受託者となる自己信託（信託3条3項）によっても設定することができる。もっとも、自らを受益者とする場合は、受託者が受益権の全部を固有財産で有する状態となるから、その状態が1年間継続すると信託は終了することになる（信託163条2号）。また、家族を受益者とする生前贈与型の他益信託や委託者の生存中は委託者が受益者となり、委託

契約当事者間の債権契約として有効と考えられている。

者死亡後の第二受益者として配偶者や子供を指定する遺言代用の信託の類型に属する他益信託も設定できるものと考えられるが、受託者である経営者の死亡時において受託者の交代が必須となることや固有財産や相続財産から信託財産となった株式を確実に分別管理できるかといったリスクがあり、事業承継のための信託としては、継続的な管理という側面で弱点があるように思われる。また、遺言代用の信託型の他益信託では、委託者が1年以上生存するときは、受託者（委託者）が受益権の全部を固有財産で有する状態が1年以上継続するものとして信託が終了するリスクがある[10]。

Ⅶ 事業承継信託

1 事業承継信託とは

　経営者が事業承継を目的として、自ら所有する支配株式を後継者に承継させるための信託が事業承継信託であり、典型的には後継者を株式管理信託の第二受益者とする他益信託を設定することで、委託者兼受益者である経営者から後継者への支配株式の移転を相続手続および遺産分割手続を経由せずに実現するものである。経営者の生前に後継者に対する支配株式の実質的移転を行うものであるが、通常は、信託の設定後も委託者が指図権を有して引き続き経営を行うことが多い[11]。

2 事業承継信託の類型

　事業承継信託には、委託者の生前から支配株式が後継者に移転する「生前贈

---

10) 星田寛「遺言代用の信託と窓口業務」金融法務事情1871号（2009）37〜45頁。自己信託による遺言代用の信託を有効として、「現に存しない委託者死亡後の受益者の定めも受益者に含まれるとの解釈が可能ならば、自己信託による受託者（兼受益者）以外の受益者が存することになり、法2条、8条および163条2号に定める「その者」、「受益者」または「受益権」に抵触しないと解することができる。遺言代用の趣旨からも1年の制限もなく遺言と変わらず単独で設定することができる」と論ずる。

11) 事業承継の態様に応じて、不動産等の事業性資産を信託財産とする不動産管理信託や事業そのものを信託財産とするいわゆる事業信託といった信託類型を利用ないし併用することも可能である。事業承継への信託の活用を概括的に論じたものとして、米田保晴「相続と中小企業の事業承継―自社株承継スキームの今後の課題―」Jurist April 2016 48〜54頁、伊藤信彦他「第6講事業承継の可能性を広げる株式の信託」別冊 NBL No.156（2016）125〜142頁等がある。

与型」と遺言代用の信託を使って委託者の死亡の時以後に移転する「遺言代用型」がある。後継者が確定しており，委託者の生前に支配株式の移転を済ませるのであれば生前贈与型，後継者の指名が暫定的であって，信託設定後も後継者を変更する可能性があるのであれば遺言代用型を選択することになる。なお，生前贈与型であれば信託設定時に，遺言代用型であれば委託者の死亡時にそれぞれ贈与税・相続税が課されるので，税務上の理由から，いずれかを選択することも考えられる。また，遺言代用型の発展型として経営者から後継者への一段階だけの事業承継ではなく，委託者から複数または複数世代の後継者に多段階で順次事業承継する後継ぎ遺贈の「受益者連続型」がある。

事業承継信託の類型とその機能を整理すると次のとおりとなる。

	生前贈与型	遺言代用型	受益者連続型
1　後継者の指名	信託の設定時に後継者が受益者に指名され確定する。	信託の設定時または信託期間中に後継者が第二受益者として指名される。	信託の設定時または信託期間中に後継者が第二受益者等として指名される。
2　後継者の変更	受益者たる後継者を変更するには，受益者の承諾が必要となる。	委託者が受益者指名権ないし受益者変更権を有するので，第二受益者を変更することができる。	委託者が受益者指名権ないし受益者変更権を有するので，第二受益者等を変更することができる。
3　事業承継の時期	委託者は指図権を留保することで，生存中は経営権を保持することができる。なお，信託期間中に指図権を後継者に付与し，事業を承継することもできる。	委託者の死亡時まで後継者は受益者としての権利を行使できない。したがって，事業承継の時期は委託者の死亡時となる。	委託者または先順位の受益者の死亡時まで後継者は受益者としての権利を行使できない。したがって，事業承継の時期は委託者または先順位の受益者の死亡時となる。

事業承継信託の仕組みも一律ではない。事業承継を取り巻く環境や事情によって多様な設計があり得る。もっとも，中小企業の場合は，家族や親族間での株式の分散化を防止することが課題の1つとなるため，株式管理信託を基本的な仕組みとして，さらに誰にその経営権や経済的利益を与えるのか，また何時それらを承継させるのかといった委託者の意図を踏まえ，生前贈与型，遺言代用型または受益者連続型のいずれかを選択することになる。支配株式が親族間で分散して所有され，経営者が十分な議決権を確保できていない場合は，それ

を補うため他の株主を委託者とする株式管理信託を設定し，経営者または後継者を指図権者として指名して，会社経営に必要な指図権を確保することも必要になる。この場合には，経営者，後継者および他の株主との間で，株式管理信託とは別に株主間の協定等を締結し，指図権者の選任，指図権の行使方法その他の権利義務関係をあらかじめ決定しておくことが有用である。

3　事業承継信託の機能
(1)　他益信託の活用

　事業承継信託では，誰から誰に事業を承継するのか，その意図に合わせた多様な仕組みが可能である。中小企業では，親から子・祖父母から孫といった世代間あるいは親族間で事業承継が行われるのが一般的であるが，オーナー一族以外の第三者に事業承継が行われることもある。事業承継信託は，他益信託の機能を使って，支配株式の後継者への移転を可能にするものであり，これら経営者の様々なニーズに対応することが可能である。

　事業承継信託では，信託の設定という生前の処分行為により支配株式が委託者の財産から切り離されて信託財産となり，後継者は新たに創出された権利である受益権を取得する。遺言代用型等では，委託者の死亡時には，受託者は第二受益者として指定された後継者に対して株式管理等の信託事務処理を行う義務および信託財産を交付する義務（受益債務）を負い，信託の終了時には信託株式を第二受益者である後継者に交付することとなる。このような他益信託の機能を使うことで，たとえ後継者が経営者の相続人の場合であっても，相続手続および遺産分割手続を経由せず，経営者の支配株式を後継者に直接移転することが可能となる。

(2)　民法の相続規定との関係

　信託の設定は生前行為であるが，相続法のうち強行法規とされる規定の適用を受けるものと解されているので，特別受益の持戻し（民903条1項）や遺留分減殺請求（民1031条）の対象となるおそれがある。したがって，これらの規定に抵触しないよう，他の相続人にも応分の財産分与をするような注意が必要となる。

　遺言および死因贈与による支配株式の承継では，遺言は何時でも遺言者であ

る経営者によって書き換えられ得るし，また遺言が有効であったとしても，遺産分割手続では，遺言の内容と異なる遺産分割を行うことが認められているから，経営者の意図した遺言どおりの事業承継が実現しないことがしばしばあり，事業承継の手法としては不安定である。その点，事業承継信託を使えば，支配株式を経営者の相続財産から分離し，経営者から後継者に確実かつ直接に支配株式を移転することが可能となる。

4 承継内容に応じた事業承継信託の選択

ここでは，具体的な活用事例に応じた事業承継信託の設計を検討する。

(1) 親から子・祖父母から孫への事業承継

生前贈与型または遺言代用型が利用される。子・孫が未成年の場合が多い。複数の受益者を指定するときは，信託契約において受益者間の優先順位や受益権の共有持分割合を定め，また受益者の一方を後継者にするのであれば，その者を委託者死亡時以後の指図権者とすることをあらかじめ取り決めておく。もっとも，委託者が生存中は自ら経営権を握っていることが多く，また委託者の意向で後見的な指図権者を指名し，後継者の経営を指導させることも考えられる。

生前贈与型で親が委託者，未成年の子供が受益者となる場合，指図権者である親が会社の役員であるようなとき，親権者による指図権行使が利益相反行為に該当することがあり得るので，そのときは親権者の一方を予備的な指図権者として指図権を行使するなどの手法をとる必要がある。

(2) 親族間の事業承継

親族間で会社の経営権が移動する事例は多い。複数または世代間での後継者が確定しているのであれば，受益者連続型が利用できる。事業承継が長期間複数世代にわたる場合，受益者として指定された者が死亡したりすることがあるので，受益者をどのように指定するか，受益者変更権をどのように定めるか，委託者死亡後の受益者変更を認めるかなど信託契約に定めておく必要がある。また，将来の受益者は，信託設定時に現に存在する必要はないので，受益者が特定できる要件が信託契約に定められていれば，将来生まれる者を受益者とす

【生前贈与型の事業承継信託（他益信託）】

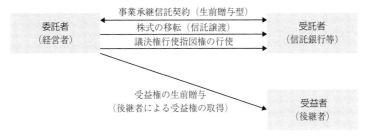

ることもできる。

(3) 親族以外の第三者への事業承継

家族や親族に後継者を見出すことができず，それら以外の第三者に会社の経営権を承継する場合である。生前贈与型または遺言代用型が利用される。

遺言代用型を選択するのは，委託者が指図権を留保してその死亡時まで引き続き会社経営に当たる場合が多いと考えられるが，第二受益者との間で利益相反を生じることがあり，また年齢等によって指図権者としての適性が失われることがあるので，あらかじめその交代・選任に関する規定を信託契約に定めておくことが有用である。

VIII 生前贈与型の事業承継信託

生前贈与型は，他益信託の形式をとった株式管理信託で，信託の設定時に受益者として指定された後継者が受益権を取得する類型である。受益者である後継者は，信託設定時に受益権を取得するので，その時から支配株式を取得したことになり，その結果後継者として確定し，かつ支配株式の配当金等を受領することもできる。生前贈与型が使われるのは，一般に後継者は確定しているものの経験不足で直ちに経営を行うことができないため，委託者が指図権を留保して引き続き経営を行うような場合である。

委託者は，信託契約において，受益者変更権を有するものと定めることはできるが，定めなければ受益者変更権を有しないものとなる（信託89条1項）。ま

た，この受益者変更権は遺言によって行使することができるものとされている（同条2項）。

この受益者変更権を認めない信託を解約不能信託として設定すれば，委託者が後継者を変更するために信託を解約しようとしても，受益者である後継者の同意がなければ信託を解約することはできず，後継者の変更ができない信託とすることができる。

Ⅸ 遺言代用型の事業承継信託

遺言代用型は，「遺言代用の信託」を活用した事業承継信託である。遺言代用の信託は，平成19年の信託法改正で認められた新しい類型の信託の1つで，信託行為に信託法90条1項各号の定めがある信託をいう。委託者の死亡の時に受益者となるべき者として指定された者（第二受益者）が受益権を取得する旨の定めのある信託（信託90条1項1号）と委託者の死亡の時以後に受益者が信託財産に係る給付を受ける旨の定めのある信託（信託90条1項2号）がある。いずれも，受益者は委託者の死亡時以後に信託財産に係る給付を受けることができる。1号と2号との違いは，1号では委託者の死亡の時にはじめて受益者として指定された者（第二受益者）が受益者となるのに対して，2号では信託設定の時から受益者であることである。

遺言代用の信託は，典型的には委託者がその財産を信託して，委託者が生存中の受益者は委託者自身とし，委託者死亡後の受益者は配偶者・子供等と定めることによって，委託者死亡時の財産分与を信託によって実現するものとして活用されている[12]。生前行為（生前信託）によって自己の死亡後の財産分配を実現するという点で，文字どおり遺言の代用であり，死因贈与と同じ機能を果たすものとされている。

遺言代用の信託の特例として，同じ機能を有するとされる死因贈与では，遺贈の規定（民1022条）がその方式に関する部分を除いて準用され（民554条），贈

---

[12] 信託銀行等が取り扱っている具体的な信託商品として，委託者の死亡時に相続人等に対して金銭を交付する合同運用指定金銭信託を使った「思いやり信託」・「ずっと安心信託」等がある。

与者は何時でもその贈与を撤回することができるものと解されていることから，遺言代用の信託においても，委託者は第二受益者を何時でも変更することができるとの意思を有していることが通常と考えられ，信託行為において明示的に受益者変更権を留保していなくても，信託行為に別段の定めがない限り，委託者は受益者変更権を有するとされている（信託90条1項本文）。また，2号の遺言代用の信託については，信託行為に別段の定めがない限り，委託者が死亡するまでは，受益者としての権利を有しないものとされている（信託90条2項）。2号の受益者は，信託設定の時から受益者であるから，本来受益者変更権が行使されなければ，受益者としての権利を有するので，委託者が信託を変更または解約（終了）しようとする場合にも，原則として受益者の同意が必要となるはずである。しかし，それでは遺言代用の信託の趣旨すなわち委託者の通常の意思に反することから，受益者としての権利を認めないこととしたものである。このため，委託者が受益者としての権利を行使するものとされ（信託148条），受託者に対する監督的権能を行使し，また受託者から信託財産や信託事務処理に関する報告を受領するものとされる。

　遺言代用型の事業承継信託に対するニーズとしては，後継者が未成年あるいは会社経営に未経験の場合や暫定的に後継者を決定したものの，その適性を見極めたうえで将来的には後継者を変更することがあり得る場合などが典型的である。遺言代用型では，委託者が死亡するまでの間，受益者としての権利を有する受益者が存在しない場合があり得るが，経営者が自らを委託者兼受益者，後継者を第二受益者として設定し，指図権を含む受益権を確保し，委託者死亡の時に第二受益者が受益権を取得して受益者となる仕組みの事業承継信託が開発されている。

　また，後継者を受益者とするのではなく，帰属権利者（信託182条1項2号）とする仕組みの事業承継信託もある[13]。

　ところで，遺言代用の信託のように「受益者を指定し，又はこれを変更する権利（以下この条において「受益者指定権等」という。）を有する者の定めのある信託においては，受益者指定権等は，受託者に対する意思表示によって行

---

[13] 後継者を受益者ではなく帰属権利者とするのは，帰属権利者であれば信託期間中に受益者としての権利を取得することがないため，委託者が信託を変更または解約（終了）する際に後継者の同意を得る必要がなく，また自由に帰属権利者を変更することができるからとされている。

使する」(信託89条1項)と定められていることから，遺言代用型の事業承継信託では，信託契約に委託者は受益者変更権を有しないまたは行使しないと定めない限り，委託者は受益者変更権等を有することになり，受託者への意思表示によって受益者を指定または変更することができる。なお，信託行為に定めれば，受託者は受益者に指定された者にその旨を通知しなくてもよいとされているから（信託88条2項但書），委託者は，後継者に第二受益者として指名したことを伝えないことができる。

また，受益者変更権の行使は，遺言によって行うことができると定められているから（信託89条2項），信託契約において指定された受益者を変更する旨の有効な遺言が出現したときは，受益者が変更されたものとして，受託者は新たに指定された受益者に信託財産の給付を行うことになる。もっとも，遺言によって受益者変更権が行使されたとしても，受託者がそれを知らないときは，変更後の受益者はそれによって受託者に対抗することはできないものとされ，受託者は信託契約に定められた変更前の受益者に信託財産の給付をすれば責任を免れるものとされている（信託89条3項）。

なお，信託法90条1項では，「信託行為に別段の定めがあるときは，その定めるところによる」と定められているので，信託契約において，受益者変更権を行使（または留保）しない旨または行使する場合は受託者所定の方法による旨を定めることができる。そのような定めがある場合に，それら別段の定めにかかわらず，委託者により第二受益者を変更する旨の遺言が行われた場合の効果が問題となる。遺言代用の信託は，死因贈与と同じ機能を果たすものであることから，死因贈与と同じく遺贈の規定が準用（民554条）されるかということであり，受託者としては信託契約と遺言のいずれを優先するのかということになる。信託法90条の規定は，遺言代用の信託に死因贈与の撤回と同様の機能を与えるよう定められたものであるが，遺言代用の信託では，死因贈与や遺贈とは異なり，信託の設定という委託者（被相続人）による生前処分行為が行われること，その生前処分行為により財産が受託者に確定的に移転すること，および贈与者（委託者）と受贈者（受益者）だけでなく，受託者という第三者との間でも新たな権利義務関係が生じることから，民法の特則として，遺贈とは異なる規律を定めたものと考えられ，信託法および信託契約が優先すると考えるのが適当であろう。とすると，受託者は信託契約に定められた受益者に信託財産で

IX 遺言代用型の事業承継信託

ある支配株式を給付すればよいことなる。

> 《事例1》
> 　中小企業の経営者の子供は兄弟A，Bの2人であり，兄のAを後継者と考えているが，資産の大部分が株式なので，株式の配当金等の経済的利益は，A，Bに平等に与えたいというニーズがある。

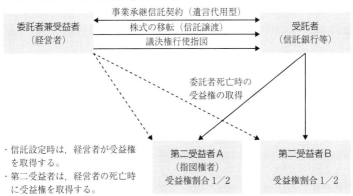

【遺言代用型の事業承継信託（他益信託）】

　会社法上は，会社定款に議決権制限株式の発行に関する規定を設け，議決権のある普通株式と議決権のない完全無議決権株式を発行し，普通株式をAに，完全無議決権株式をBに承継させる方法（種類株式について，会社108条1項）または会社が全株式譲渡制限会社（非公開会社）であれば，定款で議決権に関する事項について，株主ごとに異なる取扱い（会社109条）を行うことを規定して，Aに持株数の数倍の議決権を与え，Bには議決権を与えないといった属人的な取扱いをする方法も可能であり，いずれも経営者の事業承継ニーズを満足することができる。しかし，実際にこれらの手法を採用するには，通常は会社定款の変更が必要であり，しかも決議要件が加重されているから，それだけで他の株主からの反発を招いたりするリスクがある。

　一方，信託を利用すれば，定款変更をせずに，より簡単に経営者の意図を実現することができる。すなわち，経営者は委託者として自らを受益者とする遺言代用型の事業承継信託を設定し，AとBを受益権の2分の1ずつを共有する第二受益者として指定する。議決権に関しては，自分の生存中は自ら指図権

を行使し,自分の死亡の時以後は,Aが指図権を行使するものと信託契約で定める。このようにすれば,将来会社の経営権はAが獲得することができるとともに,株式の経済的利益はAとBが共に平等に享受することができる。

遺言代用型の事業承継信託を使って,親が子供の1人に事業承継しようとする場合,複数の子供を第二受益者とし,そのうち1人を後継者とすることが考えられる。その場合,複数の第二受益者が個別に指図権を行使することになると,議決権の分散化により後継者の会社経営に支障を生ずることがある。このため,後継者ではない第二受益者の指図権については信託契約であらかじめ後継者をその指図権者と指名して,指図権の統一的な行使を確保することが考えられる。また,信託契約においてあらかじめ第二受益者の1人が信託株式全部の指図権を行使すると定めておくことも可能である。これらの取扱いは,いずれも信託契約によって受益権の内容に差を設けるものであり,受益者ごとの異なる取扱いを認めるものであるが,それが受益者の権利行使の制限の禁止(信託92条)に抵触しない限り,信託契約における受託者の信託事務処理に係る権限関係を規律する取決めとして有効と考えられ,信託契約が変更または終了しない限り,その取決めは有効に存続するものと考えられる[14]。あたかも議決権のない株式と株式数以上の議決権が付与された株式という2つの種類株式が創出されたように見えるが,信託という仕組みを使うことで可能となるものであり,会社法の規定に違反するものではない。

《事例1》では,株式の実質的な所有者である受益者Bとは異なる指図権者Aが指図権を行使することになるので,その限りでは,共益権である議決権等と自益権である配当受領権等(経済的持分)が事実上分属することになり,会社法上認められないのではないかという議論の余地がある。いわゆるエンプティー・ボーティングの議論である。これに対して,少なくとも非公開会社の株式については,「信託を活用した中小企業の事業承継円滑化に関する研究会」

---

[14] 中田直茂「事業承継と信託」ジュリスト1450号(2013)26頁は,指図権を受益者に与えた場合について,「指図権を受益者に付随する権利(譲渡可能な財産権)と捉えるか,信託行為に基づく単なる権限と捉えるかが問題となるが,新旧信託法制定時にも参照された英米法の理解との整合性の観点から後者が相当である」とする。指図権は,受託者に議決権を行使させることによって信託財産である株式の管理を行わせるものであるから,受益者に付随する権利の1つと考えることも可能と思われるが,指図権者のような受益者以外の第三者に付与されることもあるから,受託者の信託事務処理に係る権限関係を規律する信託契約上の取決めと考えるのが適当であろう。

の中間整理において，非公開会社における事業承継目的の株式管理信託において受益者以外の者に議決権行使の指図権を与えることが会社法に違反しないかという議論に対し，「非公開会社においては，議決権について株主ごとの異なる取扱い（いわゆる属人的定め）を定めることが認められており（会社109条2項），剰余金配当請求権等の経済的権利と議決権を分離することも許容されているため，複数の受益者のうちの特定の者に議決権行使の指図権を集中させても，会社法上の問題は生じないと考えられる」との見解が示されている[15]。また，株主平等原則の例外が定められていない公開会社の株式についても，「会社法が，私人間の（信託等）契約による自益権と共益権の実質的分属を直接に規律し，無効とすることまで要求していないと解される一方で，かかる取引が会社経営の安定等の観点から社会にとって有益たりうるし，その弊害が生じるおそれも持株会社を用いて同様の目的の取引を行った場合と比較して特に大きいわけでもないことに鑑みれば，公開会社・上場会社株式について信託を用いてかかる取引を行うことも，会社法ないしその趣旨違反として公序良俗違反（民90条）にあたるとはいえないと解される」との見解が示されている[16]。新興市場の上場会社には実質的にオーナー経営が行われている会社もあり，そのような会社では，この見解によれば，信託を使って，たとえば資産管理会社を委託者とし，オーナーまたは後継者を指図権者とする遺言代用型の事業承継信託を設定することで，その事業承継ニーズに対応することができることとなる。

> 《事例2》
> 中小企業の経営者には配偶者A，子供Bがいるが，2人共に事業を承継する意思がない。そのため，経営者は現に会社の運営を担っている取締役Cを後継者とすることとした。もっとも，経営者の資産の大部分は会社の株式なので，株式の配当等の経済的利益はA，Bに与え，会社の経営権はCに与えることとしたいというニーズがある。

《事例2》でも，会社法上の種類株式や属人的定めを利用することができる

---

15) 中小企業庁「信託を活用した中小企業の事業承継円滑化に関する研究会」中間整理（2008）8頁。
16) 中田・前掲注14) 23〜25頁。

が，その実現には会社定款の変更が必要であり容易ではない。それらに代えてこの事例でも信託が使える。経営者は自らを委託者とする遺言代用型の事業承継信託を設定し，信託契約においてAとBを第二受益者に指定し，Cを指図権者に指名して，受託者に対する議決権の行使を指図させることとする。これにより，株式の経済的利益はA，Bに，会社の経営権はCに与えることができる。また，指図権は委託者が留保することができるので，経営者の生存中は経営者が経営を行い，経営者死亡の時以後はCが指図権を行使して，経営を行うという仕組みにすることもできる。

　この事例で問題となるのは，Cの指図権の行使がA，Bの利益に反する場合である。指図権は信託契約によってCに与えられ，その内容も信託契約によって定められる。議決権行使のための指図権の法的性格について信託法に規定はなく，また，信託業法上の指図権とも異なる。この指図権を付与することは，信託契約上の当事者間の取決めに根拠を置くものであるが，その実質は，委託者によるCに対する議決権行使指図を内容とする一種の委任と考えられ，委任に基づいて付与された指図権を適正に行使することによって信託目的を達成することが委任（ないし信託）の本旨と考えられる。したがって，Cは議決権の行使に関して委託者である経営者に対し善管注意義務および忠実義務を負い，委託者死亡後は受益者の利益のために行使する義務を負うものと考えられる。また，受託者はそのような指図権者の指図に基づいて信託事務を処理する義務を負うことになる。一種の委任であるから，委託者はCの指図権の内容や行使方法について，一任することも可能であるし，受益者であるA，BとCとの間の合意で株主総会における会社提案議案に対する賛否の方針をあらかじめ決めておくことも可能と考えられる。一任した場合あるいは合意のない場合は，Cは信託目的に照らして受益者の利益のために指図権を行使することになる。

　一方，Cは指図権の行使に当たって，信託財産および受益者に対し何らかの義務を負うのかという問題がある。これも信託法には規定がないので，信託契約に定めがあればそれに従い，定めがないのであれば，信託目的に照らして解釈されることになる。指図権を与えた趣旨が受益者の利益のためである場合には，指図権者は受任者として信託の受託者に準じた善管注意義務や忠実義務をA，Bに対して負うとするのが現在の一般的な理解といえる[17)18)19)]。また，「指図権行使の結果が指図権者以外の者に影響を及ぼすのであれば，信託行為

の解釈として，指図権者は信認義務を負うと推定するのが相当である」[20]とする見解があり，その場合，信託法29条2項本文および同法30条の準用または類推適用により，指図権者は受益者に対し善管注意義務や一般的な忠実義務を負うことになるとされる[21][22]。

　受託者が議決権の行使について何らかの注意義務を負うかについては，それも信託契約の定めによると考えられるが，事業承継信託のように信託契約で議決権の行使について受託者は指図権者の指図に従って行うと定められているのであれば，指図に従い議決権を行使することが受託者の義務となり，特段の事情のない限り，受託者は指図どおりの議決権行使を行えば免責されるものと考えられる。指図権の具体的な行使については，たとえば長期的に会社の企業価値の向上を図るため株式配当を抑制して内部留保の積増しを是認することが，短期的には受取配当金等の増加という受益者の利益とは矛盾するなど，その適否の判断は極めて難しいと思われるが，この点，「指図者が信託行為により指名され，または信託行為の定めに従い委託者または受益者により指名された場合，信託法35条3項の趣旨および委託者および受託者の合理的意思解釈に鑑み，受託者は，指図者の行為について積極的な調査を行う義務を負わず，指図権の行使が信託行為に違反し，または不適法であることを知ったときに限り，受託者は，指図を拒絶する義務を負うものと解釈するのが相当である」[23]との見解がある。受託者としては，一定の基準による指図権者の広範な裁量を認め

---

17) 中田・前掲注14) 26〜27頁。
18) 商事信託法研究会「指図型信託における指図権者の位置付け」信託256号 (2013) 4頁以下。有価証券運用について受益者以外の者が指図権者となっている信託を念頭に置いて論じられたものであるが，事業承継信託における議決権の指図権の行使に関してもあてはまるところが多いものと考えられる。
19) 能見善久 = 道垣内引人編『信託法セミナー3　受益者等・委託者』(2015) 240〜245頁。指図権者について受益者代理人に近い性格を持つ者と考えることができるとの議論がなされている。
20) 中田直茂「指図者を利用した場合の受託者責任 (上)」金融法務事情1859号 (2009) 34頁。
21) 山田裕子「事業承継目的の株式信託について」信託法研究38号 (2013) 89〜122頁。
　事業承継目的の信託の信託目的を「第一に事業の維持・発展」，「第二に会社支配権の受益者への承継」および「第三に株式の配当の受益者への配分を目的とした株式の管理」と整理した上で，信託目的が複数存在し，各目的が互いに対立する場合があるとして，合併や増資等議決権行使の指図に当たって問題になる場面ごとの信託契約書に記載すべき議決権行使に係る定めを検討している。
22) 指図権を巡る議論については，須田力哉「指図を伴う信託事務処理に関する法的考察」信託法研究34号 (2009) 3〜30頁。
23) 中田直茂「指図権と信託」新井誠 = 神田秀樹 = 木南敦編『信託法制の展望』(2011) 455頁。

つつ，明らかに受益者の利益に反するような議決権の行使を排除することが必要と考えられる。

なお，指図権に関する善管注意義務や忠実義務は，信託事務処理に係る信託契約当事者間の内部的な規律であるから，受託者が指図権者の指図とは異なった議決権の行使を行った場合でも，内部的には義務違反となるが，対外的には有効な議決権行使となるので注意が必要である。

遺言代用型の事業承継信託では，相続法制との調整が問題となる。信託法は遺留分との関係について規定を設けていないが，遺言代用の信託を含め信託が遺留分減殺請求の対象となり得ると考えられている[24]。もっとも，遺留分減殺請求の対象・相手方等については判例もなく，学説にも対立がある。すなわち，遺言代用の信託のような他益信託の設定において，信託の設定をもって遺留分侵害行為と考え，遺留分減殺請求の対象を信託財産として，その価額をもって遺留分の算定を行い，受託者（もしくは受益者）を相手方として請求すべきとの説（信託財産説）があり，この説によれば，その効果は信託財産の共有ないし信託設定の効力の全部または一部の否定となる。これに対して，受益権の取得をもって遺留分侵害行為と考え，遺留分減殺請求の対象を受益権とし，その価額をもって遺留分の算定を行い，受益者（もしくは受託者）を相手方として請求すべきとの説（受益権説）が対立しており，この説によれば，その効果は死亡後受益者と遺留分減殺請求者との受益権の共有となる。また，これらの折衷説もある。受益者の権利保護の観点からは，「遺言代用信託が既に設定されている場合の特別受益の額または減殺請求の対象となる財産は信託財産ではなく，各受益者または帰属権利者が有する受益債権または不確定な「受益権等」にかかる期待権と解すべきである」との見解があり[25]，最近では，「他の受益者が存在する場合，信託設定そのものを減殺すると，当該他の受益者の権利を不当に侵害することになる」という理由から，詐害信託の取消しに関する規律に着目し，その見解を肯定する有力説が主張されている[26]。事業承継信託では，

---

24) 村松秀樹＝富澤賢一郎＝鈴木秀昭＝三木原聡『概説 新信託法』（2008）219頁。
25) 星田寛「財産承継のための信託（受益者連続信託）の検討」能見善久編『信託の実務と理論』（2009）50頁。
26) 道垣内弘人「信託設定と遺留分減殺請求」能見編・前掲注25)58頁（星田・前掲注25)に対するコメントである）。その他，信託と遺留分減殺請求に関しては，山田・前掲注21)，西希代子「遺言代用信託の理論的検討——民法と信託法からのアプローチ」信託フォーラムVol.2（2014）51～56頁，沖野眞己「信託法と相続法——同時存在の原則，遺言事項，遺留

株式は委託者の信託譲渡という生前処分行為によって受託者に支配株式が移転しており，被相続人である委託者（兼受益者）または第二受益者は支配株式そのものではなく受益権を取得するので，遺留分減殺請求に基づく相続人間の調整も受益権の段階で行われるとするのが自然と考えられる。もっとも，現状では議論が決着しているわけではないので，受託者としては，事業承継信託の受託に当たって遺留分減殺請求の対象とならないように，委託者の全資産を把握した上で受託の可否を検討する必要がある。

X 受益者連続型の事業承継信託

遺言代用型の事業承継信託の発展型として，複数の後継者に順次受益権を移転していく後継ぎ遺贈型の受益者連続の信託を使った事業承継信託がある。後継ぎ遺贈型の受益者連続の信託とは，「受益者の死亡により，当該受益者の有する受益権が消滅し，他の者が新たな受益権を取得する旨の定め（受益者の死亡により順次他の者が受益権を取得する旨の定めを含む。）のある信託」（信託91条）である。

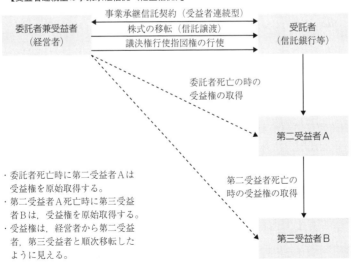

第4章 信　託

　株式管理信託を後継ぎ遺贈型の受益者連続の信託とすれば，受益者（後継者）の死亡によって受益権が次の受益者（後継者）に移転することで，後継者の地位も受益権の移転とともに承継されることになり，多段階にわたる事業承継が可能となる。もっとも，各受益者は事業承継信託に係る1個の受益権を順次承継するものではなく，同一内容の異なる受益権を順次委託者から原始的に取得するものであるから，移転という言葉は必ずしも正確ではない。

　なお，この類型の信託では，委託者が相当の長期間にわたってその後の利用や承継方法を決め，次世代以降の者を拘束することになるから，財産秩序の観点から，「当該信託がされた時から30年を経過した時以後に現に存する受益者が当該定めにより受益権を取得した場合であって当該受益者が死亡するまで又は当該受益権が消滅するまでの間，その効力を有する」（信託91条）と定められ，有効期間に制限が設けられた。この後継ぎ遺贈の受益者連続の信託については，「中小企業の経営者が自社の株式を信託した上で，経営権を実質的に委ねたい者を順次受益者として指定し，受益者には信託財産である株式の議決権行使に係る受託者に対する指図権を付与することなどの利用方法が考えられる」と期待されていた[27]。

> 《事例3》
> 　中小企業のオーナー経営者に，自分の死後はその子供であるA，その後は甥であるBを順次後継者としたいとのニーズがある場合。

　中小企業のオーナー経営者は，受益者連続型の事業承継信託を設定し，自分の生存中は自らが受益者となり，あらかじめ自分の死亡時には子供Aが受益者となり，Aが死亡した時は甥Bが受益者となることを定めておく。なお，この後継ぎ遺贈型の受益者連続の信託は，有効期間が制限され，その信託が設定された時から30年を経過した時以後は，先順位の受益者の死亡による後順位の受益者の受益権の取得は1回限りしか認められないので，信託設定後30年経過した後にオーナー経営者が死亡してAが受益者となった場合は，信託が終了し，Bは受益権を取得できないことがある。

　　　分」論究ジュリスト2014夏号132～140頁等様々な論説がある。
　27）　寺本昌広『逐条解説 新しい信託法〔補訂版〕』（2008）262頁。

なお，後継ぎ遺贈の受益者連続の信託については，税務上受益権が承継される都度，財産全額を相続したものとして相続税が課されることから，相続税の負担が重く利用はまだ少ないものと思われる。

第5章
税　　務

I　はじめに

　事業承継には，子を中心とする親族へ承継する場合のほか，その会社の親族以外の役員や従業員へ承継する場合，M&Aで第三者へ承継する場合もある。

　税務上ポイントとなるのは，承継対象となる会社の株式保有者が，誰に，いくらで，どのような方法により移転するかである。株式の移転先が株式保有者の親族であるか，親族以外の第三者であるか，個人か法人かにより，課税上の取扱いは異なる。また，移転の方法が相続，贈与，売買のいずれであるかによっても課税上の取扱いは異なる。

　税務上，株式が現在の保有者から，次の保有者へ移転する場合，その株式は「時価」で移転されるべきとされている。「時価」とは，税務上もその一般的な意義で解されている。すなわち，その時における当該財産の客観的交換価値をいい，当該財産につき，不特定多数の当事者間において自由な取引が行われる場合に通常成立すると認められる価額をいうものとして解されている（判例・通説）。

　利害の対立する純然たる第三者間の取引（売買）であれば，一般的には実際に成立した取引価額こそが「時価」であると考えることになる。したがって，税務上もその取引価額が「時価」として是認されることが一般的であり，取引価額について税務上問題が生じるケースは少ないと考えられる。

　一方で，親族間やグループ会社間の取引など，利害が対立しない当事者間での移転では「時価」をどのように考えるかがポイントとなる。親子間の取引で，親ができるだけ低い価額で，子に株式を移転したいと考えることは自然なことであるが，「時価」よりも低い価額で取引が行われると，様々な課税問題が生じる。仮に親から子へ株式を承継するときに，親としては正当な対価が不要で

あるということで、「時価」よりも著しく低い価額で子との間で売買した場合において、当該取引価額が税務上も適正な価額として認められるとすると、子が株式を相続により取得する場合の相続税課税とバランスが取れないこととなる。そのため、上記の場合には、「時価」と実際の取引価額の差額が親から子に贈与されたものとみなして、子に贈与税が課税されることとなる。なお、取引当事者の関係・属性や取引内容により、生じる課税問題は異なることになる。

ここで、非上場会社の株式の場合、上場株式のような取引市場における株価が存在しないことから、「時価」をどのように評価するかが問題となる。

一般に取引市場を有しない株式の評価に係るアプローチとしては、①コストアプローチ、②インカムアプローチ、③マーケットアプローチがある。

コストアプローチとは評価対象会社の資産および負債に着目して価値の評価を行う方法であり、代表的な手法に時価純資産法がある。この方式によって算出された株価は会社の静的価値を示し、貸借対照表を基に評価することから、客観性、確実性の観点で優れており、中小企業の価値評価の際によく利用される方法である。一方で、継続企業としての将来の収益性が評価過程に算入されないという短所を有している。

インカムアプローチとは将来期待される経済的利益（キャッシュ・フローや利益等）を、一定の割引率で現在価値に割り引いて、価値を評価する方法であり、代表的な手法にDCF法（ディスカウンテッド・キャッシュ・フロー法）や収益還元法がある。この方法によって算定された株価は企業の動的価値を表し、継続企業を評価する場合には理論的に最も優れた方式であるものの、その算定過程に将来収益の予測という不確実性が含まれるとともに、割引率の客観的な見積もりが困難であるなどの問題があり、客観性の観点で他の方法に劣後すると考えられる。

マーケットアプローチとは事業内容が類似する上場会社の株価や類似するM&Aの取引において成立した価格をベースに一定の倍率（マルチプル）を算定し、その倍率を評価対象会社の各指標に乗じることで評価する方法であり、代表的な手法にマルチプル法がある。この方法は市場で成立した価格を基に価値を評価する方法であり、客観性に優れるものの、類似会社等の選択に恣意性が介入しやすいという問題があるとともに、類似する会社やM&Aの取引がない場合に評価が困難となる。

I　はじめに

　上記のとおり，これらの方法には一長一短があり，合理的な方法を決定するに際しては，評価の目的，評価対象会社の状況，その他の状況等を総合的に勘案することになる。M&Aでは，実務上，上述の方法を併用する場合も多いが，相続，贈与，親族間の売買の際に，取引当事者や税務当局が上記の評価方法により独自に株価を評価することは稀である。

　相続税法22条（評価の原則）では，「この章で特別の定めのあるものを除くほか，相続，遺贈または贈与により取得した財産の価額は，当該財産の取得の時における時価により，当該財産の価額から控除すべき債務の金額は，その時の現況による」とされている。ただし，一部の財産を除き，どのように評価するのかについて，相続税法では定められていないことから，国税庁では，財産評価基本通達を定め，その1項（2）時価の意義として，財産の価額は時価によるものとし，時価とは課税時期において，それぞれの財産の現況に応じ，不特定多数の当事者間で自由な取引が行われる場合に通常成立すると認められる価額をいい，その価額は財産評価基本通達の定めによって評価した価額による旨，定めている。

　したがって，実務上は，相続，贈与，親族間で売買する際に，非上場会社の株式を一般的なM&A取引の際に採用されるコストアプローチ，インカムアプローチ，マーケットアプローチ等の各手法により独自に評価するのではなく，財産評価基本通達における取引相場のない株式の評価の定めに基づいて，もしくは準じて評価して，それを時価（対価）とすることが一般的である。

　本章では，税務上時価が問題となりやすい親族間における非上場会社の株式の移転を想定して，相続，贈与，売買の場合の税務上の制度や取扱い，事業承継における典型的な承継方法について説明した後，株式評価の方法について説明する。また，今後の事業承継において重要性が増すと考えられる非上場株式等についての相続税・贈与税の納税猶予および免除制度，組織再編，信託に係る取扱いの概要について個別に説明する。

　なお，本章の記載は特別な記載がある場合を除き，平成28年4月1日現在の法令等に基づいている。今後の税制改正等には十分ご留意されたい。

第5章　税　　務

Ⅱ 株式の移転・承継方法と課税関係

　株式を後継者等に移転・承継する形態としては，相続，贈与，売買がある。親族間の移転・承継の場合は相続もしくは贈与が一般的であり，親族ではない役員・従業員や第三者への移転・承継の場合は売買が一般的である。

1　相　　続
(1)　相続税の概要

　相続・遺贈（以下，「相続」という）により被相続人から相続人等に株式が移転する場合，相続人等に対し相続税が課税される。相続税の計算は以下のとおり行う。なお，税率は超過累進税率であり，相続財産の金額が大きいほど，適用される税率は高くなる。
　①　各人の課税価格の計算
　　　相続により取得した財産に，一定の贈与財産の価額等を加算し，債務等を控除し，財産を取得した人ごとに課税価格を計算する。
　②　課税遺産総額の計算
　　　①で算定した各人の課税価格を合計した金額から，基礎控除額を控除して，

【相続税の基礎控除】

2014（平成26）年までの相続	5,000万円＋(1,000万円×法定相続人数)
2015（平成27）年以降の相続	3,000万円＋(600万円×法定相続人数)

【相続税の速算表】

2014（平成26）年までの相続

法定相続分に応ずる各人の取得金額	税率	控除額
～1,000万円以下	10%	―
1,000万円超～3,000万円以下	15%	50万円
3,000万円超～5,000万円以下	20%	200万円
5,000万円超～1億円以下	30%	700万円
1億円超～3億円以下	40%	1,700万円
3億円超～	50%	4,700万円

2015（平成27）年以降の相続

法定相続分に応ずる各人の取得金額	税率	控除額
～1,000万円以下	10%	―
1,000万円超～3,000万円以下	15%	50万円
3,000万円超～5,000万円以下	20%	200万円
5,000万円超～1億円以下	30%	700万円
1億円超～2億円以下	40%	1,700万円
2億円超～3億円以下	45%	2,700万円
3億円超～6億円以下	50%	4,200万円
6億円超～	55%	7,200万円

課税遺産総額を計算する。
③　相続税の総額の計算
　　課税遺産総額を各法定相続人が法定相続分に従って取得したものとして，各法定相続人の取得金額を計算し，それぞれの金額に税率を乗じて，税額を算出する。各法定相続人の上記算出税額を合計して相続税の総額を計算する。
④　各人の相続税額の計算
　　相続税の総額を，各人の課税価格に応じて割り振ることで，各人の相続税額を計算する。

相続税の課税価格計算の基礎となる財産の評価に関しては，財産評価基本通達が定められており，一般的には財産評価基本通達に基づいて課税価格の評価を行う（株式の評価方法については Ⅲ 参照）。

また，相続により非上場会社の株式を承継する場合の特例として，非上場株式等についての相続税の納税猶予および免除制度（ Ⅳ 参照）がある。

(2)　相続による事業承継の注意点

相続により株式が承継される場合，遺言等がある場合を除くと，遺産分割により相続人に株式が分散するなど，円滑な承継が実現できず，経営に支障をきたす可能性もあるため注意を要する。

また，株式の評価額は後述の通り，評価対象会社の利益や純資産等の財務数値に基づき計算されることになるが，贈与や売買のように自主的にタイミングを決定して実行する場合には，予め税務上の株価およびそれに起因する課税関係を想定することができるのに対し，相続についてはタイミングが予想できないことから，株価や税額の正確な想定が困難となり，評価対象会社の業績によっては，思わぬ税負担が生じることもある。

2015（平成27）年以降，基礎控除額の縮小，相続税率の上昇により，相続税負担は重くなっており，特に財産規模が大きいオーナー経営者については，従来にも増して，生前の事業承継対策の重要性が高くなっている。

2　贈　　与

生前贈与により株式を移転すると，生前に株式の承継が行われることから，相続による承継に比べ，より円滑な承継が実現できる。

株式の移転方法として贈与が用いられるのは主に親族間であり，より具体的には，オーナー経営者から後継者である子に対して，株式が生前贈与されるケースが大半であると考えられる。

贈与の場合，贈与税の負担は生じるものの，対価を伴わないことから，売買の場合に比べて，後継者（受贈者）の資金的負担が相対的に軽く，生前に株式を移転する場合には優先的に検討される方法であると考えられる。また，税務上の贈与の制度として，通常の暦年課税制度のほか，相続時精算課税制度，非上場株式等についての贈与税の納税猶予および免除制度（Ⅳ参照）も設けられており，贈与による移転を検討しやすい状況となっている。

なお，非上場株式等についての贈与税の納税猶予および免除制度では，2014（平成26）年までは，受贈者は贈与者の親族に限定されていた。2015（平成27）年以降においては，受贈者が贈与者の親族である必要はなくなったことから，今後同制度を利用して，親族以外の後継者に対して贈与することで，株式の承継が行われるケースが増える可能性もある。

(1) 贈与の課税制度

贈与により財産の移転が生じる場合，受贈者に対し贈与税が課税され，課税価格はその財産の贈与時の時価とされる（相税21条・21条の2第1項・22条）。贈与税は相続税の補完税としての性格を有し，贈与税の課税価格計算の基礎となる財産の評価については，相続税の場合と同様，一般的には財産評価基本通達に基づいて行われる。

贈与税の課税制度は，大きく暦年課税制度と相続時精算課税制度に分かれる。なお，暦年課税制度の特例制度として，非上場株式等についての贈与税の納税猶予および免除制度がある。

(2) 暦年課税制度

(a) 概　要

暦年課税制度では，その年の1月1日から12月31日において贈与を受けた財産の評価額が基礎控除額の110万円以下である場合には贈与税は課税されず，110万円を超える場合には当該超過額に対し，累進税率が適用され，贈与税額が計算される（相税21条の2・21条の5・21条の7，租特70条の2の4・70条の2の5）。

後述する相続時精算課税制度をはじめ，他の贈与税に係る制度については，一定条件を満たした上で当該制度を選択することが必要となるため，それをしない場合はこの暦年課税制度に従うことになる。

　平成27年以降，直系尊属から，贈与を受けた年の1月1日現在で20歳以上の直系卑属への贈与の場合と，それ以外の場合とで適用する贈与税率が区分されている。直系尊属からの贈与については基本的に2014（平成26）年以前に比べて贈与税率が緩和されており，それによって贈与の促進（世代間の財産の移転）が図られている。

【贈与税の速算表（暦年贈与）】

基礎控除（110万円）後の課税価額	2014（平成26）年まで		2015（平成27）年以降			
			20歳以上の者が直系尊属から贈与を受けた場合（特例贈与財産）		左記以外（一般贈与財産）	
	税率	控除額	税率	控除額	税率	控除額
200万円以下	10%	—	10%	—	10%	—
200万円超　　300万円以下	15%	10万円	15%	10万円	15%	10万円
300万円超　　400万円以下	20%	25万円			20%	25万円
400万円超　　600万円以下	30%	65万円	20%	30万円	30%	65万円
600万円超　　1,000万円以下	40%	125万円	30%	90万円	40%	125万円
1,000万円超　　1,500万円以下	50%	225万円	40%	190万円	45%	175万円
1,500万円超　　3,000万円以下			45%	265万円	50%	250万円
3,000万円超　　4,500万円以下			50%	415万円	55%	400万円
4,500万円超			55%	640万円		

　（計算例） 父から子（20歳以上）へX1年に評価額100万円，X2年に評価額300万円，X3年に評価額500万円の株式をそれぞれ暦年課税制度により贈与した場合の各年の贈与税額は以下のとおりとなる。

① X1年…贈与額（100万円）が基礎控除額110万円に達していないため，贈与税は課税されない。

② X2年…贈与額（300万円）が基礎控除額110万円を190万円超過するため，贈与税が課税される。贈与税額は上記速算表（特例贈与財産）により，19万円（190万円×10%）と計算される。

③ X3年…贈与額（500万円）が基礎控除額110万円を390万円超過するため，贈与税が課税される。贈与税額は上記速算表（特例贈与財産）により，48.5万円（390万円×15%－10万円）と計算される。

(b) 暦年課税制度の一般的な活用方法

暦年課税制度により，贈与税が課税されない基礎控除額（1年間当たり110万円まで）を活用して長期的に財産移転を図る場合には，贈与税の負担を抑えた財産移転が可能となる。また，贈与により相続財産が減少するため，結果的に相続税も軽減される。

暦年課税制度では受贈者や贈与者に制約・条件がないことから，子だけでなく，孫や，子の配偶者等，贈与する相手を増やすことが可能である。基礎控除額は贈与者単位ではなく，受贈者1人当たり110万円であるため，贈与する相手を増やすことで，より効果が大きくなる。

多額の財産を有する個人の場合には，1年間当たり110万円以下の贈与を行うだけでは，相続財産の減少効果が小さく，結果的に相続税負担が十分に軽減されない場合も多い。相続税負担を考慮した上で，贈与額を決定する場合には，相続の際に適用されると予想される税率を確認し，贈与した場合の贈与税率がその相続税率よりも低くなる範囲内で贈与を行うことが有効と考えられる。ただし，贈与を予定する期間や人数等，他の要因も考慮する必要がある。

一方で，暦年課税制度により一度に多額の財産を移転すると，累進税率で高い税率を課せられるため（前掲速算表参照），贈与税負担が重くなる。多額の財産を一度に贈与する場合には不向きな制度である。

(c) 事業承継における活用方法

事業承継においては，後継者である子等に対し，贈与税負担が発生しない評価額110万円以下の株式数，もしくは評価額が110万円を超えるものの，多額の贈与税負担が生じない範囲の株式数を継続的に贈与することが多い。受贈者が1人であると，移転できる株式数も限定的であることから，後継者以外の親族（後継者の配偶者や，後継者以外の子，孫等）にも贈与を行っているケースも見られるが，この場合は，オーナー経営者の保有株式数は減少する一方で，株式が後継者以外の者に分散してしまうことのリスクについての検討が必要である。

また，暦年課税制度の活用による贈与は，長期にわたり継続的に行う場合には一定の効果を有するが，株価が高い会社の場合，この方法のみによる株式の承継では限界があり，他の贈与税に係る制度や，贈与以外の方法を組み合わせることで承継を行っているケースも多い。

(d) 相続開始前3年内に贈与があった場合の取扱い

相続により財産を受け取る人が，相続開始前3年内に被相続人から贈与を受けている財産がある場合には，当該贈与財産の評価額を贈与者の相続財産の課税価格に加算して相続税額を計算する（相税19条）。

相続財産に加算する際の贈与財産の評価額は，相続時の評価額ではなく，贈与時の評価額（基礎控除額110万円を控除する前の金額）であり（相続税基本通達19-1），当該贈与が基礎控除額に達しているか否かに関わらず加算対象となる。なお，相続財産に加算した贈与財産について，贈与時に納付した贈与税がある場合には，相続税との二重課税を避けるため，受贈者の相続税額から当該贈与税額を控除して，相続税の納付額が計算される。

仮に贈与時の株式の評価額と相続時の株式の評価額が同額であった場合には，たとえ相続開始前3年内に株式が贈与されていたとしても，その受贈者が相続により財産を受け取るときには，贈与財産である株式の評価額が相続財産の課税価格に加算されることから，税負担の観点では当該贈与の効果はないこととなる。さらに，贈与時の株式の評価額が相続時の株式の評価額より高い場合（相続時の評価額が贈与時の評価額より低下した場合）には，贈与したことによる相続税の課税価格が，贈与せずに相続された場合の相続税の課税価格よりも増えてしまう結果となるため，注意が必要である。

(3) 相続時精算課税制度

(a) 概　要

相続時精算課税制度は，60歳以上の直系尊属から，20歳以上の子もしくは孫への贈与について選択することができる制度である[1]（相税21条の9，租特70条の2の6）。前述の暦年課税制度には贈与者，受贈者に係る要件はないが，相続時精算課税制度では対象者が限定されている。

相続時精算課税制度による贈与では，非課税枠（上限）が2,500万円あり，非課税枠を超える場合には，その超過額に対し一律20％の贈与税が課税される（相税21条の12・21条の13）。なお，非課税枠の2,500万円は暦年課税制度の

---

[1] 2014（平成26）年までは65歳以上の直系尊属から20歳以上の子への贈与について選択できる制度であった。2015（平成27）年以降，贈与者の年齢の下限が引き下げられ，受贈者に孫が追加されている。

ように1年間当たりの金額ではなく，相続時精算課税制度を選択した贈与者と受贈者の関係における当該制度選択以降の累計額であり，複数年にわたって利用することもできる。

贈与者の相続発生時には，相続時精算課税制度を選択して以降に贈与されたすべての財産の評価額を相続財産に加算して，相続税を計算することになる（相税21条の15）。前述のとおり，暦年課税制度の場合は相続開始前3年内に贈与された財産のみが相続財産への加算対象となるが，相続時精算課税制度による贈与の場合には，同制度を選択して以降のすべての贈与財産を加算する。

贈与額が累計2,500万円を超過したことにより，受贈者が贈与税を納付している場合には，相続税との二重課税を回避するため，受贈者の相続税額から当該贈与税額を控除して，相続税の納付額が計算される。納付済の贈与税額が相続時に計算された相続税額を上回る場合には，超過額が還付されることとなる（相税33条の2）。

なお，相続財産へ加算する際の贈与財産の評価額が，相続時の評価額ではなく，贈与時の評価額である（相続税基本通達21の15-2）点は，暦年課税制度を利用した場合で相続開始前3年内に贈与があった場合と同様である。

【暦年課税制度と相続時精算課税制度の比較】

項　目	暦年課税制度	相続時精算課税制度
概　要	暦年（1月1日から12月31日までの1年間）毎に，その年中に贈与された価額の合計額に対して贈与税を課税する制度	選択制により，贈与時に軽減された贈与税を納付し，相続時に相続税で精算する課税制度
贈与者	制限なし	60歳以上の直系尊属（祖父母／父母等，個人別に選択可）
受贈者		20歳以上の子・孫（個人別に選択可）
選択の届出	不要	必要（一度選択すると，相続時まで継続適用。選択の撤回不可）
控　除	基礎控除額（毎年）：110万円	非課税枠：2,500万円（限度額まで複数年にわたり使用可）
税　率	基礎控除額を超えた部分に対して10%～55%の累進税率	非課税枠を超えた部分に対して一律20%の税率
適用手続	贈与を受けた年の翌年3月15日までに，贈与税の申告書を提出し，納税	選択を開始した年の翌年3月15日までに，贈与税の申告書（本制度を選択する旨の届出書を含む）を提出し，納税
相続時の精算	相続税とは切り離して計算（ただし，相続開始前3年以内の贈与は贈与時の評価額で相続財産に加算される）	相続税の計算時に精算（加算）される（贈与財産は贈与時の評価額で評価される）

(計算例) 父から子への贈与について，X1年において相続時精算課税制度を選択した。X1年に評価額1,200万円，X2年に評価額1,000万円，X3年に評価額800万円の株式をそれぞれ贈与した場合の各年の贈与税額は以下のとおりとなる。

① X1年…贈与額（1,200万円）が非課税枠2,500万円に達していないため，贈与税は課税されない。
② X2年…相続時精算課税制度を選択して以降の累計贈与額が2,200万円（X1年：1,200万円＋X2年：1,000万円）であり，非課税枠2,500万円に達していないため，贈与税は課税されない。
③ X3年…相続時精算課税制度を選択して以降の累計贈与額が3,000万円（X2年までの累計：2,200万円＋X3年：800万円）となり，非課税枠2,500万円を500万円超過するため，100万円（超過額500万円×20％）の贈与税が課税される。
④ X4年以降…X3年において非課税枠2,500万円を超過したことから，X4年以降の贈与については常に贈与額に対して20％の贈与税が課税される。

　仮にX4年以降に贈与がなかった場合，父の相続時に相続時精算課税制度選択以降の贈与額の累計3,000万円を相続財産に加算して相続税額を計算することになる。その際，子が贈与税として納付している100万円については，子の相続税額から控除して相続税の納付額を計算することになる。

(b) 相続時精算課税制度の一般的な活用方法

　暦年課税制度には1年間当たり110万円の基礎控除（非課税枠）があることで，同制度を利用した贈与により相続財産を減少させる効果があるが，相続時精算課税制度の場合には，同制度を選択して以降に贈与された財産については期間の制限なく，贈与者の相続発生時に相続財産に加算し，相続税の計算において精算することになるため，基本的には相続税の負担軽減にはつながらない。

　ただし，不動産や株式等，多額の財産を一度に，もしくは短期間で贈与する場合には，相続時精算課税制度の利用により，贈与税の負担を抑えて財産を移転することが可能となる場合がある。暦年課税制度では基礎控除額が1年間当たり110万円と少額な上，贈与額が多くなるほど贈与税率が高くなる累進税率であるのに対し，相続時精算課税制度では非課税枠が2,500万円と大きく，超過額に対する税率も20％で一定となっているためである。

第5章 税　　務

　そもそも相続時精算課税制度は相続まで待たずに，早い段階で子世代へ財産の移転を促進するために，2003（平成15）年に創設された制度であり，最終的に相続税で精算することを条件に，贈与時の贈与税負担を軽減（相続まで先送り）しているものである。そのため，相続時精算課税制度は相続税の負担軽減を目的として行うというよりは，暦年課税制度では受贈者の贈与税の負担が重く，贈与が困難である財産について，相続まで待たずに生前に贈与したいなどの事情を有する場合に活用する制度であると考えられる。

　なお，相続時精算課税制度の利用により，相続税の計算時に結果として税負担が有利になるケースと不利になるケースがあり，注意を要する。相続時に加算する贈与財産の評価額は，前述のとおり，相続時ではなく，贈与時の評価額となるため，相続時の評価額が贈与時の評価額よりも大きくなっている場合には，評価額が小さいタイミングで贈与したことにより，結果的に相続税負担が軽減され，有利となる。逆に相続時の評価額が贈与時の評価額よりも小さくなっている場合には，贈与したことにより，結果的に大きい評価額で相続税を計算することとなり，不利となる。したがって，価値が上昇することが見込まれる財産を相続時精算課税制度により贈与することは税負担の観点で有利となり得る。

　また，価値が上昇することが見込まれる財産以外に，収益を生む財産についても贈与することにより税負担の観点で有利となる場合がある。収益を生む財産（たとえば，配当収入のある株式や賃料収入のある不動産）を贈与することで，その後当該財産から生み出される収益が受贈者に帰属することになり，贈与者の相続財産の増加を抑制することができるためである。

(c)　事業承継における活用例

　事業承継における利用例としては，オーナー経営者の役員退任に伴う役員退職金の支給による利益減少等，何らかの要因により，対象会社の株価が一時的に低下した場合に，相続時精算課税制度を利用して，まとまった数の株式を後継者である子に贈与するケースが挙げられる。株価が一時的に低下しているタイミングで贈与することにより，贈与時の贈与税負担を軽減するとともに，仮にその後株価が上昇したとしても，相続時の株式の評価額を贈与時の評価額で固定化できるというメリットがある。

　また，暦年課税制度による贈与と組み合わせて利用されるケースも多い。具

体的には、当初暦年課税制度における基礎控除額110万円を活用して、継続的に一定数の株式の承継を進めておき、何らかの要因により株価が低下したタイミングで、相続時精算課税制度を選択し、まとまった数の株式を贈与するというケースである。

　(d)　相続時精算課税制度を選択する際の注意点

　一度相続時精算課税制度を選択した贈与者・受贈者間においては、贈与者の死亡まで継続して相続時精算課税制度が適用され、暦年課税制度に戻すことはできない（相税21条の9第3項・6項）。相続時精算課税制度を選択して以降の贈与については、暦年課税制度における基礎控除額が認められないため、基礎控除額を活用した贈与を継続的に行うことで、相続税負担の軽減を図ることを検討している場合には、相続時精算課税制度の利用について慎重に判断する必要がある。なお、相続時精算課税制度の選択は、受贈者が贈与者ごとに行うため、たとえば、父から子への贈与について相続時精算課税制度を選択し、母から子への贈与については相続時精算課税制度を選択していない場合には、母から子への贈与については暦年課税制度が適用され、基礎控除額110万円を活用することができる。

　相続時精算課税制度を選択した場合には、贈与者の相続時に、同制度を選択して以降に贈与されたすべての財産を相続財産に加算することになることは前述のとおりであるが、贈与時よりも相続時の評価額が小さくなる場合のほか、贈与財産が滅失した場合でも、贈与時の評価額で相続財産に加算し、相続税を計算することになるため注意が必要である。

　また、贈与者よりも先に受贈者に相続が発生した場合、受贈者の相続人が、贈与者の相続の際の相続税に関する納税の権利・義務を承継することとなる（相税21条の17）。つまり、受贈者の相続人は、受贈者の相続の際に、相続時精算課税制度の適用を受けた財産について相続税を納付し、その後、贈与者の相続時に、同じ財産についての相続税を負担することとなり、受贈者が贈与者よりも先に死亡すると、相続時精算課税制度を利用して贈与を受けていたことで、受贈者の相続人の税負担が重くなってしまう事態も想定される。

3　売　買

　贈与により株式が承継されるのは主に親族間であることは前述のとおりであ

るが，売買による承継は，後継者が親族である場合も，親族でない場合も行われる。売買の場合は，贈与と異なり対価を伴い，また，その対価について税務上の評価を無視して自由に決定することは困難であることから，買い手の資金的負担が障害となるケースも多い。

特に個人が買い手となる場合には，自己資金を十分に有していることは少ないことから，金融機関や対象会社等から株式取得資金を調達する必要があり，また，その返済は所得税等控除後の役員報酬等を原資とすることになるため，後継者の負担が重くなるケースが多い。そのため，最近では後継者の出資により法人を設立し，その法人が買い手となって，株式を取得するケースも増加しているようである。

また，売買の場合には，売り手に株式譲渡による利益が生じる場合，所得税等の課税が生じる。贈与の場合には原則として，贈与者に所得税等は課税されない[2]ことから，売買を行う場合には，所得税等の負担による影響も考慮する必要がある。

なお，売買の場合，買い手と売り手の属性（同族株主か少数株主か，個人か法人か）により，税務上の時価の考え方や，課税関係に差異が生じる。純然たる第三者との取引においては，税務上，時価が問題となるケースは少ないが，親族間の取引等では，対価の相当性について税務当局から厳しい目が向けられるため，適正な価額により取引を行わないと，思わぬ課税上の問題が生じることもあり，注意が必要である。

(1) 基本的な課税の概要

売買により株式等の移転が行われた場合，売り手（個人を想定する）に利益（譲渡所得）が生じている場合には，当該譲渡所得に対し，所得税および住民税（以下，「所得税等」という）が課税される。譲渡所得は，総収入金額（譲渡価額）からその株式等の取得費および譲渡に要した費用の額（売却手数料等）を控除して算定する（所税33条）。

株式に係る譲渡所得は，給与所得や不動産所得等とは区分して税金を計算す

---

[2] 贈与等により居住者の有する有価証券等が非居住者に移転した場合で，一定の要件を満たす場合には，有価証券等の譲渡があったものとみなして，譲渡所得税が課税される（所税60条の3）。

る申告分離課税（租特37条の10）であり，税率は所得税15％，住民税5％，復興特別所得税[3] 0.315％の合計20.315％である。

株式等に係る譲渡により損失（赤字）が生じた場合には，他の一定の株式等に係る譲渡所得等の黒字の金額から控除できるが，控除しきれない赤字の金額は，給与所得など他の所得の金額から差し引くことはできない[4]。

(a) 取得費の計算の注意点

株式を相続（限定承認を除く）または贈与により取得した場合の取得費は，被相続人または贈与者の取得費を引き継ぐことになる（所税60条1項）。

また，譲渡した株式が相続により取得したものであったり，取得した時期が古い等の理由により取得費が分からない場合には，同一銘柄の株式ごとに，取得費の額を譲渡による収入金額の5％相当額とすることも認められ，実際の取得費が譲渡による収入金額の5％相当額を下回る場合にも，同様に認められる（租税特別措置法通達37の10-14）。たとえば，ある銘柄の株式等を3,000万円で譲渡した場合で，取得費が不明な場合は，3,000万円の5％相当額である150万円を取得費として計算することができる。

(b) 譲渡価額が時価と異なる場合の課税上の問題

株式の時価とは，正常な取引において形成された価格，すなわち，客観的交換価値をいうと解されることから，一般的には市場を通じて不特定多数の当事者間における自由な取引により市場価格が形成されている場合は，これを時価とするのが相当であるが，取引相場のない株式にあっては，市場価格が形成されていないため，その時価を容易に把握することは困難となる。したがって，合理的と考えられる評価方法によってその時価を評価するほかなく，評価方法が合理性を有する限り，それによって得られた評価額をもって時価とすることが認められると考えられる。

純然たる第三者間においては，譲渡価額が種々の経済性を考慮して決定された価額であれば，一般には常に合理的なものとして是認されるが，親族間や，法人とその法人の代表者の間の売買等，純然たる第三者間の取引ではなく，か

---

[3] 2013（平成25）年から2037（平成49）年までは復興特別所得税として基準所得税額の2.1％が課税される。

[4] 上場株式等の譲渡損失の金額については，一定の要件を満たす場合に限り，その譲渡損失の金額が生じた年の翌年以後3年間にわたって株式等に係る譲渡所得等および上場株式等に係る配当所得の金額から繰越控除できる。

つ,その譲渡価額が合理的に算定されていないと認められる場合には,たとえ当事者間の合意があったとしても,その譲渡価額は客観的交換価値を示すものとは認められない。このように譲渡価額が税務上,客観的交換価値を示すものとして合理的と認められている評価方法により評価されていない場合には,買い手,売り手,同族会社の株主等,関連当事者に課税上の問題が生じる場合がある。

一般的には,譲渡価額が時価よりも低い場合に,課税上の問題が生じるケースが多いと考えられるが,時価をどのように算定するかについては,売買が個人間で行われているのか,個人・法人間等,法人が関与しているのかにより異なる。

(2) 個人間の売買のケース
(a) 個人間の売買の場合の時価

個人間の売買の場合の税務上の時価は,相続税法上,買い手の贈与税の問題に関わるため,相続税評価額(財産評価基本通達の定めにより評価した金額)となるが,具体的には下表のとおり,買い手の属性により判断すればよく,買い手が同族株主等であれば原則的評価方式,同族株主等以外の株主(いわゆる少数株主)であれば特例的評価方式(配当還元価額)により評価した価額となる。(相続税評価額,同族株主等,原則的評価方式,特例的評価方式についてはⅢ参照。)

【売り手と買い手の属性別の税務上の時価】

	売り手	買い手	税務上の時価(適用される相続税評価額)	典型的なケース
①	同族株主等	同族株主等	原則的評価方式	オーナー経営者から子への売買
②	同族株主等	少数株主	特例的評価方式(配当還元価額)	オーナー経営者から従業員株主(従業員持株会を含む)への売買
③	少数株主	同族株主等	原則的評価方式	従業員株主(従業員持株会を含む)からオーナー家株主への売買
④	少数株主	少数株主	特例的評価方式(配当還元価額)	従業員株主間の売買

※少数株主は同族株主等以外の株主を指す。

(b) 個人間の「低額譲渡」の場合の課税

個人間で,時価よりも著しく低い価額で株式の売買が行われた場合,買い手である個人は,時価と実際の取引価額との差額相当額を売り手から贈与された

ものとみなして，贈与税が課税される（相税7条）。この規定は贈与により移転する場合に贈与税が課税されることを予想し，有償かつ僅少の対価をもって財産の移転を図ることにより，贈与税の負担を回避するとともに，財産を処分することにより相続税の負担も軽減することを防止することを目的としている。

なお，「著しく低い価額」に該当するかについては，相続税法では画一的な判定基準は定めておらず，個々の取引について，取引の事情，取引当事者間の関係等を総合勘案し，実質的に贈与を受けたと認められる金額があるかどうかにより判定される。

売り手である個人については実際の収入金額に基づき，譲渡所得を計算し，利益が生じている場合には，所得税等が課税される。ただし，取得費よりも低い価額で売却し，損失が発生している場合には，所得税等は課税されないが，著しく低い価額で譲渡した場合に生じた損失についてはなかったものとされ（所税59条2項），他の株式の譲渡所得と通算することはできない。

(c) 個人間売買により株式を承継する具体的なケース

事業承継の場面で，個人間の売買が行われる典型的なケースとしては，オーナー経営者と後継者である子の間で株式の売買を行う場合のほか，オーナー経営者が後継者ではない第三者に株式を譲渡し，自身の保有する株式を減少させる場合がある。

前者については，前述の税務上の時価（株価）以外には特段の論点はないと考えられる。

後者のオーナー経営者が後継者ではない第三者に株式を譲渡するケースとしては，従業員持株会[5]を組成し，オーナー経営者が保有する株式の一部を従業員持株会に譲渡する場合が挙げられる。

従業員持株会は，議決権の30％以上を有する場合にはその法的性格によっては同族株主等に当たることもあり得るが，通常，同族株主等以外の少数株主に該当し，特例的評価方式（配当還元価額）という原則的評価方式よりも低い評

---

[5] 従業員持株会については，法的性格の面から「民法上の組合」と「人格のない社団」のいずれかになると考えられている。前者の場合は，従業員持株会自体はパススルーとして扱われ，配当は持株会の各会員（個々の従業員）に帰属し，配当所得となる。後者の場合は，税務上，従業員持株会は法人とみなされ（所税4条，法税3条），従業員持株会自体に配当が帰属し，各会員にその配当を原資として出資額に応じて支払われる金額は人格のない社団からの分配金であるため，配当所得ではなく，雑所得となる。従業員持株会を組成する場合は，どちらに当たるものとするか，法的性格を明確にしておくべきである。

価額で取引を行うことが税務上も認められる。同族株主等であるオーナー経営者が保有する株式については相続時に原則的評価方式により評価されることになるが，生前に従業員持株会に保有株式の一部を（原則的評価方式による評価額よりも低い）配当還元価額で譲渡することで，オーナー経営者の手元には，配当還元価額相当の金銭が入ることとなり，相続財産が減少する。一方で，従業員持株会はその性質上，安定的かつ協力的株主として機能することが期待され，オーナー経営者や後継者の会社支配状況に影響を与える可能性は低いと考えられる。また，従業員持株会については，その規約において，退社時に予め決められた金額（配当還元価額等）で買い戻すことを規定することが一般的であり，これにより株式の分散等を防止することができる。従業員持株会については，一般に従業員の経営参加意識の向上や福利厚生の充実への寄与等がメリットとして挙げられるが，株式上場を目指す一部の会社を除いては，オーナー経営者の相続対策（保有株式数の減少）のために導入されているケースも多いと思われる。

(3) 個人・法人間の売買のケース

(a) 個人・法人間の売買の場合の時価

個人・法人間の売買の場合の税務上の時価は，相続税評価額ではなく，いわゆる所得税法上の株価（所得税基本通達59-6・23〜35共-9），法人税法上の株価（法人税基本通達2-3-4・4-1-5・4-1-6）となる。

所得税基本通達23〜35共-9は，元々は新株予約権等の価値評価のための通達であるが，取引相場のない株式の時価評価のために準用することが同通達59-6の前段で定められており，取引相場のない株式の価額について以下のとおり定めている。

> イ　売買実例のあるもの　　最近において売買の行われたもののうち適正と認められる価額
> ロ　公開途上にある株式（金融商品取引所が株式の上場を承認したことを明らかにした日から上場の日の前日までのその株式および日本証券業協会が株式を登録銘柄として登録することを明らかにした日から登録の日の前日までのその株式）で，当該株式の上場または登録に際して株式の公募または売出し（以下「公募等」という）が行われるもの（イに該当するものを除く）　　金

融商品取引所または日本証券業協会の内規によって行われるブックビルディング方式または競争入札方式のいずれかの方式により決定される公募等の価格等を参酌して通常取引されると認められる価額
　ハ　売買実例のないものでその株式の発行法人と事業の種類，規模，収益の状況等が類似する他の法人の株式の価額があるもの　　当該価額に比準して推定した価額
　ニ　イからハまでに該当しないもの　　権利行使日等または権利行使日等に最も近い日におけるその株式の発行法人の１株または１口当たりの純資産価額等を参酌して通常取引されると認められる価額

　所得税基本通達59-6の後段では，同通達23～35共-9における「ニ　権利行使日等または権利行使日等に最も近い日におけるその株式の発行法人の１株または１口当たりの純資産価額等を参酌して通常取引されると認められる価額」について，原則として，以下のことを条件に，財産評価基本通達の定めにより算定した価額とするものとしている。

　①　財産評価基本通達188の（1）に定める「同族株主」に該当するかどうかは，株式を譲渡または贈与した個人の当該譲渡または贈与直前の議決権の数により判定すること。
　②　当該株式の価額につき財産評価基本通達179の例により算定する場合（同通達189-3の（1）において同通達179に準じて算定する場合を含む）において，株式を譲渡または贈与した個人が当該株式の発行会社にとって同通達188の（2）に定める「中心的な同族株主」に該当するときは，当該発行会社は常に同通達178に定める「小会社」に該当するものとしてその例によること。
　③　当該株式の発行会社が土地（土地の上に存する権利を含む）または金融商品取引所に上場されている有価証券を有しているときは，財産評価基本通達185の本文に定める「１株当たりの純資産価額（相続税評価額によって計算した金額）」の計算に当たり，これらの資産については，当該譲渡または贈与の時における価額によること。
　④　財産評価基本通達185の本文に定める「１株当たりの純資産価額（相続税評価額によって計算した金額）」の計算に当たり，同通達186-2により計算した評価差額に対する法人税額等に相当する金額は控除しないこと。

　一般的に，所得税基本通達23～35共-9におけるイからハに該当するケースは少なく，ニに当たるケースがほとんどであるため，実務上は同通達59-6の

後段の定めに基づく評価額（一定の取扱いを条件に財産評価基本通達により算定した価額）を時価とする場合が多いと考えられる。

なお，法人税基本通達4-1-5には上記の所得税基本通達23〜35共-9と概ね同様の内容が規定されており，法人税基本通達4-1-6には所得税基本通達59-6の後段の上記②〜④と概ね同様の条件が規定されている。

(b) 個人から法人への「低額譲渡」の場合の課税

(i) 売り手および買い手の課税関係　個人から法人に対し，時価よりも低い価額で株式の譲渡が行われた場合，買い手である法人では時価と実際の取引価額の差額について受贈益が認定され，法人税が課税される（法税22条2項）。

売り手である個人については，実際の収入金額（譲渡対価）が時価の2分の1を下回る場合には，実際の収入金額でなく，時価で譲渡したものとみなして，所得税等が課税される（所税59条1項2号，所得税法施行令169条）。

所得税法における譲渡所得は実際の収入金額（譲渡対価）を基に計算することが原則であるが，例外的な取扱いとして，所得税法59条1項では，法人への贈与（同項1号）や法人への著しく低い価額での譲渡（同項2号）の場合には，譲渡対価ではなく時価により譲渡所得を計算するものとしており，これをみなし譲渡課税という。なお，「著しく低い価額」については，所得税法施行令169条において，譲渡時の時価の2分の1に満たない金額とされている。

譲渡対価が時価の2分の1以上の場合には所得税法59条1項2号の適用はないが，時価の2分の1以上の対価による法人に対する譲渡であっても，その譲渡が同族会社等の行為または計算の否認の規定（所税157条）に該当する場合には，時価により譲渡所得の金額を計算することができるとされている（所得税基本通達59-3）。

(ii) 株主への課税　たとえば，同族会社に対し，無償または時価より著しく低い価額で財産の譲渡がされたことにより，同族会社の純資産価値が増加し，その結果として当該同族会社の株主の株式価値が増加したような場合については，当該株主が，無償または著しく低い価額で財産の譲渡をした者から，当該株式価値増加額に相当する利益を贈与により取得したものとみなされ，当該株主に贈与税が課税されるおそれがある（相税9条，相続税基本通達9-2）。これをみなし贈与課税という。

以上のとおり，個人間の売買の場合には，買い手となる個人のみに贈与税の

課税が生じるだけであったのに対し，個人から法人への売買の場合には，買い手となる法人への法人税の課税のほか，売り手となる個人へのみなし譲渡課税，買い手となる法人の株主へのみなし贈与課税が生じる可能性があり，注意を要する。

(c) 具体的な個人・法人間の売買のケース

事業承継の場面で，個人・法人間の売買が行われる典型的なケースとしては，① M&A で既存の個人株主から第三者である法人に株式が承継される場合のほか，②個人株主が発行会社に譲渡することにより，他の既存株主の持分割合（議決権割合）を高める場合，③後継者が株主となっている法人が，オーナー経営者等の既存の個人株主から株式を売買により取得することで，株式の承継を行うケースが挙げられる。

①については，前述のとおり，純然たる第三者間の取引である場合には，通常税務上の問題が生じる可能性は低いため，②および③の税務上の取扱いについて説明する。

(4) 発行会社への譲渡（金庫株取引）

既存の個人株主が発行会社に保有株式を譲渡するケースとしては，オーナー経営者が譲渡することで，オーナー経営者以外の株主（典型的には後継者）の持分割合（議決権割合）を高める場合が考えられる。株式発行会社が買い手となる場合には，配当同様，会社法上の財源規制（会社461条）があるものの，後継者個人が買い手となる場合に比べて，買い手としての資金負担能力に問題が生じないことから，株式承継の一手段として検討されることがある。

その他にも，少数株主が保有する株式を発行会社が取得することで，後継者の議決権割合を高めることを目的として行われることがある。

(a) 自己株式を取得した場合の発行会社における処理（課税関係）

自己株式は税務上，有価証券（資産）とされず（法税2条21号），会社が自己株式取得の際にその対価として金銭等を支払った場合には，株主に対し，純資産（資本金等の額，利益積立金額）からの払戻しが行われたものとして処理を行い，一般的に課税関係は生じない。

具体的には，株主に交付した金銭等のうち，取得資本金額（＝自己株式の取得直前の1株当たり資本金等の額×取得自己株式数）については資本金等の額からの払

戻しととらえて，資本金等の額から控除し，取得資本金額を超過する金額については利益積立金額からの払戻しととらえて，利益積立金額から控除することになる（法人税法施行令8条1項18号・9条1項13号）。

(b) **株式を発行会社に譲渡した個人株主の課税関係**

株主側の課税は，発行会社の上記税務処理と表裏の関係の処理がされるため，資本金等の額の減少に対応する金額と利益積立金額の減少に対応する金額で課税関係は異なる。

利益積立金額の減少に対応する金額については剰余金の配当とみなし，譲渡した株主が個人の場合，配当所得として課税される（所税25条1項4号）。これをみなし配当課税という。なお，みなし配当部分については，発行会社において，所得税等の源泉徴収義務がある。

非上場株式から生じる配当所得は，申告分離課税である株式譲渡所得と異なり，総合課税の対象とされ，給与所得や不動産所得等，他の所得と合算した上で，所得税額を計算する。なお，配当控除の適用を受けることができる（所税92条）。また，一定の条件を満たす場合には，所得税の申告を要しない（所税121条，租特8条の5）。

資本金等の額の減少に対応する金額（株主に交付される金銭等から上記のみなし配当の金額を控除した金額）については譲渡所得計算上の収入金額とされ（租特37条の10第3項4号），取得費および譲渡費用を控除した金額が譲渡所得とされる。

発行会社への株式の譲渡以外の通常の株式譲渡の場合，収入金額から取得費等を控除した全額が譲渡所得とされ，申告分離課税とされるのに対し，発行会社への譲渡の場合には，上記のとおり，その対価は譲渡所得の収入金額部分とみなし配当部分に分かれ，課税上の取扱いも異なる。

株式を譲渡する個人株主の課税所得が多い場合（たとえば，発行会社への株式譲渡金額が高額になる場合や，給与収入等の他の所得が多い場合）には，発行会社へ譲渡することで，通常の売買の場合に比べて所得税等の負担が重くなり（税金控除後の手取額が減少し），売り手となる個人株主にとって不利となることが多い。これは前述の通り，発行会社への譲渡以外の通常の売買では，収入金額から取得費等を控除した全額が譲渡所得として申告分離課税（住民税と合わせ20.315％）となるのに対し，発行会社への譲渡の場合には，収入金額の一部（みなし配当部分）について，配当所得として総合課税（配当控除を無視すると住民税と合わせ最高

55.945%）の対象とされるためである。

　なお，売り手株主が法人である場合には，みなし配当部分について，法人税法における受取配当等の益金不算入の規定（法税23条・24条）が適用され，個人の場合と税務上の取扱いが異なることとなる。

(c) **相続により取得した株式を発行会社へ譲渡した場合の個人株主の特例**

(i) みなし配当課税の不適用の特例　　相続により，非上場株式を取得した個人のうち，その相続について納付すべき相続税額のある者が，その相続の開始があった日の翌日から相続税の申告書の提出期限の翌日以後3年を経過する日までの間に，その相続税額に係る課税価格の計算の基礎に算入された非上場株式をその発行会社に譲渡した場合には，一定の手続の下で，みなし配当課税は適用されず，全額が譲渡所得として課税される（租特9条の7）。

　相続後においては，相続税の納税資金確保のため，相続した非上場株式を譲渡することが必要になる場合があるが，その場合において経営権の分散を防止する観点から，第三者ではなく，発行会社に譲渡することも考えられる。ここで，みなし配当課税が行われると，前述のとおり，個人株主の所得税等の負担が重くなることが多いことから，相続後上記期間内の譲渡については，みなし配当課税を行わないという特例が設けられており，発行会社への譲渡が容易に行えるよう配慮されている。

(ii) 相続税額の取得費加算の特例　　相続により，非上場株式を取得した個人のうち，その相続について納付すべき相続税額のある者が，その相続の開始があった日の翌日から相続税の申告書の提出期限の翌日以後3年を経過する日までの間に，その相続税額に係る課税価格の計算の基礎に算入された非上場株式を譲渡した場合には，取得費に次の算式により計算した金額を加算できる（租特39条）。なお，加算される金額は，この加算をする前の譲渡所得金額が限度となる。また，この特例を受けるためには，確定申告することが必要である。

$$\text{取得費に加算する相続税額} = \text{その者の相続税額} \times \frac{\text{その者の相続税の課税価格の計算の基礎とされたその譲渡した株式の価額}}{\text{その者の相続税の課税価格} + \text{その者の債務控除額}}$$

　相続税額の一部が取得費に加算されることで，譲渡所得の金額が小さくなり，結果として所得税等の負担が軽減される。

　なお，この特例は発行会社への譲渡の場合に限らず適用できる。また，(i)のみなし配当課税の不適用の特例とあわせて適用することができる。

(d) 事業承継における活用例

　売り手がオーナー経営者で株式の譲渡金額が高額となるなどにより，売り手株主の課税所得が多くなる場合には，前述のとおり，みなし配当課税が不適用となる場合を除き，発行会社への譲渡は，所得税等の負担が重く，税金控除後の手取額が少なくなることが多い。このような状況で発行会社に譲渡することは得策でないことが多いことから，事業承継の場面で，発行会社に株式を譲渡するケースとしては，①同族株主等に相続が発生し，相続税の納税資金確保のために株式譲渡が必要となる場合（みなし配当課税が不適用となる場合）や，②分散している株式（少数株主や経営に関与していない同族株主等が保有する株式等）の集約を図る場合，③株主からの買取要請があった場合等が多いと考えられる。

(5) 後継者が株主となっている法人を活用した事業承継
(a) 概　　要

　近時，後継者が株主となっている法人が既存株主から株式を売買により取得し，当該法人を通じて株式の承継を行う方法が増加傾向にある。このスキームの場合，法人における資金調達が必要なケースが多いことから，特に金融機関を中心に提案されていることが多いようである。スキームの概要は以下のとおりであり，LBO（レバレッジド・バイアウト）の形態をとっている。従来は，親族外の役員等が後継者となる場合（いわゆるMBO（マネジメント・バイアウト）の場合）に多く採用されていたスキームと考えられるが，近時は後継者が子であるケースにおいても採用される例が多くなってきている。

①　オーナー経営者が保有する非上場会社（甲社）の株式を買い取る主体として，後継者が法人を新たに設立する（既存の法人を活用できる場合には，当該法人を活用するケースもある）。
②　通常，後継者による出資額は少額に留まるため，新設法人は甲社株式を取得するための資金の大部分を金融機関からの借入により調達する。
③　オーナー経営者は保有する甲社株式を，所得税法上かつ法人税法上の株価で新設法人に譲渡する。
④　当初オーナー経営者が甲社株式の100％を保有している場合を除き，新設法人を甲社の完全親会社とするために，新設法人を完全親会社，甲社を完全子会社とする株式交換を行う（新設法人および甲社が合併するケースもある）。
⑤　新設法人は甲社から配当金を受け取り，それを原資に金融機関からの借入

金を返済する。

　株式交換により，新設法人と甲社の間に完全親子会社関係を形成する目的は以下のとおりである。

　新設法人は借入金を返済する必要があるが，自社で事業を行わない場合には，返済原資は甲社からの配当のみとなる。ここで，新設法人が甲社株式の100％を保有していない場合には，新設法人以外の株主にも配当する必要があり，その分甲社から資金が流出することになる（新設法人が保有する株式を配当優先株式に転換することも考えられるが，その場合，新設法人以外の株主から，新設法人に対し，価値の移転が生じているものとして，課税上の問題が生じる可能性がある）。また，完全子会社からの配当金については，完全親会社においてその受取配当金全額が益金不算入とされる（法税23条1項・5項）。そのため，株式交換により，甲社を新設法人の完全子会社とすることが多い。

　また，新設法人で何らかの事業を行ったり，甲社が保有する不動産を新設法人に移転することにより，甲社からの配当金以外の返済原資を確保するケースもある。

(b)　当該スキームのメリット

　このスキームでは，株式譲渡により，既存株主であるオーナー経営者が金銭を得ることから，オーナー経営者が株式を現金化することを希望する場合（個人的な借入金の返済が必要な場合や，遺産分割の際，相続人に金銭を取得させる必要がある場合等を含む）には有効と考えられる。

　新設法人への譲渡の場合には，前述の発行会社への譲渡の場合と異なり，みなし配当課税が適用されないため，売り手となるオーナー経営者にとっては税金控除後の手取額が多くなり有利となることが多い（オーナー経営者では譲渡所得に対し20.315％の所得税等を負担することになる）。

　後継者においても，たとえば贈与を受ける場合には贈与税の納付が必要となるが，このスキームの場合，新設法人への将来の配当を通じて，実質的に甲社の資金が返済原資となるため，後継者個人としての金銭的負担が軽くなる点でメリットがある。

　さらに，法人で甲社株式を購入する場合には，その購入のための借入金の利子が経費に算入できるのに対し，個人で購入する場合には経費とすることができないという差異もある。

また，個人で借入金を返済する場合には，所得税等控除後の手取額から返済することになるが，返済のために，役員報酬を増額すると，累進税率により所得税等の負担も重くなり，法人で返済する場合に比べて，トータルの税負担が増す場合がある。法人税率の低下傾向を考慮すると，今後この差は大きくなるものと考えられる。

(c) 当該スキームの注意点

新設法人への譲渡の場合，前述のとおり，発行会社への譲渡の場合と比べると，所得税等の負担が軽い場合が多いものの，原則として所得税等の負担が生じない相続や贈与による場合と比べれば，税負担が重くなる可能性もある。

オーナー経営者には，株式譲渡の対価として金銭等が支払われることになり，当該金銭が相続財産を構成することとなることにも注意が必要である。個人・法人間の売買の場合，相続税評価額ではなく，所得税法上（法人税法上）の株価を用いて譲渡することになるが，多くのケースでは，相続税評価額に比して，所得税法上（法人税法上）の株価の方が高くなり[6]，結果として，（所得税等支払後においても）譲渡前に比べて相続財産が増加してしまう場合もある。

III 相続・贈与時における取引相場のない株式の評価（財産評価基本通達）

前述のとおり，相続・贈与時における税務上の株式の評価は一般に財産評価基本通達に基づき行うこととなる。ここでは財産評価基本通達に基づく株式の評価について説明する。

1 同族株主等の判定と評価方式

財産評価基本通達では，同族株主等が取得する株式と，同族株主以外の株主等が取得する株式により評価方法が異なる旨を定めている（財産評価基本通達

---

[6] 所得税法上（法人税法上）の株価は，オーナー経営者（中心的な同族株主）の場合は会社規模に関わらず小会社として評価すること（それにより類似業種比準額よりも高いことが多い純資産価額の適用割合が50％と高くなること），土地等については相続税評価額（路線価等）ではなく時価で評価すること等と定められており，相続税法上の株価に比べて高くなることが多い。

178・188)。

　会社支配権を有すると考えられる同族株主等の取得した株式は評価対象会社の利益や純資産等を基に計算する原則的評価方式により評価する一方で，同族株主以外の株主等（たとえば，従業員株主等の少数株主）については実質的には会社支配権を有さず，配当期待権を有するのみであることに着目し，同族株主以外の株主等が取得する株式は配当のみを基に計算する特例的評価方式（配当還元方式）で評価することとしている（原則的評価方式および特例的評価方式の詳細については後述する）。

　各株主が，同族株主等に該当するのか，同族株主以外の株主等に該当するのかにより，評価方法は異なり，結果としての評価額が大きく異なることになるため，その区分は重要である。

　ここで，同族株主以外の株主等が取得した株式とは，以下のAからDに該当する株式であり（財産評価基本通達188），AからDに該当しない株式については同族株主等が取得した株式となる。なお，AおよびBが同族株主のいる会社の場合，CおよびDが同族株主のいない会社の場合である。

　A）　同族株主のいる会社の株式のうち，同族株主以外の株主の取得した株式
　B）　中心的な同族株主のいる会社の株主のうち，中心的な同族株主以外の同族株主で，その者の株式取得後の議決権の数がその会社の議決権総数の5％未満である者（課税時期において評価会社の役員である者および法定申告期限までの間に役員となる者を除く）の取得した株式
　C）　同族株主のいない会社の株主のうち，課税時期において株主の1人およびその同族関係者の有する議決権の合計数が，その会社の議決権総数の15％未満である場合におけるその株主の取得した株式
　D）　中心的な株主がおり，かつ，同族株主のいない会社の株主のうち，課税時期において株主の1人およびその同族関係者の有する議決権の合計数がその会社の議決権総数の15％以上である場合におけるその株主で，その者の株式取得後の議決権の数がその会社の議決権総数の5％未満である者（課税時期において評価会社の役員である者および法定申告期限までの間に役員となる者を除く）の取得した株式

　上記における「同族株主」，「中心的な同族株主」，「中心的な株主」，「役員」は以下のとおり定義されている（財産評価基本通達188）。

第5章 税　務

【同族株主のいる会社の株主区分ごとの評価方式】

株主区分					評価方式
同族株主	議決権割合5%以上の株主				原則的評価方式
	議決権割合5%未満の株主	中心的な同族株主がいない場合の株主			
		中心的な同族株主がいる場合	中心的な同族株主		
			役員である、または役員となる株主		
			その他の株主	B	特例的評価方式
同族株主以外の株主				A	

（注）　表中のAおよびBは前記A）およびB）に対応している。（下表CおよびDについても同様）

【同族株主のいない会社の株主区分ごとの評価方式】

株主区分					評価方式
議決権割合の合計が15%以上の株主グループに属する株主	議決権割合5%以上の株主				原則的評価方式
	議決権割合5%未満の株主	中心的な株主がいない場合の株主			
		中心的な株主がいる場合	役員である、または役員となる株主		
			その他の株主	D	特例的評価方式
議決権割合の合計が15%未満の株主グループに属する株主				C	

①　同族株主

　同族株主とは、課税時期における評価会社の株主のうち、株主の1人およびその同族関係者の有する議決権の合計数がその会社の議決権総数の30%以上である場合におけるその株主およびその同族関係者をいう。そのグループで議決権の50%超を有していなくても、30%以上の議決権を有している場合には、会社を一定程度支配することが可能と考え、30%以上と規定されている。

　ただし、その評価会社の株主のうち、株主の1人およびその同族関係者の有する議決権の合計数が最も多いグループの有する議決権の合計数が、その会社の議決権総数の50%超である会社にあっては、50%超を占める株主グループのみを同族株主とするとされている。これは50%超を占める株主グループがいる場合には、その株主グループが会社を支配していると考えられるためである。

　同族関係者とは法人税法施行令4条に規定する特殊の関係のある個人または法人をいい、具体的には、その株主の親族（配偶者、6親等内の血族および3親等内の姻族）や、その株主が発行済株式の総数の50%超の株式を保有している会

Ⅲ　相続・贈与時における取引相場のない株式の評価（財産評価基本通達）

社等を含む。

　なお，前述の割合の判定は評価対象会社の発行済株式総数と株主の有する株式数によるのではなく，評価対象会社の議決権総数と株主の有する議決権の数を基にした議決権割合で行うため，評価対象会社が自己株式を有している場合，株式の持合いをしている場合，および種類株式を発行している場合などは，株式数の割合と議決権の割合に差異が生じる可能性があり，注意を要する。

② 　中心的な同族株主

　中心的な同族株主とは，課税時期において同族株主の1人並びにその株主の配偶者，直系血族，兄弟姉妹および1親等の姻族（これらの者の同族関係者である会社のうち，これらの者が有する議決権の合計数がその会社の議決権総数の25％以上である会社を含む）の有する議決権の合計数がその会社の議決権総数の25％以上である場合におけるその株主をいう。

③ 　中心的な株主

　中心的な株主とは，課税時期において株主の1人およびその同族関係者の有する議決権の合計数がその会社の議決権総数の15％以上である株主グループのうち，いずれかのグループに単独でその会社の議決権総数の10％以上の議決権を有している株主がいる場合におけるその株主をいう。

④ 　役　員

　社長，理事長並びに法人税法施行令71条1項1号，2号および4号に掲げる者をいう。なお，委員会設置会社以外の会社における一般の取締役（いわゆる平取締役）は原則として，ここでいう役員には含まれない。

2　原則的評価方式

　上記1に記載した財産評価基本通達188の4つの類型に該当しない株主，すなわち同族株主等に該当する者については，その取得した株式の発行会社が，後述の「特定の評価会社」に該当しない一般の評価会社であれば原則的評価方式によりその取得した株式を評価する。原則的評価方式においては，会社規模により，類似業種比準方式，純資産価額方式，両方式を併用する併用方式のいずれかで評価することになる。

(1)　会社規模の判定

　会社規模については，業種を3区分に分けた上で，上の表のとおり判定する。会社規模は大・中・小の3区分に分類され，中会社についてはその中でさらに

第5章 税　務

【従業員数を加味した総資産基準】

純資産価額（帳簿価額）			従業員数 5人以下	30人以下 5人超	50人以下 30人超	99人以下 50人超	100人以上
卸売業	小売・サービス業	その他の業種					
20億円以上	10億円以上	10億円以上					大会社
14億円以上	7億円以上	7億円以上				中会社の大	
7億円以上	4億円以上	4億円以上			中会社の中		
7千万円以上	4千万円以上	5千万円以上		中会社の小			
7千万円未満	4千万円未満	5千万円未満	小会社				

【取引金額基準】

取引金額			会社規模
卸売業	小売・サービス業	その他の業種	
80億円以上	20億円以上	20億円以上	大会社
50億円以上	12億円以上	14億円以上	中会社の大
25億円以上	6億円以上	7億円以上	中会社の中
2億円以上	6千万円以上	8千万円以上	中会社の小
2億円未満	6千万円未満	8千万円未満	小会社

大・中・小の3区分に細分化されるため，合計で5区分に分類される。

　会社規模は，①直前期末における総資産価額（相続税評価額ではなく帳簿価額により計算する），②従業員数，③直前期末以前1年間における取引金額（評価会社の目的とする事業に係る収入金額）の3要素により業種に応じて判定する。

　評価対象会社の業種が，「卸売業」，「小売・サービス業」，「卸売業，小売・サービス業以外」のいずれに該当するかについては，直前期末以前1年間の取引金額に基づいて判定し，取引金額に2以上の業種に係る取引金額が含まれる場合には，最も多い取引金額に係る業種によって判定する。

　従業員数は，直前期末以前1年間において，その期間継続して評価対象会社に勤務していた従業員（就業規則等で定められた1週間当たりの労働時間が30時間未満である従業員を除く。以下「継続勤務従業員」という）の数に，直前期末以前1年間において評価対象会社に勤務していた従業員（継続勤務従業員を除く）のその1年間における労働時間の合計時間数を従業員1人当たり年間平均労働時間数（1,800時間）で除して求めた数を加算した数とする。

(2) 会社規模別の算式

一般の評価会社の株式の評価については、大会社は類似業種比準方式により、小会社は純資産価額方式により評価し、大会社と小会社の中間である中会社は両方式の併用方式により評価するというのが基本的な考え方である。これは評価対象会社の規模により、上場会社に匹敵する規模の会社もあれば、個人事業主と同程度の規模の会社もあり、それらを同じ方式により評価することは適当とは考えられないためである。詳細は後述するが、類似業種比準方式は類似業種の上場会社の株価に比準して評価対象会社の株価を評価する方法、純資産価額方式は評価対象会社の時価純資産により株価を評価する方法であり、これらの方式で評価される株価をそれぞれ類似業種比準価額、純資産価額という。

具体的な会社規模別の株価評価の算式は下表のとおりであり、いずれも①か②のいずれか低い方（納税者にとって有利な方）で評価することができる（財産評価基本通達179）。

会社区分（会社規模）	株価評価の算式
大会社	①類似業種比準価額、または②純資産価額
中会社の大（L=0.90）	①類似業種比準価額×0.90＋純資産価額×0.10、または②純資産価額
中会社の中（L=0.75）	①類似業種比準価額×0.75＋純資産価額×0.25、または②純資産価額
中会社の小（L=0.60）	①類似業種比準価額×0.60＋純資産価額×0.40、または②純資産価額
小会社（L=0.50）	①純資産価額、または②類似業種比準価額×0.50＋純資産価額×0.50

なお、特に業歴が長い会社においては、純資産の蓄積と、資産に係る含み益の存在により、純資産価額が相応に高くなっており、一般に純資産価額の方が類似業種比準価額よりも高くなることが多い。上の表のとおり、会社規模が大きくなるほど、類似業種比準価額を適用する割合は高くなることから、一般には会社規模が大きくなるほど、株価が低く評価される傾向にある。

(a) 大 会 社

大会社は原則的に類似業種比準価額で評価する。大会社は上場会社の規模に匹敵もしくは準じるような会社であることから、市場において形成されている類似する事業を営む上場会社の株価を基に評価することに合理性があると考えられるためである。

財産評価基本通達179では、大会社においても、納税義務者の選択により、純資産価額（相続税評価額（時価）によって計算した金額）により評価することがで

きるとしているため，類似業種比準価額よりも純資産価額の方が低くなる場合には，純資産価額により評価することになる。類似業種比準価額は上場会社の株価等に影響される評価方法である一方で，純資産価額は評価対象会社の課税時期における直接的な財産価値を示すとも考えられるため，類似業種比準価額が純資産価額を上回る場合には，評価の安全性の観点も考慮して純資産価額の採用を認めているものと考えられる。

(b) 中 会 社

中会社は大会社と小会社の中間に位置付けられる会社であり，それぞれの評価方式を併用して評価することとされている。

中会社の算式は「類似業種比準価額×L＋純資産価額×(1−L)」とされており，中会社の会社区分によりLの値は異なる。「中会社の大」はL＝0.90，「中会社の中」はL＝0.75，「中会社の小」はL＝0.60である。

納税義務者の選択により，算式中の類似業種比準価額の部分を純資産価額(相続税評価額によって計算した金額)により評価することができ，結果として類似業種比準価額よりも純資産価額の方が低くなる場合には，純資産価額により評価することになる点は大会社の場合と同様である。

(c) 小 会 社

小会社は個人事業主に近い規模であると考えられる。個人事業主に相続が発生した場合，個々の財産を財産評価基本通達に基づき評価することになるが，会社形態で事業を営むことで，評価対象が株式となった結果，評価額が個人事業主のように個々の財産を評価する場合と大きく異なることとなるのは，評価のバランスとして問題がある。したがって，小会社は原則的に純資産価額により評価するものとされている。

一方で，納税義務者の選択により，中会社の算式のLを0.50として，「類似業種比準価額×0.50＋純資産価額×0.50」により計算した金額で評価することもできる。これは小規模であるとはいえ，会社の収益力を一定割合評価に反映させることに合理性があると考えられるためである。

(3) 類似業種比準価額

類似業種比準価額は，評価対象会社と事業内容が類似する業種の業種目に属する複数の上場会社の株価の平均値に，評価対象会社と類似業種の上場会社の

① 1株当たりの配当金額，② 1株当たりの年利益金額，③ 1株当たりの純資産価額（帳簿価額によって計算した金額）の比準割合を乗じて評価する方式である。いわゆるマーケットアプローチに属する方式であり，計算式は以下のとおりである。

$$類似業種比準価額 = A \times \left\{ \frac{\frac{b}{B} + \frac{c}{C} \times 3 + \frac{d}{D}}{5} \right\} \times 0.7 \quad (大会社の場合)$$

A：類似業種の株価
b：評価対象会社の1株当たりの配当金額
c：評価対象会社の1株当たりの年利益金額
d：評価対象会社の1株当たりの純資産価額（帳簿価額によって計算した金額）
B：課税時期の属する年の類似業種の1株当たりの配当金額
C：課税時期の属する年の類似業種の1株当たりの年利益金額
D：課税時期の属する年の類似業種の1株当たりの純資産金額（帳簿価額によって計算した金額）
上記算式中の「0.7」は，評価対象会社が中会社の場合には「0.6」，小会社の場合には「0.5」とする。

　上記算式のとおり，配当，利益，純資産の3つの要素の影響度合いは均等ではなく，利益の比重のみ他の要素の3倍と高くなっている。これは一般的に会社の株式価値は収益力に最も影響されるとの考えによるものである。そのため，オーナー経営者の役員退任時に役員退職金を支給するなどの要因で利益水準が低下したり，赤字になる事業年度においては，類似業種比準価額は大きく低下することが見込まれる。

(a) 類似業種の業種目の判定

　類似業種比準価額の評価に際して用いる業種目および業種目別株価については，国税庁より毎年，「平成○年分の類似業種比準価額計算上の業種目および業種目別株価等について」（通達）として公表されている。平成27年分の業種目数は大分類，中分類，小分類の合計で118となっている。

　評価対象会社の業種の判定はまず日本標準産業分類に基づいて行うが，日本標準産業分類の分類項目と，国税庁から公表される類似業種比準価額計算上の業種目の対応関係については，平成27年6月1日付「類似業種比準価額計算上の業種目及び類似業種の株価等の計算方法等について（情報）」の中で公表されている「(別表) 日本標準産業分類の分類項目と類似業種比準価額計算上の業種目との対比表（平成27年分）」に基づいて判定することになる。

　評価対象会社の取引金額に複数の業種目に係る取引金額が含まれていることがあるが，単独の業種目で取引金額全体に占める割合が50％超となる場合は，

第5章　税　務

【日本標準産業分類の分類項目と類似業種比準価額計算上の業種目との対比表（平成27年分）（抜粋）】

日本標準産業分類の分類項目	類似業種比準価額計算上の業種目		規模区分を判定する場合の業種
大　分　類 　　中　分　類 　　　　小　分　類	大　分　類 　　中　分　類 　　　　小　分　類	番号	
（Ⅰ　卸売業，小売業）	（卸売業）		
51　繊維・衣服等卸売業	繊維・衣服等卸売業	72	卸売業
511　繊維品卸売業（衣服，身の回り品を除く）			
512　衣服卸売業			
513　身の回り品卸売業			
52　飲食料品卸売業	飲食料品卸売業	73	
521　農畜産物・水産物卸売業	農畜産物・水産物卸売業	74	
522　食料・飲料卸売業	食料・飲料卸売業	75	
53　建築材料，鉱物・金属材料等卸売業	建築材料，鉱物・金属材料等卸売業	76	
531　建築材料卸売業	その他の建築材料，鉱物・金属材料等卸売業	78	
532　化学製品卸売業	化学製品卸売業	77	
533　石油・鉱物卸売業	その他の建築材料，鉱物・金属材料等卸売業	78	
534　鉄鋼製品卸売業			
535　非鉄金属卸売業			
536　再生資源卸売業			
54　機械器具卸売業	機械器具卸売業	79	
541　産業機械器具卸売業	産業機械器具卸売業	80	
542　自動車卸売業	その他の機械器具卸売業	82	
543　電気機械器具卸売業	電気機械器具卸売業	81	
549　その他の機械器具卸売業	その他の機械器具卸売業	82	
55　その他の卸売業	その他の卸売業	83	
551　家具・建具・じゅう器等卸売業			
552　医薬品・化粧品等卸売業			
553　紙・紙製品卸売業			
559　他に分類されない卸売業			

当該業種目をもって該当業種目とする。単独で50％を超える業種目がない場合については，業種目別の取引金額の構成により，業種目の判定が異なり，具体的には財産評価基本通達181-2に定められている。

(b)　類似業種の株価

　類似業種の株価（算式中のA）は，課税時期（相続の場合は被相続人の死亡の日，贈与の場合は贈与により財産を取得した日）の属する月以前3か月の各月の類似業種の平均株価のうち最も低いものとし，納税義務者の選択により，類似業種の前年

Ⅲ　相続・贈与時における取引相場のない株式の評価（財産評価基本通達）

【平成27年分の類似業種比準価額計算上の業種目および業種目別株価等について（抜粋）】

業種目			番号	B 配当金額	C 利益金額	D 簿価純資産価額	A（株価）				
大分類	中分類	小分類					平成26年平均	26年11月分	12月分	27年1月分	2月分
製造業			10	3.3	18	202	222	245	252	252	259
	食料品製造業		11	3.5	14	219	256	288	296	307	316
		畜産食料品製造業	12	2.7	8	152	242	285	289	302	310
		パン・菓子製造業	13	3.7	17	322	433	492	515	537	560
		その他の食料品製造業	14	3.6	15	213	218	240	246	254	260
	飲料・たばこ・飼料製造業		15	3.9	15	223	211	216	210	208	220
	繊維工業		16	3.0	14	163	157	175	178	174	168
	パルプ・紙・紙加工品製造業		17	2.5	11	175	174	192	201	205	215
	印刷・同関連業		18	3.5	13	242	155	162	166	167	176

平均株価によることもできる（財産評価基本通達182）。たとえば，課税時期が4月10日である場合には，類似業種の①同年4月の平均株価，②同年3月の平均株価，③同年2月の平均株価，④前年平均株価のうち，最も低い株価によって計算することになる。

(c) 評価対象会社の1株当たりの各金額の算定

　評価対象会社の1株当たりの各金額の算定については，財産評価基本通達183に定められている。後述する純資産価額の場合と異なり，類似業種比準価額を計算する場合に用いる各数値は必ず直前期もしくは直前期末（または直前々期との2年間の平均）の数値を用いることとされている。

　①　1株当たりの配当金額

　　1株当たりの配当金額は，直前期末以前2年間における剰余金の配当金額の合計額の1/2を発行済株式数（通常の発行済株式数ではなく，直前期末における資本金等の額を50円で除して計算した数とする。類似業種比準価額算定上の②1株当たりの年利益金額，③1株当たりの純資産価額（帳簿価額によって計算した金額）においても同様）で除して算定する。ある特定の年度の配当金額のみで評価することによる評価の危険性を排除する趣旨で，2年間の配当金額の平均とされている。

　　なお，経常的な配当金額に基づき評価を行うという趣旨から，配当金額のうち，特別配当，記念配当等の名称による配当金額のうち，将来毎期継続するこ

とが予想できない金額は除いて計算する。また，剰余金の配当金額は，各事業年度中に配当金交付の効力が発生した剰余金の配当金額（資本金等の額の減少によるものを除く）を基として計算する。

② 1株当たりの年利益金額

1株当たりの年利益金額は，以下の算式により計算された利益金額を発行済株式数で除して算定する。

（算式）　法人税の課税所得－非経常的な利益＋（受取配当等の益金不算入－左の所得税額）＋損金算入の繰越欠損金控除額

配当同様，経常的な利益金額に基づき評価を行うという趣旨から，有価証券売却益，固定資産売却益，保険差益等，経常的ではないと考えられる利益は除いて計算する。なお，同期間において非経常的な損失がある場合には，非経常的な利益から非経常的な損失を控除した金額により計算する（損失＞利益の場合は非経常的な利益はゼロとする）。また，同期間の正常な利益により評価を行うという観点から，繰越欠損金の控除額は足し戻される。

納税義務者の選択により，上記利益金額について直前期末以前1年間ではなく，直前期末以前2年間の平均額により計算することも認められている。

③ 1株当たりの純資産価額（帳簿価額によって計算した金額）

1株当たりの純資産価額（帳簿価額によって計算した金額）は，直前期末における法人税法上の資本金等の額および利益積立金額に相当する金額の合計額を発行済株式数で除して算定する。配当金額や利益金額とは異なり，直前期末および直前々期末の2年間の平均を用いることはない。

(4) 純資産価額（相続税評価額によって計算した金額）

純資産価額方式では，評価対象会社の課税時期における各資産を財産評価基本通達に基づき評価した金額から，課税時期における負債の金額および評価差額に対する法人税額等相当額を控除した金額を，課税時期における発行済株式数で除して評価を行う（財産評価基本通達185）。

（算式）（資産合計額（相続税評価額により計算した金額）－負債合計額－評価差額に対する法人税額等相当額（*1））÷課税時期における発行済株式数（自己株式の数を控除）

(*1)（相続税評価額による純資産－帳簿価額による純資産）×37％（*2）

(*2) 37％（平成28年10月時点の割合）は法人税，事業税（地方法人特別税を含む），道府県民税，市町村民税の税率の合計に相当する割合である。

1株当たりの純資産価額（相続税評価額によって計算した金額）の計算は，課税時期における各資産および各負債の金額によることが原則である。この点で，直前期もしくは直前期末（または直前々期との2年間の平均）の数値を用いることとされている類似業種比準価額とは異なる。

　なお，評価対象会社が課税時期において仮決算を行っていないため，課税時期における資産および負債の金額が明確でない場合において，直前期末から課税時期までの間に資産および負債について著しい増減がないため評価額の計算に影響が少ないと認められるときは，直前期末の資産および負債を課税時期における相続税評価額で評価することにより計算することも認められている（「相続税及び贈与税における取引相場のない株式等の評価明細書の様式及び記載方法等について」（通達））。

　個別の資産で帳簿価額と相続税評価額（時価）の乖離が大きいことが多い資産としては，土地，建物，有価証券（株式，ゴルフ会員権等），保険積立金が挙げられる。また，決算書には計上されていないものでも，純資産価額の評価上，一定の場合に評価額が算定されることがある項目として，借地権，営業権等がある。逆に，決算書には計上されていても，純資産価額の評価上は評価の対象とならない項目として，前払費用や繰延資産等の財産性のない資産が挙げられる。

　純資産価額評価上の注意点は以下のとおりである。

① 財産評価基本通達では，土地（借地権を含む）は路線価もしくは固定資産税評価額を基に評価し，家屋（建物）は固定資産税評価額により評価を行うことが原則であるが，評価対象会社が課税時期前3年以内に取得等した土地や家屋については，上記の評価ではなく，課税時期における通常の取引価額（実務上の簡便性から，帳簿価額が通常の取引価額として認められる場合には帳簿価額）により評価する。取得等には，売買による取得だけでなく，交換，買換，現物出資，合併等による取得を含む。

② 議決権割合50％以下の同族株主グループに属する同族株主の取得株式および同族株主のいない会社の株主の取得株式を1株当たりの純資産価額により評価する場合は，純資産価額方式により計算した1株当たりの純資産価額の80％相当額により評価する。これは複数の株主グループにより会社を経営している場合には，単独の株主グループだけで50％超の議決権を保有して会社を支配している場合と会社支配の程度に差異があることを考慮してい

るものである。
③ 上記算式中の発行済株式数は直前期末ではなく，課税時期における発行済株式数であり，評価対象会社が自己株式を有している場合には，その自己株式の数を控除した株式数とする。

(5) 特定の評価会社

財産評価基本通達では，評価対象会社の資産状況や営業状況が特異な状況にあるときには，その会社は「特定の評価会社」とされ，特定の評価会社の株式は原則として純資産価額（相続税評価額によって計算した金額）により評価される。前述のとおり，純資産価額と類似業種比準価額を比較した場合，一般的には純資産価額の方が高くなるケースが多いため，評価対象会社が特定の評価会社となり，その株式を純資産価額で評価することになると，一般に納税義務者にとっては不利な結果となる。

特定の評価会社には6類型あり，それぞれの意義とその株式の基本的な評価方法は以下の通りである。なお，評価会社が下記①〜⑥のうち2以上の会社に該当する場合は，⑥または⑤の会社⇒④の会社⇒③の会社⇒②の会社⇒①の会社の順に，それぞれの会社に該当するかどうかの判定を行い，先の順位の会社とする（財産評価基本通達189 (1)〜(6)）。

なお，評価対象会社が，②株式保有特定会社または③土地保有特定会社に該当する評価会社かどうかを判定する場合において，課税時期前において合理的な理由もなく評価対象会社の資産構成に変動があり，その変動が株式保有特定会社または土地保有特定会社に該当する評価会社と判定されることを免れるためのものと認められるときは，その変動はなかったものとして当該判定を行う（財産評価基本通達189）とされており，注意が必要である。

① 比準要素数1の会社

比準要素数1の会社とは，課税時期において類似業種比準価額の比準3要素（「1株当たりの配当金額」「1株当たりの年利益金額」「1株当たりの純資産価額」をいう）のそれぞれの金額のうち，いずれか2がゼロであり，かつ直前々期末を基準にして比準3要素の金額を計算した場合に，それぞれの金額のうちいずれか2以上がゼロである会社をいう（財産評価基本通達189 (1)）。

同族株主等が取得した比準要素数1の会社の株式は純資産価額により評価する。ただし，納税義務者の選択により，Lの割合を0.25として類似業種比準方式と純資産価額方式を併用して計算した金額（類似業種比準価額×0.25＋純資産価額×0.75）をもって評価額とすることもできる（財産評価基本通達189-2）。

② **株式保有特定会社**

株式保有特定会社とは，課税時期において評価会社の有する総資産価額（相続税評価額ベース）に占める株式等の評価額（相続税評価額ベース）の割合が50％以上の会社をいう（財産評価基本通達189(2)）。

同族株主等が取得した株式保有特定会社の株式は純資産価額により評価する。ただし，納税義務者の選択により，次のS1とS2の合計額をもって評価額とすることもできる（財産評価基本通達189-3）。

S1…株式保有特定会社が有する株式等（自己株式を除く）とその株式等の受取配当がないものとして計算した場合の，その会社の株式の原則的評価方式による評価額

S2…株式保有特定会社が有する株式等のみを，その会社が有する資産であるものとした場合の1株当たりの純資産価額

③ **土地保有特定会社**

土地保有特定会社とは，課税時期において評価会社の有する総資産価額（相続税評価額ベース）に占める土地等の評価額（相続税評価額ベース）の割合が，大会社（総資産価額の判定で大会社となる小会社を含む）においては70％以上，中会社（総資産価額の判定で中会社となる小会社を含む）においては90％以上である会社をいう（財産評価基本通達189(3)）。

同族株主等が取得した土地保有特定会社の株式は純資産価額により評価する（財産評価基本通達189-4）。

④ **開業後3年未満の会社等**

開業後3年未満の会社等とは，課税時期において開業後3年未満の会社または類似業種比準価額の比準3要素がいずれもゼロである会社をいう（財産評価基本通達189(4)）。

同族株主等が取得した開業後3年未満の会社等の株式は純資産価額により評価する（財産評価基本通達189-4）。

⑤ **開業前または休業中の会社**

開業前または休業中の会社とは，会社設立の登記完了後，事業活動開始前の会社または課税時期の前後で相当期間，休業している会社をいう（財産評価基本通達189(5)）。

開業前または休業中の会社の株式は，純資産価額により評価する（財産評価

基本通達189-5)。

　⑥　清算中の会社

　　清算中の会社とは，課税時期において清算手続中の会社をいう（財産評価基本通達189（6））。

　　清算中の会社の株式は，清算の結果，分配を受ける見込みの金額の課税時期から分配を受けると見込まれる日までの期間に応ずる基準年利率による複利現価の額により評価する（財産評価基本通達189-6）。

(6) 特例的評価方式（配当還元価額）

　特例的評価方式（配当還元方式）とは，経営への影響力の小さい同族株主以外の株主等が取得した株式（財産評価基本通達188（1）～（4））に適用される方式であり，具体的には配当還元価額により評価する。配当還元価額は，配当金額を一定の割合で還元して評価するインカムアプローチに属する評価方法であり，算式は以下のとおりである。

$$\frac{その株式に係る年配当金額}{10\%} \times \frac{その株式の1株当たりの資本金等の額}{50円}$$

　算式中の「その株式に係る年配当金額」は原則的評価方式である類似業種比準価額の「1株当たりの配当金額」の計算同様，評価対象会社の直前期末以前2年間における剰余金の配当金額の合計額の1/2を発行済株式数（通常の発行済株式数ではなく，直前期末における資本金等の金額を50円で除して計算した数とする）で除した金額である。なお，算定された金額が2円50銭未満の場合や無配の場合には，2円50銭として計算する。

　資本還元率については評価の安全性の観点から10％と比較的高い割合が採用されている。

　多額の配当を支払っている一部の会社を除き，一般的に，配当還元価額は原則的評価方式による評価額に比べて著しく低くなることが多い。なお，配当還元価額が原則的評価方式による評価額よりも高くなる場合には，原則的評価方式により評価できる。

(7) 種類株式の評価

　種類株式の評価については，財産評価基本通達においては明示されていない

が，種類株式の評価に係る取扱いとして，平成19年3月9日付で「種類株式の評価について（情報）」が公表されている。ただし，上記情報において評価方法が明示されている種類株式は，(a) 配当優先の無議決権株式，(b) 社債類似株式，(c) 拒否権付株式の3種類のみであり，その他の株式の具体的な評価方法については同情報では明示されていない。種類株式については一般的な評価方法が確立されておらず，また様々な内容の種類株式の発行が可能であることから，あらかじめそれらすべての評価方法を定めておくことは困難であり，同情報で明示されている3種類以外の種類株式については個別に内容を判断して評価することになると考えられる。

「種類株式の評価について（情報）」の内容は以下のとおりである。

(a) 配当優先の無議決権株式の評価

配当について優先・劣後のある株式を発行している会社の株式を類似業種比準方式により評価する場合には，株式の種類ごとにその株式に係る配当金（資本金等の額の減少によるものを除く）によって評価し，純資産価額方式により評価する場合には，配当優先の有無にかかわらず，通常通り財産評価基本通達の定めにより評価する。

したがって，配当優先株式とそれ以外の株式を類似業種比準方式で評価する場合には，301頁の算式中のb：1株当たりの配当金額に差異が生じ，結果として類似業種比準価額の金額は異なることになる。

また，無議決権株式については，原則的評価方式が適用される同族株主等が無議決権株式を相続により取得した場合には，原則として，議決権の有無を考慮せずに評価するものとされている。

ただし，議決権の有無によって株式の価値に差が生じるという考え方もあることを考慮し，下記①～③の条件を満たす場合に限り，原則的評価方式により評価した価額から，その価額に5％を乗じて計算した金額を控除した金額により無議決権株式を評価するとともに，当該控除した金額を，同族株主が取得した議決権のある株式の価額に加算して申告することを選択することができる（この方式を「調整計算」という）。

① 当該会社の株式について，相続税の法定申告期限までに，遺産分割協議が確定していること。
② 当該相続により，当該会社の株式を取得したすべての同族株主から，相続

税の法定申告期限までに，当該相続により同族株主が取得した無議決権株式の価額について，調整計算前のその株式の評価額からその価額に5％を乗じて計算した金額を控除した金額により評価するとともに，当該控除した金額を当該相続により同族株主が取得した当該会社の議決権のある株式の価額に加算して申告することについての届出書が所轄税務署長に提出されていること。

③ 当該相続税の申告に当たり，評価明細書に，調整計算の算式に基づく無議決権株式および議決権のある株式の評価額の算定根拠を適宜の様式に記載し，添付していること。

(b) 社債類似株式の評価

下記①～⑤の条件を満たす「社債類似株式」については，その経済的実質が社債に類似していると認められることから，財産評価基本通達197-2（3）に準じて発行価額により評価するものとされている。また，社債類似株式を発行している会社の社債類似株式以外の株式の評価に当たっては，社債類似株式を社債であるものとして計算する。

① 配当金については優先して分配する。また，ある事業年度の配当金が優先配当金に達しないときは，その不足額は翌事業年度以降に累積することとするが，優先配当金を超えて配当しない。
② 残余財産の分配については，発行価額を超えて分配は行わない。
③ 一定期日において，発行会社は本件株式の全部を発行価額で償還する。
④ 議決権を有しない。
⑤ 他の株式を対価とする取得請求権を有しない。

(c) 拒否権付株式の評価

拒否権付株式とは，株主総会または取締役会で決議すべき事項のうち，当該決議のほか，当該種類の株式の種類株主を構成員とする種類株主総会の決議を要する株式（会社108条1項8号）であり，普通株式と同様に評価する。

Ⅳ 非上場株式等についての相続税・贈与税の納税猶予および免除制度

1 制度の概要

　平成20年5月に中小企業における経営の承継の円滑化に関する法律が制定され，平成21年4月には，非上場株式等についての相続税，贈与税の納税猶予制度（事業承継税制）が施行された。これは，中小企業の事業継続による雇用の確保を通じた地域経済の活力維持，計画的な事業承継を推奨することによる円滑な事業承継の推進，後継者への株式の集中による事業の安定的な継続を図ることを目的に，税制上の措置として設けられたものである。

2 非上場株式に係る相続税の納税猶予および免除制度（租特70条の7の2）

　中小企業における経営の承継の円滑化に関する法律12条1項における経済産業大臣の認定を受けた非上場会社（要件については4⑴にて後述）の株式を，後継者である相続人等が，相続により，先代経営者である被相続人から取得した際に，その自社株式に係る課税価格の80％に対応する相続税額の納税が猶予され，一定の条件を満たす場合には，納税が猶予されている相続税の納付が免除される制度である。

　ただし，この制度を利用することができる株式数については，相続前から後継者が既に保有していた議決権株式を含め，発行済議決権株式総数の3分の2に達するまでの部分に限られる。これは，この制度が，後継者が事業を安定的に継続していくために必要な措置として設けられていることから，株主総会の特別決議を単独で行うことができるところまでを対象としているものである。

　具体的には，相続人（後継者）が相続により取得した株式，および相続開始の直前において保有していた株式（議決権に制限のない株式に限る）の割合（次頁の表①の区分）に応じて，この制度の対象となる株式数（「特例非上場株式等」）を次頁の表②の通り定めている（租特70条の7の2第1項・租税特別措置法通達70の7の2-2）。

①区分	②特例非上場株式等
A＋B≧C×2/3 の場合	C×2/3－B
A＋B＜C×2/3 の場合	A

A：相続人等が相続により取得した非上場株式等（議決権に制限のない株式等に限る）の数または金額

B：相続人等が相続開始の直前において有していた非上場株式等（議決権に制限のない株式等に限る）の数または金額

C：相続開始の時における非上場会社の発行済株式または出資（議決権に制限のない株式に限る）の総数または総額

【具体例】
　甲社の発行済株式総数は300株であり，相続開始の直前において被相続人（先代経営者）が240株，後継者が40株をそれぞれ保有していた（残り20株は別の者が保有）。なお，議決権に制限のある株式はない。
　このとき，被相続人保有の甲社株式240株について後継者が相続により取得する場合，非上場株式等の納税猶予および免除制度の適用対象となる甲社株式（特例非上場株式等）の数は160株（*1）となる。
　（*1）　240株（A）＋40株（B）≧300株（C）×2/3 のため，300株（C）×2/3－40株（B）＝160株

3　非上場株式に係る贈与税の納税猶予および免除制度（租特70条の7）

　中小企業における経営の承継の円滑化に関する法律12条1項における経済産業大臣の認定を受けた非上場会社（要件については4(1)にて後述）の株式の全部または一定以上を，後継者である受贈者が，贈与により，先代経営者である贈与者から取得した際に，その自社株式に対応する贈与税額の全額の納税が猶予され，一定の条件を満たす場合には，納税が猶予されている贈与税の納付が免除される制度である。

　なお，贈与税の納税猶予および免除制度は暦年課税制度の特例という位置付けであることから，猶予される贈与税額は暦年課税制度に基づき計算される。

　この制度を利用することができる株式数について，贈与前から後継者が既に保有していた議決権株式を含め，発行済議決権株式総数の3分の2に達するまでの部分に限られる点は前述の相続税の場合と同様である。具体的には，贈与者および受贈者（後継者）が保有している株式（議決権に制限のない株式に限る）の割合（次頁の表①の区分）に応じて，一定数の株式の贈与（次頁の表②の「特例対象贈与」）が行われた場合に，この制度の対象となる株式数（「特例受贈非上場株式等」）

Ⅳ 非上場株式等についての相続税・贈与税の納税猶予および免除制度

を次の表③のとおり定めている（租特70条の7第1項，租税特別措置法通達70の7-2）。

①区分	②特例対象贈与	③特例受贈非上場株式等
A＋B≧C×2/3の場合	C×2/3－B以上の贈与	C×2/3－B
A＋B＜C×2/3の場合	Aの全部の贈与	A

A：贈与者が贈与の直前に有していた非上場株式等（議決権に制限のない株式等に限る）の数または金額
B：受贈者（後継者）が贈与の直前において有していた非上場株式等（議決権に制限のない株式等に限る）の数または金額
C：贈与の時における非上場会社の発行済株式または出資（議決権に制限のない株式に限る）の総数または総額

4 適 用 要 件

(1) 非上場会社（認定承継会社，認定贈与承継会社）に係る要件

　この制度の適用対象となる非上場会社とは，中小企業における経営の承継の円滑化に関する法律2条に規定する中小企業者のうち経済産業大臣認定を受けた会社で，相続開始または贈与の時において，以下の要件を全て満たすものをいう。なお，相続税の納税猶予および免除制度の対象となる非上場会社を「認定承継会社」，贈与税の納税猶予および免除制度の対象となる非上場会社を「認定贈与承継会社」という（租特70条の7の2第2項1号・70条の7第2項1号）。

【中小企業者】

業種目	資本金	従業員数
		または
製造業その他	3億円以下	300人以下
製造業のうちゴム製品製造業（自動車又は航空機用タイヤ及びチューブ製造業並びに工業用ベルト製造業を除く）	3億円以下	900人以下
卸売業	1億円以下	100人以下
小売業	5,000万円以下	50人以下
サービス業	5,000万円以下	100人以下
サービス業のうちソフトウェア業又は情報処理サービス業	3億円以下	300人以下
サービス業のうち旅館業	5,000万円以下	200人以下

① 常時使用従業員の数が1人以上であること。
② 資産保有型会社（租特70条の7の2第2項8号・70条の7第2項8号）または資産運用型会社（租特70条の7の2第2項9号・70条の7第2項9号）に該当しないこと（大まかにいうと，資産保有型会社とは，当該会社の総資産（帳簿価額）に占める特定資産（現金，預貯金その他の財務省令で定めるものをいう）の帳簿価額の

合計額の割合が 70% 以上の会社であり，資産運用型会社とは，総収入金額に占める特定資産の運用収入の合計額の割合が 75% 以上となる会社をいう。この要件は事業実態のない資産管理会社をこの制度の適用対象外とするためのものである。そのため，形式的に資産保有型会社または資産運用型会社に該当した場合であっても，一定の要件を満たす場合には，認定（贈与）承継会社となり得る）。

③　当該会社および当該会社の特別関係会社の株式等が非上場株式等に該当すること（特別関係会社とは，当該会社と租税特別措置法施行令 40 条の 8 の 2 第 8 項・40 条の 8 第 6 項に定められている特別の関係がある会社をいい，典型的には当該会社やその会社の代表者が議決権の 50% 超を保有している会社が該当する）。

④　当該会社および当該会社の特別関係会社が風俗営業会社に該当しないこと（風俗営業会社とは，風俗営業等の規制および業務の適正化等に関する法律（昭和 23 年法律 122 号）2 条 5 項に規定する性風俗関連特殊営業に該当する事業を営む会社をいう）。

⑤　当該会社の特別関係会社が会社法 2 条 2 号に規定する外国会社に該当する場合には当該会社の常時使用従業員の数が 5 人以上であること。

⑥　当該会社の相続開始の日または贈与の日の属する事業年度の直前の事業年度における総収入金額が零を超えること（総収入金額が零の会社は事業実態がないと考えられることからこの制度の適用対象外とするものである）。

⑦　当該会社が発行する会社法 108 条 1 項 8 号に掲げる事項についての定めがある種類の株式（拒否権付株式）を経営承継相続人等[7]または経営承継受贈者[8]以外の者が有していないこと（後継者以外の者が一定の会社支配力を有する拒否権付株式を保有している場合には，後継者への事業承継は不完全なものと考えられるため，経済産業大臣認定の対象から除外されており，この制度の適用対象外となる）。

(2) 先代経営者（被相続人，贈与者）に係る要件

この制度の適用対象となる被相続人または贈与者（先代経営者）とは，相続の開始前または贈与の時前において，認定（贈与）承継会社の代表権を有していた個人で，以下の要件の全てを満たす者をいう（租税特別措置法施行令 40 条の 8 の 2 第 1 項・40 条の 8 第 1 項）。

　①　相続の開始もしくは贈与の直前において，当該個人と，当該個人の親族等，

---

[7]　被相続人から相続税の納税猶予および免除制度の適用に係る相続により認定承継会社の非上場株式等の取得をした個人（要件については (3) 参照）。
[8]　贈与者から贈与税の納税猶予および免除制度の適用に係る贈与により認定贈与承継会社の非上場株式等の取得をした個人（要件については (3) 参照）。

当該個人と特別の関係がある者[9]の有する認定（贈与）承継会社の非上場株式等に係る議決権の数の合計が，認定（贈与）承継会社に係る総株主等議決権数の100分の50を超える数であること。
② 相続の開始もしくは贈与の直前において，当該個人が有する認定（贈与）承継会社の非上場株式等に係る議決権の数が，当該個人の親族等，当該個人と特別の関係がある者のうちいずれの者が有する認定（贈与）承継会社の非上場株式等に係る議決権の数をも下回らないこと（当該個人が同族内で筆頭株主であること）。
③ 贈与の場合には，贈与時において当該個人が認定贈与承継会社の代表権を有していないこと（相続の場合には規定なし）。

(3) 後継者（経営承継相続人等，経営承継受贈者）に係る要件

この制度の適用対象となる相続人等または受贈者（後継者）とは，被相続人から相続により，もしくは贈与者から贈与により，認定（贈与）承継会社の非上場株式等の取得をした個人で，以下の要件の全てを満たす者をいう。なお，相続税の納税猶予および免除制度の対象となる相続人等を「経営承継相続人等」，贈与税の納税猶予および免除制度の対象となる受贈者を「経営承継受贈者」という（租特70条の7の2第2項3号・70条の7第2項3号）。また，1社において複数の者が後継者として事業を承継した場合でも，経営承継相続人等または経営承継受贈者は認定（贈与）承継会社が定めた1人に限定される。

① 相続の場合は，当該個人が相続開始の日の翌日から5か月を経過する日において認定承継会社の代表権を有していること。贈与の場合は，当該個人が贈与の時において認定贈与承継会社の代表権を有していること。
② 相続開始の時または贈与の時において，当該個人と，当該個人の親族等，当該個人と特別の関係がある者の有する認定（贈与）承継会社の非上場株式等に係る議決権の数の合計が，認定（贈与）承継会社に係る総株主等議決権数の100分の50を超える数であること。
③ 相続開始の時または贈与の時において，当該個人が有する認定（贈与）承継会社の非上場株式等に係る議決権の数が，当該個人の親族等，当該個人と特別の関係がある者のうちいずれの者が有する認定（贈与）承継会社の非上

---

[9] 当該個人の親族の他，当該個人が議決権の50％超を保有する会社，当該個人および当該個人が議決権の50％超を保有する会社で議決権の50％超を保有する会社等，租税特別措置法施行令40条の8第10項に定められている者。

場株式等に係る議決権の数をも下回らないこと（後継者の安定的な経営の継続のための要件として，同族内で筆頭株主であることを求めているものである）。
④　相続の場合は，相続開始の時から相続税の申告書の提出期限まで引き続き相続により取得した認定承継会社株式の全てを有していること。贈与の場合は，贈与の時から贈与税の申告書の提出期限まで引き続き贈与により取得した認定贈与承継会社株式の全てを有していること。
⑤　相続の場合は，相続開始の直前において認定承継会社の役員であったこと。贈与の場合は，贈与の日まで引き続き3年以上にわたり認定贈与承継会社の役員であること。
⑥　贈与の場合は，贈与の日において当該個人が20歳以上であること（相続の場合は同様の要件はない）。

なお，2014（平成26）年までは，相続の場合には当該個人が相続開始の直前において被相続人の親族であること（贈与の場合には贈与の時において贈与者の親族であること）が要件とされていたが，2015（平成27）年以降，当該要件は廃止されており，後継者は親族に限定されなくなっている。

5　相続税の納税猶予および免除制度における納税猶予期限の確定事由
(1)　経営承継期間内の納税猶予期限の確定事由

相続税の納税猶予および免除制度の適用を受けている場合において，経営承継期間[10]内に納税猶予および免除制度の適用を受ける相続人等または認定承継会社について，租税特別措置法70条の7の2第3項各号に規定されている条件に該当する場合には，それぞれに定められている日（以下，「基準日」という）から2か月を経過する日において納税猶予の期限が確定する。すなわち，その期限をもって猶予が打ち切られる。その場合には猶予されていた相続税額の全部をその期限までに納付しなければならず，本税の法定納期限から納税猶予期限までの期間に対応する利子税も納付しなければならない（租特70条の7の2第28項）。

租税特別措置法70条の7の2第3項に規定されている主な条件およびそれぞれの場合の基準日は以下のとおりである。
①　経営承継相続人等が認定承継会社の代表権を有しないこととなった場合

---
10)　相続税の申告書の提出期限の翌日から同日以後5年を経過する日または当該相続に係る経営承継相続人等の死亡の日の前日のいずれか早い日までの期間。

その有しないこととなった日
② 認定承継会社の各第一種基準日[11]における常時使用従業員数の合計を経営承継期間末日において経営承継期間内の第一種基準日の数で除して計算した数が，相続開始の時における常時使用従業員数の100分の80を下回ること（2014〔平成26〕年までの制度においては経営承継期間内において毎年，相続開始時の雇用の100分の80以上を確保することが必要であったが，2015〔平成27〕年以降に適用される新制度においては，経営承継期間内の各基準日の平均で，相続開始時の雇用の100分の80以上を確保することと条件が緩和されている）　経営承継期間の末日
③ 経営承継相続人等およびその親族等，経営承継相続人等と特別の関係がある者の有する議決権の数の合計が，認定承継会社に係る総株主等議決権数の100分の50以下となった場合　当該100分の50以下となった日
④ 経営承継相続人等の親族等，特別の関係がある者のうちいずれかの者が，経営承継相続人等が有する認定承継会社の非上場株式等に係る議決権の数を超える数の議決権を有することとなった場合　その有することとなった日
⑤ 経営承継相続人等が特例非上場株式等の一部または全部の譲渡または贈与をした場合　当該譲渡等をした日
⑥ 認定承継会社が解散をした場合　当該解散をした日またはそのみなされた解散の日
⑦ 認定承継会社が資産保有型会社または資産運用型会社に該当することとなった場合（一定の要件を満たす場合を除く）　その該当することとなった日
⑧ 認定承継会社の総収入金額が零となった場合　当該事業年度終了の日
⑨ 認定承継会社が会社法447条1項もしくは626条1項の規定により資本金の額の減少をした場合または同法448条1項の規定により準備金の額の減少をした場合　当該資本金の額の減少または当該準備金の額の減少がその効力を生じた日
⑩ 経営承継相続人等が納税猶予および免除制度の適用を受けることをやめる旨を記載した届出書を所轄税務署長に提出した場合　当該届出書の提出があった日
⑪ 認定承継会社が合併により消滅した場合（一定の要件を満たす場合を除く）　当該合併がその効力を生じた日
⑫ 認定承継会社が株式交換等により他の会社の株式交換完全子会社等になった場合（一定の要件を満たす場合を除く）　当該株式交換等がその効力を生じた日

---

11) 経営承継期間において，相続税の申告書の提出期限の翌日から1年を経過するごとの日。

⑬ 認定承継会社の株式が非上場株式等に該当しないこととなった場合　その該当しないこととなった日
⑭ 認定承継会社および認定承継会社の特別関係会社が風俗営業会社に該当することとなった場合　その該当することとなった日
⑮ 認定承継会社が発行する拒否権付株式を経営承継相続人等以外の者が有することとなった場合　その有することとなった日
⑯ 特例非上場株式等の全部または一部の種類を株主総会において議決権を行使することができる事項につき制限のある株式に変更した場合　その変更した日

(2) 経営承継期間経過後の納税猶予期限の確定事由

相続税の納税猶予および免除制度の適用を受けている場合において，経営承継期間経過後に納税猶予および免除制度の適用を受ける相続人等または認定承継会社について，租税特別措置法70条の7の2第5項に規定されている条件に該当する場合には，それぞれに定められている日（基準日）から2か月を経過する日において納税猶予の期限が確定する。その場合には猶予されていた相続税額の全部をその期限までに納付しなければならず，本税の法定納期限から納税猶予期限までの期間に対応する利子税も納付しなければならないが，経営承継期間中の利子税については免除される（租特70条の7の2第28項・29項）。

租税特別措置法70条の7の2第5項に規定されている主な条件，その場合に納税猶予の期限が確定する金額，およびそれぞれの場合の基準日は以下のとおりである。

① 経営承継相続人等が特例非上場株式等の全部の譲渡または贈与をした場合
猶予中の相続税額　当該譲渡等をした日
② 経営承継相続人等が特例非上場株式等の一部の譲渡または贈与をした場合
猶予中の相続税額のうち当該譲渡等をした特例非上場株式等の数または金額に対応する部分　当該譲渡等をした日
③ 認定承継会社が資産保有型会社または資産運用型会社に該当することとなった場合（一定の要件を満たす場合を除く）
猶予中の相続税額　その該当することとなった日

6　贈与税の納税猶予および免除制度における納税猶予期限の確定事由

贈与税の納税猶予および免除制度の適用を受けている場合における納税猶予

期限の確定事由も相続税の納税猶予および免除制度の場合と基本的に同様である（「相続人等」を「受贈者」に読み替える）が，前述5の相続税の場合の条件に加え，経営贈与承継期間[12]内に，贈与者が認定贈与承継会社の代表権を有することとなった場合（代表権を有することとなった日から2か月を経過する日において納税猶予の期限が確定する）が定められている（租特70条の7第4項，租税特別措置法施行令40条の8第24項）。

経営贈与承継期間内に納税猶予および免除制度の適用を受ける受贈者または認定贈与承継会社について，租税特別措置法70条の7第4項各号に規定されている条件に該当する場合には，それぞれに定められる日から2か月を経過する日が納税猶予の期限となる。その場合には猶予されていた贈与税額の全部をその期限までに納付しなければならず，本税の法定納期限から納税猶予期限までの期間に対応する利子税も納付しなければならない（租特70条の7第28項）。

経営承継期間経過後に納税猶予および免除制度の適用を受ける受贈者または認定贈与承継会社について，租税特別措置法70条の7第6項に規定されている条件に該当する場合には，それぞれに定められる日から2か月を経過する日が納税猶予の期限となる。その場合には猶予されていた贈与税額の全部をその期限までに納付しなければならず，本税の法定納期限から納税猶予期限までの期間に対応する利子税も納付しなければならないが，経営承継期間中の利子税については免除される（租特70条の7第28項・29項）。

7　納税猶予税額の免除

(1)　相続税の猶予税額が免除される場合

租税特別措置法70条の7の2第16項・17項には，相続税の納税猶予および免除制度により納税が猶予されている税額が免除される場合が規定されている。

このうち，租税特別措置法70条の7の2第16項では，経営承継相続人等が死亡等した場合に免除される条件と免除される税額を次頁の表の通り定めている。

---

[12]　贈与税の申告書の提出期限の翌日から同日以後5年を経過する日，または経営承継受贈者もしくは当該経営承継受贈者に係る贈与者の死亡の日の前日のいずれか早い日までの期間。

第5章 税　務

条　件	免除される相続税額
①経営承継相続人等が死亡した場合	猶予中相続税額に相当する相続税
②経営承継期間の末日の翌日以後に、経営承継相続人等が特例非上場株式等につき贈与税の納税猶予および免除制度を利用した贈与をした場合	猶予中相続税額のうち、贈与税の納税猶予および免除制度を利用して贈与した株式数に対応する金額（算式は租税特別措置法施行令40条の8の2第44項に規定）

　また、この場合、経営承継相続人等または当該経営承継相続人等の相続人は、上記の表①もしくは②に該当することになった日（②の場合は受贈者が贈与税の申告書を提出した日）から同日以後6か月を経過する日までに免除届出書を所轄税務署長に提出しなければならない。

(2) 贈与税の猶予税額が免除される場合

　租税特別措置法70条の7第16項・17項には、贈与税の納税猶予および免除制度により納税が猶予されている税額が免除される場合が規定されている。

　このうち、租税特別措置法70条の7第16項では、経営承継受贈者もしくは当該経営承継受贈者に係る贈与者が死亡等した場合に免除される条件と免除される税額を下表のとおり定めている。

条　件	免除される贈与税額
①当該贈与者の死亡の時以前に当該経営承継受贈者が死亡した場合	猶予中贈与税額
②当該贈与者が死亡した場合	猶予中贈与税額のうち、当該贈与者が贈与した特例受贈非上場株式等に対応する金額（算式は租税特別措置法施行令40条の8第37項に規定）
③経営贈与承継期間の末日の翌日以後に、当該経営承継受贈者が特例受贈非上場株式等について贈与税の納税猶予および免除制度の適用を受けて贈与をした場合	猶予中贈与税額のうち、贈与税の納税猶予および免除制度を利用して贈与した株式数に対応する金額（算式は租税特別措置法施行令40条の8第38項に規定）

　また、この場合、経営承継受贈者または当該経営承継受贈者の相続人は、上記の表①から③に該当することになった日（③の場合は受贈者が贈与税の申告書を提出した日）から同日以後6か月（②の場合は10か月）を経過する日までに免除届出書を所轄税務署長に提出しなければならない。

　なお、上記の表②で贈与者が死亡した場合には、当該経営承継受贈者が贈与者から相続により特例受贈非上場株式等を取得したものとみなすため、経営承

Ⅳ 非上場株式等についての相続税・贈与税の納税猶予および免除制度

継受贈者には相続税が課税されることとなる（租特70条の7の3第1項）。このとき，相続税の課税価格の計算の基礎に算入すべき株式等の価額は相続時における価額ではなく，贈与時における価額とされている。

ここで，経営相続承継受贈者が特例受贈非上場株式等について引き続き相続税の納税猶予の特例の適用を受けようとする場合には，当該相続に係る相続税申告書に必要な記載をし，一定の担保を提供することで，当該経営相続承継受贈者の死亡の日まで納税の猶予が認められる（租特70条の7の4第1項）。

8 相続税・贈与税の納税猶予および免除制度の適用を受けるための手続

(1) 経済産業大臣の認定手続等（地方経済産業局）

(a) 経済産業大臣の認定（中小経営承継12条1項）

贈与税の納税猶予および免除制度の適用の前提となる認定を受ける場合には，贈与日の属する年の翌年の1月15日までに，所定の申請書および添付書類を経済産業大臣に提出して，認定の申請をする必要がある（中小経営承継規則7条2項）。

また，相続税の納税猶予および免除制度の適用の前提となる認定を受ける場合には，相続開始の日の翌日から8か月を経過する日までに，所定の申請書および添付書類を経済産業大臣に提出して，認定の申請をする必要がある（中小経営承継規則7条3項）。

(b) 経済産業大臣への報告

①贈与税の納税猶予および免除制度の適用の前提となる認定に係る事業継続報告については贈与税申告期限から5年間，当該贈与税申告期限の翌日から起算して1年を経過するごとの日（贈与報告基準日）の翌日から3か月を経過する日までに，また，②相続税の納税猶予および免除制度の適用の前提となる認定に係る事業継続報告については相続税申告期限から5年間，当該相続税申告期限の翌日から起算して1年を経過するごとの日（相続報告基準日）の翌日から3か月を経過する日までに，それぞれ所定の申請書および添付書類を経済産業大臣に提出して報告しなければならない（中小経営承継規則12条1項・3項）。

(2) 申告手続（税務署）

相続税・贈与税の納税猶予および免除制度の適用を受ける場合には，相続

第5章 税　務

税・贈与税の申告書に適用を受けようとする旨の記載をした上で，当該非上場株式等の明細等を添付し，納税猶予税額に相当する担保を提供しなければならない（租特70条の7の2第1項・9項・70条の7第1項・9項）。

(3) 継続届出書の提出（税務署）

　相続税の納税猶予および免除制度の適用を受けた場合，経営承継相続人等は相続税の申告期限の翌日から猶予中相続税額の全部について納税猶予の期限が確定する日までの間に経営報告基準日が存する場合には，届出期限（第一種基準日の翌日から5か月を経過する日および第二種基準日の翌日から3か月を経過する日）までに，引き続き納税猶予の特例の適用を受けたい旨および認定承継会社の経営に関する事項を記載した届出書を納税地の所轄税務署長に提出しなければならない（租特70条の7の2第10項）。なお，第一種基準日とは，経営承継期間において，相続税の申告書の提出期限の翌日から1年を経過するごとの日をいい，第二種基準日とは，経営承継期間の末日の翌日から納税猶予分の相続税額の全部について納税猶予に係る期限が確定する日までの期間において，経営承継期間の末日の翌日から3年を経過するごとの日をいい，これらをあわせて経営報告基準日という（租特70条の7の2第2項7号）。

　贈与税の納税猶予および免除制度の適用を受けた場合も，上記相続税の場合同様，経営承継受贈者は贈与税の申告期限の翌日から猶予中贈与税額の全部について納税猶予の期限が確定する日までの間に経営贈与報告基準日が存する場合には，届出期限（第一種贈与基準日の翌日から5か月を経過する日および第二種贈与基準日の翌日から3か月を経過する日）までに，引き続き納税猶予の特例の適用を受けたい旨および認定贈与承継会社の経営に関する事項を記載した届出書を納税地の所轄税務署長に提出しなければならない（租特70条の7第10項）。なお，第一種贈与基準日とは，経営贈与承継期間において，贈与税の申告書の提出期限の翌日から1年を経過するごとの日をいい，第二種贈与基準日とは，経営贈与承継期間の末日の翌日から納税猶予分の贈与税額の全部について納税猶予に係る期限が確定する日までの期間において，経営贈与承継期間の末日の翌日から3年を経過するごとの日をいい，これらをあわせて経営贈与報告基準日という（租特70条の7第2項7号）。

9 納税猶予および免除制度を活用するかの検討

　非上場株式等についての相続税・贈与税の納税猶予および免除制度は税負担の軽減につながる一方で，適用のために様々な要件を満たす必要があることに加え，適用後にも様々な制約を課されることとなる。税負担の軽減という点にのみ着目し，将来における経営への影響について十分な検討をせずに特例の適用を受けてしまうと，猶予期限の確定事由に該当することで，猶予が打ち切りとなり，利子税を含め思わぬ税負担が生じる可能性もあるため，この制度の適用に際しては，税負担の軽減によるメリットと，制約を課されることによる影響を検討した上で慎重に判断する必要がある。特に経営承継期間内において従業員の雇用維持に係る要件が設けられていることや，特例非上場株式等を贈与もしくは譲渡した場合に納税猶予の期限が確定する点について注意が必要である。

　事業の承継を円滑に行うという制度の趣旨からすると，贈与税の納税猶予および免除制度の適用後，相続税の納税猶予および免除制度への切り替えというパターンが主に想定されているものと思われるが，相続税の納税猶予および免除制度のみの適用，贈与税の納税猶予および免除制度のみの適用というケースも考えられ，これについてもそれぞれの会社や株主の状況に応じて判断することになる。

V　組 織 再 編

1　事業承継における組織再編の活用

　事業承継に関連して行われる組織再編は，各種組織再編行為により事業を承継するというよりは，自社グループの資本関係を望ましい形に変更する手法として採用されることが多い。

　中小企業が複数の会社でグループを構成している場合，過去の様々な経緯により，株式持合いを含む複雑な資本関係になっていることも多く，事業承継のタイミングであわせて資本関係の見直しを行うことにより，資本関係を整理したい，グループ経営の効率性を高めたいというニーズがあることも多い。その手法として，各種組織再編行為が採用されることがある。

　また，オーナー経営者の子である兄弟がともに会社経営に関与しているケー

スで，将来的に兄弟それぞれが各1社の株式を承継するために，オーナー経営者の生前に会社分割により1つの会社を2社に分割するケースもある。

その他，2で述べる株価への影響を考慮して行われるケースもある。

2　組織再編の株価への影響

組織再編によりグループの資本関係に変化が生じると，あわせて個人株主が保有する株式の評価額も変動することがあり，その影響も考慮する必要がある。

組織再編により税務上の株価が影響を受ける理由としては，主に①会社規模の変動，②評価対象会社の財務数値の変動，③評価対象会社自体の変動の3つが考えられる。

①　会社規模の変動

合併や会社分割を行うと，再編前後で会社規模が変動することになる。合併の場合は再編前に比べて規模が大きくなり，会社分割の場合には分割法人の規模は小さくなり，分割承継法人の規模は大きくなる。財産評価基本通達では，会社規模により株価評価の算式が異なるため，組織再編の結果として株価水準に変動が生じる可能性がある。

一般的には，類似業種比準価額は純資産価額より低いことが多いため，類似業種比準価額の適用割合が高くなる方が納税者にとって有利となる。会社規模が大きくなるほど，類似業種比準価額の適用割合は上昇し，会社規模が最も大きい大会社の場合，類似業種比準価額のみで株価を算定することができる。

そのため，合併等により会社規模が大きくなる場合には，類似業種比準価額の適用割合が上がることで，（他の条件を一定とすれば）株価が低下する可能性がある。逆に会社分割により分割法人の会社規模が小さくなる場合には，類似業種比準価額の適用割合が下がることで，（他の条件を一定とすれば）株価が上昇する可能性がある。

②　評価対象会社の財務数値の変動

合併や会社分割を行うことにより，評価対象会社の利益や純資産は変動することになる。類似業種比準方式は評価対象会社の配当，利益，簿価純資産を基に評価する方法であり，純資産価額方式は評価対象会社の時価純資産を基に評価する方法であるため，いずれの方式で評価する場合でも株価に影響が及ぶことになる。

利益水準の高い会社や事業を合併や会社分割により吸収する場合には，株価が上昇する可能性が高く，逆に利益水準の高い事業を分社型の会社分割により

子会社に移転する場合には、親会社の利益水準は再編前に比べて低下するため、株価は低下する可能性が高い（①の会社規模の変動については影響ないものと仮定する場合）。

③ 評価対象会社自体の変動

個人株主が2社（甲社，乙社）の株式を直接保有しているケースで、株式交換を行い、甲社を完全親会社、乙社を完全子会社にすることがある。この場合、株式交換前の個人株主の評価対象は直接保有している甲社および乙社の2社の株式であるが、株式交換後においては、個人株主が直接株式を保有しているのは甲社のみであり、乙社株式は甲社の完全子会社として間接的に保有する関係になるため、個人株主の財産としての評価対象は甲社のみとなる。乙社の評価は甲社の保有する乙社株式の評価額に反映されるものの、株式交換前後で評価対象が変わり、結果としての個人株主の株式評価額にも変動が生じる可能性がある点に注意が必要である。

株式移転により完全親会社を設立する場合も同様の事象が生じることになる。

グループ内での組織再編の場合、グループ全体（連結財務諸表ベース）で考えると、組織再編前後で経済実態に変化がないことが多く、その場合には本来グループ全体の株式の評価額も変動しないことが理論的と思われる。しかし、財産評価基本通達に定められている評価方法のうち、特に類似業種比準価額については、グループ全体（連結財務諸表ベース）の数値は考慮せず、あくまで株主が直接株式を保有する会社の個別決算数値に基づき評価することとされているため、組織再編により上記のような株価への影響が生じる場合がある。

なお、上記のとおり、株価に影響が生じることを考慮して、個人の相続税または贈与税の負担を軽減することのみを目的に、組織再編を行う場合、行為または計算の否認規定（相税64条1項・4項、法税132条・132条の2）に抵触し、その行為または計算（税務上の時価評価についても含まれる）を否認されることもあるため、組織再編行為には常に税負担の軽減以外の経済合理性が求められる。

また、合併や会社分割を行った直後に課税時期（相続等）が到来している場合には、評価対象会社が営む主たる業種や利益・配当等の会社の実態が組織再編前後で大きく変化していることがあり、類似業種比準方式により評価することの合理性が担保されない場合がある。この場合、組織再編後一定期間は類似業種比準方式が適用できず、純資産価額方式により評価することになるため、注意が必要である。ただし、たとえば課税時期の直前に同業を営む会社同士で

合併を行った場合で，合併前の各社の数値を合計した数値を合併後の会社（評価対象会社）の比準要素の数値として扱うことに合理性があると認められる場合など，類似業種比準方式の適用が可能となる場合もあると考えられる。これについては個別事案ごとに判断することとなる。

3 組織再編税制の概要

(a) 原則的な考え方

法人が有する資産等が他に移転された場合，譲渡損益を計上することが原則である。合併等の組織再編行為を行った場合でも，資産等の移転があるため，資産等の移転に伴う譲渡損益を計上し，課税を受けることが原則である。ただし，組織再編時において，常に譲渡損益を計上すべきこととされ，課税を受けることになると，組織再編行為を行うことが難しくなることも考えられる。そのため，税制上，一定の要件を定め，それらの要件を満たす場合には，時価による移転ではなく，簿価により移転したものとして，資産等の移転に伴う譲渡損益の計上と課税を繰り延べるものとしている。一定の要件としては後述の通り，様々な要件が定められているが，基本的な考え方は，移転資産に対する支配の継続が認められるか，すなわち，組織再編前後において経済実態に変化がない場合には，譲渡損益の計上を繰り延べることとされている。

組織再編のうち，移転資産に対する支配の継続が認められず，原則通り譲渡損益が計上されるものを非適格組織再編，移転資産に対する支配の継続が認められ，譲渡損益の計上が繰り延べられるものを適格組織再編という。

組織再編税制の対象となる組織再編行為は，合併，会社分割，現物出資，現物分配，株式交換，株式移転である。現物分配とは，法人が，その株主等に対して，剰余金の配当等として，金銭以外の資産の交付を行うことである。

(b) 適格組織再編と非適格組織再編

適格組織再編となる組織再編は，大きく企業グループ内の組織再編と共同で事業を営むための組織再編に分類される。企業グループ内の組織再編はさらに100％グループ内の組織再編（完全支配関係がある場合の組織再編）と50％超100％未満グループ内の組織再編（支配関係がある場合の組織再編）に区分される。

ここで，完全支配関係とは，①一の者が法人の発行済株式等の全部を直接もしくは間接に保有する関係（当事者間の完全支配の関係），または②一の者との間

に当事者間の完全支配の関係がある法人相互の関係をいう（法税2条12号の7の6）。典型的なケースとしては，①が100％の親子会社関係，②が個人または法人が100％の株式を保有する子会社相互の関係（兄弟会社関係）を指す。

また，支配関係とは，①一の者が法人の発行済株式等の100分の50を超える数の株式を直接もしくは間接に保有する関係（当事者間の支配の関係），または②一の者との間に当事者間の支配の関係がある法人相互の関係をいう（法税2条12号の7の5）。典型的なケースとしては，①が50％超100％未満の親子会社関係，②が個人または法人が50％超100％未満の株式を保有する子会社相互の関係（兄弟会社関係）を指す。

なお，上記一の者が個人である場合，一の者にはその個人だけでなく，その個人と特殊の関係のある個人，具体的にはその個人の親族等を含む（法人税法施行令4条の2・4条1項）。そのため，株主1人では100％保有していない，50％超保有していないという場合でも，親族等と合わせて100％もしくは50％超保有している場合には，グループ内の組織再編に該当することになる。

中小企業においては，オーナー経営者およびその親族で，株式の全部もしくは過半を有していることが大半と考えられることから，親族内での承継の場合には，100％グループ内の組織再編（完全支配関係がある場合の組織再編），もしくは50％超100％未満グループ内の組織再編（支配関係がある場合の組織再編）に該当するケースがほとんどである。

(c) 適格組織再編となるための要件（合併の場合）

合併の場合を例に，適格組織再編（適格合併）となるための要件を示すと下表のとおりである。

	100％グループ内（完全支配関係の場合）の組織再編	50％超100％未満グループ内（支配関係の場合）の組織再編	共同で事業を営むための組織再編
①金銭等不交付要件	○	○	○
②（完全）支配関係継続要件	○	○	—
③従業者引継要件	—	○	○
④事業継続要件	—	○	○
⑤事業関連性要件	—	—	○
⑥事業規模等要件	—	—	○
⑦株式継続保有要件	—	—	○

以下では，合併の場合を例に記載する。

① 金銭等不交付要件

被合併法人の株主等に，合併法人株式または合併親法人株式[13]のいずれか一方の株式以外の資産が交付されないこと（法税2条12号の8）。

② （完全）支配関係継続要件

合併前に被合併法人と合併法人との間に同一の者による（完全）支配関係があり，かつ合併後において当該同一の者と合併法人との間に当該同一の者による（完全）支配関係が継続すること（法税2条12号の8イ，法人税法施行令4条の3第2項，法税2条12号の8ロ，法人税法施行令4条の3第3項）。

③ 従業者引継要件

被合併法人の合併直前の従業者のうち，その総数の概ね80％以上に相当する数の者が合併後に合併法人の業務に従事することが見込まれていること（法税2条12号の8ロ(1)，法人税法施行令4条の3第4項3号）。

④ 事業継続要件

被合併法人の合併前に営む主要な事業が合併後に合併法人において引き続き営まれることが見込まれていること（法税2条12号の8ロ(2)）。共同で事業を営むための組織再編の場合には，合併法人の合併事業（合併法人が合併前に営む事業のうちいずれかの事業）と関連する事業に限る（法人税法施行令4条の3第4項4号）。

⑤ 事業関連性要件

被合併法人の被合併事業（被合併法人が合併前に営む主要な事業のうちいずれかの事業）と合併法人の合併事業とが相互に関連するものであること（法人税法施行令4条の3第4項1号）。

⑥ 事業規模等要件

　(イ) 事業規模要件　被合併法人の被合併事業と合併法人の合併事業（被合併事業と関連する事業に限る）のそれぞれの売上金額，被合併事業と合併事業のそれぞれの従業者の数，被合併法人と合併法人の資本金の額，もしくはこれらに準ずるものの規模の割合が概ね5倍を超えないこと，

　または

　(ロ) 経営参画要件　合併前の被合併法人の特定役員（社長，副社長，代表取締役，代表執行役，専務取締役もしくは常務取締役またはこれらに準ずる者で法人の経営に従事している者）のいずれかと，合併法人の特定役員のいずれかとが，合併後に合併法人の特定役員となることが見込まれていること

---

[13] 合併法人との間に当該合併法人の発行済株式等の全部を保有する関係として政令で定める関係がある法人の株式または出資。

(法人税法施行令4条の3第4項2号)。

⑦ 株式継続保有要件

合併直前の被合併法人の株主等で、合併により交付を受ける合併法人株式等の全部を継続して保有することが見込まれる者、ならびに合併法人および他の被合併法人が保有する被合併法人株式を合計した数が被合併法人の発行済株式等の総数の80％以上であること（法人税法施行令4条の3第4項5号）。なお、被合併法人の株主等の数が50人以上の場合には要件とはされない。また、上記判定上、議決権のない株式は除くものとされている。

(d) 繰越欠損金等の引継ぎ等

適格合併を行う場合、被合併法人における繰越欠損金について合併法人に引き継ぐことが原則可能である（法税57条2項）。

ただし、繰越欠損金を有する法人を買収し、買収直後に適格合併を行うことで、買収した法人の繰越欠損金を、合併法人の利益と損益通算する等の租税回避を目的とした利用を防ぐため、一定の制限が設けられている。具体的には、支配関係が生じてから5年を経過している場合等や共同で事業を営むための合併と認められる場合には制限が課されないが、それ以外の場合には原則として繰越欠損金の引継ぎに一定の制限が課されることになる（法税57条3項、法人税法施行令113条）。

VI 信託に係る税務

1 信託設定時の課税関係

信託が設定されて、信託財産の私法上の所有権が受託者に移転されたとしても、税務上は経済的実質で課税関係を判断するため、その受益者を信託財産の所有者であるとみなすことになる（所税13条、法税12条、相税9条の2）。そのため、信託設定時において、委託者と受益者が同じであれば、信託財産の所有者に変動はないため、課税関係は生じない。一方で、委託者と受益者が異なる場合には、信託財産の所有者は委託者から受益者に移転するため、課税関係が生じることとなる。

委託者と受益者が異なる場合、もしくは受益者が変更されることで、信託財産の実質的な所有者が変わる場合には、適正な対価の授受があるかにより課税

関係は異なる。

　適正な対価の授受がある場合には，委託者から受益者へ，もしくは前の受益者から次の受益者へ譲渡されたと考える。したがって，譲渡した側（個人を前提とする）では譲渡所得課税により所得税等の負担が生じ，受益権を取得した側では特段の課税は生じないこととなる。

　一方で，受益権が贈与されたり，著しく低額での譲渡があった場合には，個人間の取引であるか，個人・法人間の取引であるかにより課税関係は異なる。

　個人間の取引であれば，贈与の場合は受益権の時価相当額について，著しく低額での譲渡の場合は受益権の時価相当額と実際の譲渡価額の差額について，それぞれ贈与があったものとして（相税7条），贈与を受けた側（低額で取得した側）に贈与税が課税されることになる。なお，遺言により受益者となった場合には，相続税が課税される。

　個人から法人へ受益権が贈与されたり，著しく低額での譲渡があった場合には，法人側で受贈益課税が生じる以外に，個人側でみなし譲渡課税が生じる（所税59条1項）。

2　信託期間中の課税関係

　前述のとおり，税務上は受益者を信託財産の所有者とみなすことから，信託財産に属する資産および負債については受益者が有しているものとみなし，信託財産から生じる収益および費用については受益者に帰属するものとみなす。したがって，信託財産から生じる収益について，その全額が受益者に対し，分配されない場合（たとえば，受託者が一部の収益を信託財産の管理のために信託財産として残し，受益者に分配しない場合）においても，その全額が受益者の所得として課税されることになる。

3　信託終了時の課税関係

　信託終了時の残余財産の帰属先として定められた帰属権利者が，受益者と同じであるか，異なるかにより課税関係は異なる。

　帰属権利者が受益者と同じ場合には，信託終了により，信託財産の所有者に変動はないため，課税関係は生じない。

　一方で，帰属権利者が受益者と異なる場合には，信託終了により，信託財産

の所有者が変更されたとみなし，課税関係が生じる。具体的な課税関係は 1 の「信託設定時の課税関係」と同じである。

4 受益権の評価

受益権の評価については，財産評価基本通達 202 に定められており，元本と収益の受益者が同一人である場合には，財産評価基本通達の定めに基づき評価した，課税時期における信託財産の時価により評価する。

判例索引

明治・大正

大判明治 38・4・26 民録 11 巻 611 頁 ……………………………………42
大決大正 15・8・3 民集 5 巻 679 頁 ………………………………………34

昭　和

大判昭和 6・10・21 法学 1 巻 3 号 127 頁 ………………………………24
大判昭和 9・9・15 民集 13 巻 1792 頁 ……………………………………37
大判昭和 11・6・17 民集 15 巻 1246 号 …………………………………37
大判昭和 13・2・26 民集 17 巻 275 頁 ……………………………………42
最判昭和 29・4・8 民集 8 巻 4 号 819 頁 …………………………………23
最判昭和 30・5・31 民集 9 巻 6 号 793 頁 ………………………………22
最判昭和 30・10・20 民集 9 巻 11 号 1657 頁 ……………………………78
最判昭和 31・1・27 民集 10 巻 1 号 1 頁 …………………………………17
最判昭和 34・6・19 民集 13 巻 6 号 757 頁 ………………………………24
最判昭和 37・11・9 民集 16 巻 11 号 2270 頁 ……………………………24
青森地五所川原支判昭和 38・12・23 判タ 156 号 204 頁 ………………16
最判昭和 39・2・25 民集 18 巻 2 号 329 頁 ………………………………23
最判昭和 40・2・2 民集 19 巻 1 号 1 頁 ……………………………………28
最判昭和 40・3・26 民集 19 巻 2 号 526 頁 ………………………………17
最判昭和 41・7・14 民集 20 巻 6 号 1183 頁 ………………………………39
東京高決昭和 42・1・11 家月 19 巻 6 号 55 頁 ……………………………28
最判昭和 43・9・5 民集 22 巻 9 号 1846 頁 ………………………………86
横浜地川崎支判昭和 44・12・5 家月 22 巻 7 号 53 頁 ……………………34
最判昭和 47・5・25 民集 26 巻 4 号 805 頁 ………………………………17
最判昭和 48・6・15 民集 27 巻 6 号 700 頁 ………………………………78
最判昭和 51・3・18 民集 30 巻 2 号 111 頁 ………………………………38
最判昭和 51・8・30 民集 30 巻 7 号 768 頁 ………………………………41
最判昭和 53・4・14 民集 32 巻 3 号 601 頁 ………………………………89
最判昭和 54・7・10 民集 33 巻 5 号 562 頁 ………………………………41
大阪高決昭和 54・8・11 家月 31 巻 11 号 94 頁 …………………………30
最判昭和 55・11・27 民集 34 巻 6 号 815 頁 ………………………………28
最判昭和 57・3・4 民集 36 巻 3 号 241 頁 ………………………………42
名古屋地判昭和 57・9・1 判時 1067 号 85 頁 ……………………………16
最判昭和 57・11・12 民集 36 巻 11 号 2193 頁 ……………………………42
最判昭和 58・10・14 判時 1124 号 186 頁 ………………………………28
大阪高決昭和 58・10・27 高民集 36 巻 3 号 250 頁 ……………………140
最判昭和 59・4・27 民集 38 巻 6 号 698 頁 ………………………………34
最判昭和 60・1・31 家月 37 巻 8 号 39 頁 ………………………………28

平　成

東京高判平成元・2・27 判時 1309 号 137 頁 ……………………………86
大阪高決平成元・3・28 判時 1324 号 140 頁 …………………………218
東京高決平成元・5・23 判時 1318 号 125 頁 …………………………221
東京高決平成 2・6・15 金判 853 号 30 頁 ………………………………222
最判平成 3・4・19 民集 45 巻 4 号 477 頁 ……………………19, 27, 39
東京高判平成 3・7・30 判時 1400 号 26 頁 ……………………………31
千葉地決平成 3・9・26 判時 1412 号 140 頁 …………………………223
東京高決平成 3・12・24 判タ 794 号 215 頁 ……………………………31

判例索引

福岡家久留米支審平成 4・9・28 家月 45 巻 12 号 74 頁 …………………………………30
最判平成 5・7・15 判時 1519 号 116 頁 ……………………………………………………86
山口家萩支審平成 6・3・28 家月 47 巻 4 号 50 頁 ………………………………………27
最判平成 7・4・25 集民 175 号 91 頁 ………………………………………………………139
最大決平成 7・7・5 民集 49 巻 7 号 1789 頁 ………………………………………………26
高松高決平成 8・10・4 家月 49 巻 8 号 53 頁 ……………………………………………30
東京高判平成 8・11・7 判時 1637 号 31 頁 ………………………………………………38
最判平成 8・11・26 民集 50 巻 10 号 2747 頁 ……………………………………………38
最判平成 9・1・28 判時 1599 号 139 頁 ……………………………………………………89
最判平成 10・2・26 民集 52 巻 1 号 274 頁 ………………………………………………40
最判平成 10・3・24 民集 52 巻 2 号 433 頁 ………………………………………………38
最判平成 11・12・14 集民 195 号 715 頁 …………………………………………………89
東京高判平成 12・3・8 高民集 53 巻 1 号 93 頁 ………………………………………39,66
最判平成 12・7・11 民集 54 巻 6 号 1886 頁 ………………………………………………41
最決平成 16・10・29 民集 58 巻 7 号 1979 頁 …………………………………………28,38
広島高岡山支決平成 17・4・11 家月 57 巻 10 号 86 頁 …………………………………27
札幌高決平成 17・4・26 判タ 1216 号 272 頁 ……………………………………………224
最判平成 17・9・8 民集 59 巻 7 号 1931 頁 ………………………………………………23
東京高決平成 19・8・16 資料版商事法務 285 号 146 頁 ………………………………83
東京高決平成 20・4・4 判タ 1284 号 273 頁 ……………………………………………219
最判平成 21・2・17 判時 2038 号 144 頁 …………………………………………………139
最判平成 21・3・24 民集 63 巻 3 号 427 頁 ………………………………………………39
広島地決平成 21・4・22 金判 1320 号 49 頁 ……………………………………………225
福岡高決平成 21・5・15 金判 1320 号 20 頁 ……………………………………………226
東京高決平成 22・5・24 金判 1345 号 12 頁 ……………………………………………219
最決平成 24・1・26 家月 64 巻 7 号 100 頁 ………………………………………………38
大阪地決平成 25・1・31 判時 2185 号 142 頁 ……………………………………………227
最大決平成 25・9・4 民集 67 巻 6 号 1320 頁 ……………………………………………26
最判平成 26・12・2/2014WLJPCA12026001 ……………………………………………26
福岡高決平成 27・2・16 判時 2259 号 58 頁 ……………………………………………34
最判平成 27・2・19 民集 69 巻 1 号 25 頁 …………………………………………………90
最決平成 27・3・26 民集 69 巻 2 号 365 頁 ………………………………………………220
最大決平成 28・12・19 金法 2058 号 6 頁 …………………………………………………23

事項索引

ア 行

遺言 … 18
遺産分割 … 31
一般贈与財産 … 275
一般の評価会社 … 297
遺留分 … 35
　——の事前放棄 … 42
遺留分減殺請求 … 39
　——の消滅時効 … 41
遺留分権利者 … 35
遺留分算定基礎財産 … 36
遺留分侵害額 … 38
受取配当等の益金不算入 … 291
売渡株式 … 206
売渡株式等の取得の無効の訴え … 211
売渡株主 … 206
売渡強制条項 … 97
売渡新株予約権 … 206
売渡新株予約権者 … 206
MBO … 212
LBO … 213

カ 行

開業後3年未満の会社等 … 307
開業前または休業中の会社 … 307
会社分割 … 146, 324
価額弁償 … 41
課税遺産総額 … 272
課税価格 … 272
合併 … 154, 324
株式移転 … 152, 325
株式買取請求 … 137, 169, 177, 197, 204
株式交換 … 150, 292, 325
株式交換契約書 … 165
株式譲渡 … 142, 167
株式譲渡所得 … 290
株式等売渡請求 … 205
株式の共有 … 88
株式併合 … 200
株式保有特定会社 … 306, 307
株式無償割当て … 113
株主間契約 … 96
簡易事業譲渡 … 168
簡易組織再編 … 174
完全支配関係 … 326

議決権拘束条項 … 98
議決権制限株式 … 116
基礎控除額 … 272, 274
既発行株式の内容の変更 … 114
基本合意書 … 158
キャッシュ・アウト … 187
吸収合併 … 155
吸収分割 … 146
吸収分割契約書 … 165
旧代表者 … 44
共益権 … 87
競業避止義務 … 172
業種目 … 301
業種目別株価 … 301
拒否権条項 … 98
拒否権付種類株式 … 118
寄与分 … 29
繰越欠損金 … 329
経営者保証に関するガイドライン … 66, 216
経営承継期間 … 316
経営承継受贈者 … 315
経営承継相続人等 … 315
経営贈与報告基準日 … 322
経営報告基準日 … 322
継続届出書 … 322
決議取消訴訟 … 199, 205
原則的評価方式 … 284, 295
現物分配 … 326
行為または計算の否認規定 … 288, 325
後継者 … 44
後継者以外の推定相続人がとることができる
　措置に関する定め … 48
公正証書遺言 … 18
固定合意 … 45

サ 行

債権者保護手続 … 175
財産評価基本通達 … 273, 294
差止請求 … 199, 204, 211
死因贈与 … 17
自益権 … 87
事業継続報告 … 321
事業承継の分類 … 2
事業譲渡 … 145, 168
事後開示 … 195, 204, 210
自己株式の取得 … 83

事項索引

事後備置 ……………………………………180
資産運用型会社 ……………………………313
資産保有型会社 ……………………………313
事前開示 …………………………195, 203, 209
事前備置 ……………………………………174
支配関係 ……………………………………327
自筆証書遺言 …………………………………18
資本金等の額 …………………………289, 290
従業員持株会 …………………………137, 285
受贈益 ………………………………………288
取得価格決定の申立て ……………………198
取得条項付株式 ……………………………126
取得請求権付株式 …………………………123
取得費 …………………………………282, 283
種類株式 ………………………………………99
種類株主総会 ………………………………131
純資産価額 …………………………………299
純資産価額方式 ……………………………299
純然たる第三者 ……………………………282
少数株主権 ……………………………………87
譲渡所得 ………………………………282, 290
譲渡制限株式 ………………………………123
除外合意 ………………………………………45
所得税法上の株価 …………………………286
新株予約権買取請求 ………………………180
申告分離課税 …………………………283, 290
新設合併 ……………………………………156
新設分割 ……………………………………147
推定相続人 ……………………………………44
推定相続人間の衡平を図るための措置に関す
　　る定め ……………………………………48
清算中の会社 ………………………………308
生前実現型 ……………………………………55
生前準備型 ……………………………………64
選任権付種類株式 …………………………120
先買権条項 ……………………………………97
全部取得条項付種類株式 ……………130, 190
総合課税 ……………………………………290
相　　続 ………………………………………20
　──の効力 …………………………………22
相続時精算課税制度 …………274, 277, 278
相続税 ………………………………………272
　──の納税猶予および免除制度 ………311
相続税額の取得費加算の特例 ……………291
相続税評価額 ………………………………284
相続人の範囲 …………………………………20
相続分 …………………………………………25
相続放棄 ………………………………………33
相続報告基準日 ……………………………321

贈　　与 ………………………………………16
贈与税 ………………………………………274
　──の納税猶予および免除制度 ………312
贈与報告基準日 ……………………………321
属人的定め …………………………………130

タ　行

第三者割当増資 ……………………………108
単独株主権 ……………………………………87
中小経営承継法における遺留分に関する民法
　の特例 ………………………………………43
中心的な株主 …………………………295, 297
中心的な同族株主 ……………287, 295, 297
低額譲渡 ………………………………284, 288
適格組織再編 …………………………326, 327
デュー・ディリジェンス …………………158
同意条項 ………………………………………96
同族株主 ………………………287, 295, 296
同族株主等 ……………………………284, 294
　──以外の株主 ……………………284, 294
同族関係者 …………………………………296
特定の評価会社 ………………………297, 306
特定役員 ……………………………………328
特別支配株主 ………………………………205
特別受益 ………………………………………26
特例受贈非上場株式等 ……………………312
特例贈与財産 ………………………………275
特例対象贈与 ………………………………312
特例中小企業者 ………………………………44
特例的評価方式 ………………284, 295, 308
特例非上場株式等 …………………………311
土地保有特定会社 ……………………306, 307

ナ　行

認定承継会社 ………………………………313
認定贈与承継会社 …………………………313

ハ　行

配当還元価額 …………………………284, 308
配当還元方式 ………………………………295
配当控除 ……………………………………290
配当所得 ……………………………………290
配当優先株式 …………………………121, 293
端数処理 ………………………………194, 203
非経常的な利益 ……………………………304
比準要素数1の会社 ………………………306
非適格組織再編 ……………………………326
秘密証書遺言 …………………………………18
秘密保持契約 ………………………………157

評価差額に対する法人税額等相当額 ………304
附随合意…………………………………47
復興特別所得税 …………………………283
併用方式…………………………………299
法人税法上の株価 ………………………286
法定相続分………………………………25

マ　行

みなし譲渡課税 …………………………288
みなし贈与課税 …………………………288
みなし配当課税 …………………………290

――の不適用の特例 ……………………291

ラ　行

利益積立金額 ………………………289, 290
略式事業譲渡……………………………169
略式組織再編……………………………175
類似業種比準価額………………………299
類似業種比準方式………………………299
暦年課税制度 ………………………274, 278
劣後株式…………………………………121
レバレッジド・バイ・アウト …………213

中小企業の事業承継

2017 年 3 月 15 日　初版第 1 刷発行

編著者　中　村　廉　平
発行者　江　草　貞　治
発行所　株式会社　有　斐　閣
　　　　東京都千代田区神田神保町 2-17
　　　　郵便番号 101-0051
　　　　電話 (03) 3264-1314〔編集〕
　　　　　　 (03) 3265-6811〔営業〕
　　　　http://www.yuhikaku.co.jp/

印刷／株式会社理想社・製本／大口製本印刷株式会社
Ⓒ2017, Renpei Nakamura. Printed in Japan
落丁・乱丁本はお取替えいたします。
★定価はカバーに表示してあります。
ISBN 978-4-641-13738-7

[JCOPY] 本書の無断複写(コピー)は、著作権法上での例外を除き、禁じられています。複写される場合は、そのつど事前に、(社)出版者著作権管理機構(電話03-3513-6969、FAX03-3513-6979、e-mail:info@jcopy.or.jp)の許諾を得てください。

本書のコピー，スキャン，デジタル化等の無断複製は著作権法上での例外を除き禁じられています。本書を代行業者等の第三者に依頼してスキャンやデジタル化することは，たとえ個人や家庭内での利用でも著作権法違反です。